মহেন্দ্র কপুর

কে 51 গীতন কী সরগম

মহেন্দ্র কপুর

স্বরলিপি লেখক: বিনোদ কুমার

নসন প্রেস

NOTION PRESS

India. Singapore. Malaysia.

This book has been published with all reasonable efforts taken to make the material error-free after the consent of the author. No part of this book shall be used, reproduced in any manner whatsoever without written permission from the author, except in the case of brief quotations embodied in critical articles and reviews.

The Author of this book is solely responsible and liable for its content including but not limited to the views, representations, descriptions, statements, information, opinions and references ["Content"]. The Content of this book shall not constitute or be construed or deemed to reflect the opinion or expression of the Publisher or Editor. Neither the Publisher nor Editor endorse or approve the Content of this book or guarantee the reliability, accuracy or completeness of the Content published herein and do not make any representations or warranties of any kind, express or implied, including but not limited to the implied warranties of merchantability, fitness for a particular purpose. The Publisher and Editor shall not be liable whatsoever for any errors, omissions, whether such errors or omissions result from negligence, accident, or any other cause or claims for loss or damages of any kind, including without limitation, indirect or consequential loss or damage arising out of use, inability to use, or about the reliability, accuracy or sufficiency of the information contained in this book.

বিনোদ কুমার

সমরপন

ইমন পুস্তক মেরে মাতা পিতা কো সমর্পি ত হাই

- বিনোদ কুমার

অনুক্রমনিকা

সমরপন 3

অনুক্রমনিকা 4

গায়ক মেহন্দ্র কপুর জীবন পরিচয় 7

পাঠকন সে 8

সরগম 10

1. অব কে বরস তুঝে ধরতী কী রানী 12

2. আন্খন মে কয়ামত কে কাজল 23

3. আধা হাই চন্দ্রমা রাত আধী 27

4. আপ আয়ে তো খয়ালে 32

5. এ জানে চমন তেরা গোরা বদন 38

6. বদল জায়ে অগর মালী 42

7. বীতে হুএ লম্হন কী কসক 45

8. চলো ইক বার ফির সে 50

9. চলো বুলাবা আয়া হাই 54

10. চাঁদ ছুপা অর তারে ডুবে 62

11. চেহরা ছুপা লিয়া হাই কিসী নে 70

12. দিন হাই বহার কে 81

13. দিল কী যে আরজু থী কোই দিলরুবা 85

14. দিল লগাকর হাম যে সমঝে 91

15.	দুনিয়া মে তেরা হাই বদা নাম	95
16.	দূর্গ হাই মেরী মা	102
17.	দেহে শিবা বর মোহে এহে	105
18.	ফকিরা চল রে	107
	ফকিরা চল রে (হেমলতা)	112
19.	হে নীলে গগন কে তলে	115
20.	হাই প্রীত জহান কী রীত সদা	117
21.	ইন হাবাঁও মে	125
22.	জিসকে সপনে হামে রোজ	130
23.	জীবন চলনে কা নাম	136
24.	ঝুকে জো তেরে নাইনা	142
25.	কব তলক সম্মা জলী	149
26.	কানহাইয়া কানহাইয়া তুঝে আনা পদেগা	155
27.	করো হরী দর্শ ন	160
28.	কিসী পথ্থর কী মুরত সে	168
29.	খো গয়া হাই মেরা পয়ার	173
30.	লাখন হেন ইহান দিলবালে	177
31.	মন তেরা মন্দির	180
32.	মান্‌গী থী ইক দুআ	185
33.	মেরা পয়ার ভো হাই	188

34. মেরা রংগ দে বসন্তী চলা 193

35. মেরে দেশ কী ধরতী সোনা উগলে 196

36. ন মুন্হ ছুপা কে জিও 201

37. নীলে পার্ব াতনকী ধারা 205

38. ও পুতরা খন্ডে খন্ডে পানী সে নাহানা 209

39. ও সংকের মেরে কব হন্গে দর্শ নতেরে 217

40. পূরবা সুহানী আই রে 220

41. রাম চন্দ্র কহ গয়ে সিয়া সে 226

42. তুম অগর সাথ দেনে কা বাদা করো 233

43. তুমহারা চাহনে বালা খুদা কী দুনিয়া মে 239

44. তু হুসন হাই মেন ইশক হু 244

45. তেরে পয়ার কা আসরা চাহতা হুন 253

46. তেরে পয়ার কী তমন্না 260

47. তেরে সংগ পয়ার মেন নাহীন ছোডনা 262

48. উসকো নাহীন দেখা হামনে কভী 267

49. য়হান বহান জহান তহান 272

50. যে পহলে পয়ার কী খুশবু 276

51. যে হবা যে ফিজা 280

52. সরগম অথবা অলংকার অথবা পলতে 285

53. বিনোদ কুমার কী অন্য বই 288

গায়ক মেহন্দ্র কপূর
জীবন পরিচয়

মহেন্দ্র কপূর এক প্রসিদ্ধ গায়ক থে. উন্হনে অনেক য়াদগার গীত গায়ে হেন জো আজ ভী পসন্দ কিয়ে জাতে হেন. লোগ ধুনধ ধুনধ কর উনকে গীতন কো সুনতে হেন অর আনন্দিত হোতে হেন. উন্হনে বী আর চোপড়া কী ফিল্মন জাসে হমরাজ, গুমরাহ, ধুল কা ফুল, বক্ত, ধুনধ মে বিশেষ রূপ সে য়াদগার গানে গায়ে. সংগীতকার রবি নে ইনমে সে অধিকাঁশ ফিল্ম মে সঙ্গীত দিয়া.

মহেন্দ্র কপূর কা জন্ম 9 জনবরী 1934 কো অমৃতসর মে হুয়া থা. পার্শ্ব ভ গায়ন মে কারিয়র বানানে ক্রলিয়ে বে মুম্বাই আ গয়ে থে. ইহান আকর উন্হনে কেই য়াদগার গানে গায়ে. উনকো অনেক পুরাস্কারণ সে নাভাজা গয়া থা.

উনকে পরিবার মে উনকী পত্নী, তীন বেটিয়ান ব এক পুত্র রোহান কপূর হাই. মহেন্দ্র কপূর কা নিধন 27 সিতম্বর 2008 কো মুম্বাই মে হুয়া থা.

আপনী মধুর বুলন্দ আবাজ মে ইতনে সুরীলে গীতন সে লগন কো আনন্দিত করকে উনকা মন জীতনে বালে মহেন্দ্র কপূর কো য়াদ করতে হুএ হম উন্হেন শ্রধা সে নমন করতে হেন.

পাঠকন সে

নমস্কার পাঠকন.

মেরী সিংর কী 51 গীতন কী সরগম পুস্তকেন লোকপ্রিয় হেন. মেরী নাভিনত্ম পুস্তক কা বাংলা রূপান্তরণ কিয়া গয়া হাই. আশা হাই আপকো পসন্দ আয়েগা. আপকে সুঝাভ কা স্বাগত হাই.

সঙ্গীত কী অল্প জানকারী রাখনে বালা ভী ইস পুস্তক কী মদদ সে গীত গা বজা সকতা হাই.

জ্যাদাতর গীত মুল স্কেল সে মিলতে হেন ফির ভী কাহীন কাহীন আপকো অপনে ভাদ্য পর ত্রান্স্পস +1 যা +2 করনা পডেগা হর গীত কো বাজানে কে লিয় সা কাউন সা লিয়া গয়া হাই বাহ লিখ দিয়া হাই. জিসসে আপকো কঠিনই ন হো.

.নী	.নী	সা	রে	রে	গ	গ	ম	মে
.নী	.নী	সা	রে	রে	গ	গ	ম	মে
.B^b	.B	C	D^b	D	E^b	E	F	G^b
.A$^\#$	.B	C	C$^\#$	D	D$^\#$	E	F	F$^\#$

মে	প	ধ	ধ	নী	নী	সা'	রে'
মে	প	ধ	ধ	নী	নী	সা	রে
G^b	G	A^b	A	B^b	B	C'	D$^{b'}$
F$^\#$	G	G$^\#$	A	A$^\#$	B	C'	C$^{\#'}$

কুছ গীতন কে প্রারম্ভ মে সরগম দী গই হাই জো উস গীত কা প্রীলুদ হাই. বীচ মে ইন্টর্লু দ দিয়া হাই. গানে কে সাথ বজনে বালে এক কর্দ কা উল্লেখ ভী কিয়া হাই.

যহ সরগম মেরে অপনে অনুভভ সে লিখী হাই. শুধত কা ধ্যান রক্ষা হাই ফির ভী কিসী গলতি, অসুধি কে লিয়ে লেখক, প্রকাশক, মুদ্রক ব সম্পাদক কী কোই জিম্মেদারী নহীন হাই. কোই অসুধি মিলে তো সূচিত করেন.

গীত বজানে সে পহলে সরগম কা অভ্যাস করনা জরুরী হাই. সরগম কিতাব কে পীছে দী হাই.

মেরী পুস্তকেন হিন্দি, অন্গ্রেজী, অর ভেস্তুন সরগম মে উপলব্ধ হাই.

মেরী পুস্তকে ইন্টারনেট সে মিলেগী কিসী শপ পে নহীন.

জিসে

মুকেশ কে 51 গীতন কী সরগম

লতা কে 51 গীতন কী সরগম

কিশোর কে 51 গীতন কী সরগম

কুমার শানু কে 51 গীতন কী সরগম

মান্না ডে কে 51 গীতন কী সরগম

পুস্তক খরীদ করনে কে লিয়ে www.amazon.in, যা notionpress.com যা indiamart.com যা flipkart.com পর জাএযে.

-বিনোদ কুমার (vinod66vk@gmail.com)

সরগম

ইস পুস্তক মে প্রযুক্ত স্বরণ কা অর্থ

ধ়	=	মন্দ্র সপ্তক কা কোমল ধ
়ধ	=	মন্দ্র সপ্তক কা শুধ ধ
়নী	=	মন্দ্র সপ্তক কা কোমল নী
়নী	=	মন্দ্র সপ্তক কা শুধ নী
সা	=	মধয় সপ্তক কা সা
রে	=	মধয় সপ্তক কা কোমল রে
রে	=	মধয় সপ্তক কা শুধ রে
গ	=	মধয় সপ্তক কা কোমল গ
গ	=	মধয় সপ্তক কা শুধ গ
ম	=	মধয় সপ্তক কা শুধ ম
মে	=	মধয় সপ্তক কা তীব্র ম
প	=	মধয় সপ্তক কা প
ধ	=	মধয় সপ্তক কা কোমল ধ
ধ	=	মধয় সপ্তক কা শুধ ধ
নী	=	মধয় সপ্তক কা কোমল নী
নী	=	মধয় সপ্তক কা শুধ নী
সা’	=	তার সপ্তক কা সা
রে’	=	তার সপ্তক কা কোমল রে
রে’	=	তার সপ্তক কা শুধ রে
গ’	=	তার সপ্তক কা কোমল গ
গ’	=	তার সপ্তক কা শুধ গ
ম’	=	তার সপ্তক কা শুধ ম
মে’	=	তার সপ্তক কা তীব্র ম
প’	=	তার সপ্তক কা প
ধ’	=	তার সপ্তক কা কোমল ধ
ধ’	=	তার সপ্তক কা শুধ ধ

সপ্তক

সা অর প অচল স্বর হেন যানি ইনকা কোমল যা তিব্র স্বর নহীন হতা হাই. হারমোনিয়ম যা কিসী ভী ভাদ্য যন্ত্র পর স্বর কা ক্রম ইস প্রকার হতা হাই.

.ধ .ধ .নী .নী সা রে রে গ গ ম মে প ধ ধ নী নী সা' রে' রে' গ' গ' ম' মে'

সী শার্প স্কেল সে সরগম

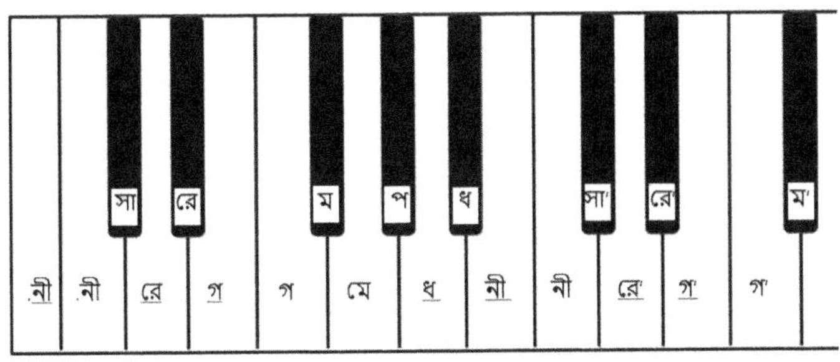

1.   অব কে বরস তুঝে ধরতী কী রানী

ফিল্ম: ক্রান্তি(1980)	সংগীতকার: লক্ষ্মীকান্ত প্যারেলাল
গীতকার: সংতোষ আনন্দ	গায়ক: মহেন্দ্র কপূর
তাল: কহরবা	কোরড: রেমধ সা=C#

অব কে বরস অব কে বরস

তুঝে ধরতী কী রানী কর দেংগ

অব কে বরস অব কে বরস

তুঝে ধরতী কী রানী কর দেংগ

অব কে বরস

অব কে বরস তেরী প্যাসোং

মে পানী ভর দেংগ

অব কে বরস তেরী চুনার

কো ধানী কর দেংগ

অব কে বরস

যে দুনিযা তো ফানী হৈং হ

বেহতা সা পানী হৈং হ

তেরহ হবালে যে জিন্দগানী

যে জিন্দগানী কর দেংগ

অব কে বরস অব কে বরস

তুঝে ধরতী কী রানী কর দেংগ

অব কে বরস

দুনিযা কী সারী দৌলত স

ইজ্জত হম কো প্যারী

মুট্ঠী মে কিস্মত হৈং অপনী

হম কো মেহনত প্যারী

মিট্টী কী কীমত কা জাগ মৈং

কোঈ রতন নহীং হৈং

জিল্লত কে জীবন সে বদতর

কোঈ কফন নহীং হৈং

বিনোদ কুমার

দেশ কা হর দীবানা অপন
প্রণ চীর কর বোলা
বলিদানো কে খূন সে অপনা
রংগ লো বসংতী চোলা
অব কে হমনে জানী হৈং হ
অপনে মন মৈং থানী হৈং হ
হমলাবরোং কী খতম কহানী
খতম কহানী কর দেংগ
অব কে বরস অব কে বরস
তুঝে ধরতী কী রানী কর দেংগ
অব কে বরস
সুখ সপনোং কে সাথ হজ়ারোং
দুখ ভী তূ নে ঝেল
হসী খুশী সে ভীগে ফাগুন
অব তক কভী না খেলেং
চারোং ঔর হমার
বিখরে বারুদী অফ্‌সান
জলতী জাতী শামা জলত
জাতে হৈং পরবান

ফির ভী হম জ়িংদা হৈং
অপনে বলিদানো কে বাল পর
হর শহীদ ফরমান দে গয়া
সীমা পর জল জল কর
যারোং টূট ভলে হী জানা
লেকিন কভী না ঝুকনা
কদম কদম পর মৌত মিলেগী
লেকিন ফির ভী কভী না রুকনা

বহুত সেহ লিয়া অব না সহেংগ
সীনে ভড়ক উঠে হৈং

নস নস মৈং বিজলী জগী হৈং
বাজূ ফড়ক উঠে হৈং
সিংহাসন কী খাঈ কর
জুল্মো কে ঠেকেদারোং

দেশ কে বেটে জাগ উঠ
তুম অপনী মৌত নিহার
অংগারোং কা জশন বনেগা
হর শোলা জাগেগা
বলিদানোং কী ইস ধরতী স
হর দুশ্মন ভাগেগা

হমনে কসম নিভানী হৈং
দেনী হর কুর্ব ানী হৈং
হমনে কসম নিভানী হৈং
দেনী হর কুর্ব ানী হৈং
অপনে সরোং কী অপনে সরোং কী
অংতিম নিশানী ভর দেংগ
অব কে বরস অব কে বরস.

অব কে বরস তুঝে ধরতী কী রানী

ধা	গে	ন	তি	ন	কে	ধি	ন	ধা	গে	ন	তি	ন	কে	ধি	ন
1	2	3	4	5	6	7	8	1	2	3	4	5	6	7	8

প্রিলুড:

ম ম ম ম ম ম ম ম ম ম ম ম ম ম ম ম

রে' রে' রে' ------- গ' রে' ধ   রে' রে' রে' ------- গ' রে' ধ
হো হো হো------- হো-----   হো হো হো-------- হো-----

ধ—পমপ ধপমগম
হো------ হো------

নীধপমপ ধপমগম
হো------ হো-----

মরে ম মমম
অব কে বরস

1	2	3	4	5	6	7	8	1	2	3	4	5	6	7	8
-	-	ম	রে	-	ম	-	ম	ম	-	প	-	ধ	-	ধ	-
-	-	অ	ব	-	কে	-	ব	র	-	স	-	তু	-	ঝে	-
ম	-	-	প	-	-	ধ	-	প	ধ	-	-	নী	ধ	-	-
ধ	র	-	তী	-	-	কী	-	রা	-	-	-	নী	-	-	-
ম	-	ম	-	প	ম	-	-	ধ	-	প	-	-	-	-	-
ক	-	র	-	দেন্	-	-	-	গে	-	-	-	-	-	-	-
রে	-	রে	-	ম	-	ম	-	ম	-	ম	-	-	-	-	-
অ	-	ব	-	কে	-	ব	-	র	-	স	-	-	-	-	-
-	-	ম	রে	-	ম	-	ম	ম	-	প	-	ধ	-	ধ	-
-	-	অ	ব	-	কে	-	ব	র	-	স	-	তে	-	রী	-
ম	-	-	প	-	-	ধ	-	সা'	-	-	-	ধ	-	প	-
প্যা	-	-	সো	-	-	মে	-	পা	-	-	-	নী	-	-	-

মহেন্দ্র কপুর কে 51গীতন কী সরগম

	1	2	3	4	5	6	7	8	9	10	11	12	13	14	15	16
স্বর	ম	-	ম	-	প	ম	-	-	ধ	-	প	-	-	-	-	-
সাহিত্য	ভ	-	র	-	দেন্	-	-	-	গে	-	-	-		-	-	-
স্বর	ম	-	রে	-	ম	-	ম	-	ম	-	প	-	ধ	-	ধ	-
সাহিত্য	অ	-	ব	-	কে	-	ব	-	র	-	স	-	তে	-	রী	-
স্বর	-	-	ম	-	প	-	ধ	-	প	ধ	-	-	ধ	-	-	-
সাহিত্য	-	-	চু	-	ন	র	কো	-	ধা	-	-	-	নী	-	-	-
স্বর	ম	-	ম	-	প	ম	-	-	ধ	-	প	-	-	-	-	-
সাহিত্য	ক	-	র	-	দেন্	-	-	-	গে	-	-	-		-	-	-
স্বর	রে	-	রে	-	প	-	ম	-	ম	-	ম	-	প	-	-	-
সাহিত্য	অ	-	ব	-	কে	-	ব	-	র	-	স	-		-	-	-
স্বর	রে'	-	রে'	-	রে'	-	গ'	-	রে'	-	রে'	-	ধ	-	রে'	-
সাহিত্য	যে	-	দু	নি	যা	-	তো	-	ফা	-	নী	-	হাই	-	হো	-
স্বর	-	-	রে'	-	রে'	-	গ'	-	রে'	-	রে'	-	রে'	-	ধরে'	-
সাহিত্য	-	-	ব	হ	তা	-	সা	-	পা	-	-	নী	-	-	হাইহো	-
স্বর	-	-	রে'	-	রে'	-	রে'	-	রে'	-	-	-	রে'	-	ধ	-
সাহিত্য	-	-	তে	-	রে	-	হ	-	বা	-	-	-	লে	-	-	-
স্বর	গ'	-	গ'	-	গ'	-	গ'	-	রে'	-	-	-	রে'	-	-	-
সাহিত্য	-	-	যে	-	জিন্	-	দ	-	গা	-	-	-	নী	-	-	-
স্বর	-	-	রে	-	ম	-	ম	-	ম	প	-	-	নী	ধ	প	-
সাহিত্য	-	-	যে	-	জিন্	-	দ	-	গা	-	-	-	নী	-	-	-
স্বর	ম	-	ম	-	প	ম	-	-	ধ	-	প	-	-	-	-	-
সাহিত্য	ক	-	র	-	দেন্	-	-	-	গে	-	-	-	-	-	-	-
স্বর	রে	-	রে	-	ম	-	ম	-	ম	-	ম	-	-	-	-	-
সাহিত্য	অ	-	ব	-	কে	-	ব	-	র	-	স	-	-	-	-	-

মহেন্দ্র কপুর কে 51গীতন কী সরগম

বিনোদ কুমার

	A	B	C	D
স্বর	– – ম রে	– ম – ম	ম – প –	ধ – ধ –
কথা	– – অ ব	– কে – ব	র – স –	তু – ঝে –
স্বর	ধ ম – প	– – ধ –	সা' – – –	ধ নী ধ প
কথা	ধ র – তী	– – কী –	রা – – –	নী – – –
স্বর	ম – ম –	প ম – –	ধ – প –	– – – –
কথা	ক – র –	দেন্ – – –	গে – – –	– – – –
স্বর	রে – রে –	ম – ম –	ম – ম –	– – – –
কথা	অ – ব –	কে – ব –	র – স –	– – – –
স্বর	রে – – ম	– – ম –	ম – – –	নী – ম –
কথা	ধ র – তী	– – কী –	রা – – –	নী – – –

ময়ুসিক: ধ ম'--- গ'—সা'- রে'- সা'- নীপনী--- নীসা'ধ---

	A	B	C	D
স্বর	– – ধ ধ	– নী সা' –	সা' রে' সা' রে'	– – নী –
কথা	– – দু নি	– যা – –	কী – – –	– – সা –
স্বর	সা' – – –	– – সা' –	সা' – সা' –	নী ধ প –
কথা	রী – – –	– – দাউ –	ল – ত –	সে – – –
স্বর	– – প –	– ধ নী –	নী সা' নী সা'	– নী ধ –
কথা	– – ই –	– জ ত –	হম – – –	– কো – –
স্বর	প – – –	ম – – –	– – – –	– – – –
কথা	প্যা – – –	রী – – –	– – – –	– – – –
স্বর	– – ধ মু	– শ্রী সা' –	সা' রে' সা' রে'	– – সা' নী
কথা	– – মু –	– শ্রী – –	মে – – –	– – কি স
স্বর	সা' – ত –	সা' – – –	সা' – সা' –	নী নী ধ প
কথা	ম – ত –	হাই – – –	অ – প –	ন নী – –
স্বর	– – প প	– ধ নী –	সা' – সা' –	নী – ঝ ধ
কথা	– – হ ম	– কো – –	মে – হ –	ন – ত –

মহেন্দ্র কপুর কে 51গীতন কী সরগম

প	-	-	-	ম	-	-	-	গ	-	-	-	রে	-	-	-
প্যা				রী				রে							
রে	-	রে	-	গ	-	ম	-	রে	-	রে	-	গ	-	ম	-
মি		ট্রি		কী		কী		ম	ত	কা		জ	গ	মে	
ধ	-	ধ	-	প	প	-	ম	ম	-	ম	-	-	-	-	-
কো		ঈ		র	ত	ন	ন	হী		হাই					
রে	-	রে	-	গ	-	ম	-	রে	-	রে	-	গ	-	ম	-
জি	ল	ল	ত	কে		জী		ব	ন	সে		ব	দ	ত	র
ধ	-	ধ	-	প	প	-	ম	ম	-	ম	-	-	-	-	-
কো		ঈ		ক	ফ	ন	ন	হী		হাই					
ধ	-	-	প	নী	-	নী	-	ধ	-	ধ	-	প	-	প	-
দে		শ	কা	হ	র	দী		বা		না		অ	প	নে	
ধ	ধ	-	প	-	নী	-	নী	ধ	-	-	-	ধ	-	-	-
প্রা		ণ	চী	-	র	ক	র	বো				লা			
ব	ধ	ধ	প	নী	-	নী	-	ধ	-	-	ধ	প	প	প	-
ব	লি	দা		নো		কে		খু		ন	সে	অ	প	না	
ধ	ধ	ধ	প	নী	-	নী	-	ধ	-	-	-	ধ	-	-	-
রং	গ	লো	ব	সন্		তী		চো				লা			
রে'	-	রে'	-	রে'	-	গ'	-	রে'	-	রে'	-	ধ	-	রে'	-
অ	ব	কে		হ	ম	নে		জা		নী		হাই		হো	
রে'	-	রে'	-	রে'	-	গ'	-	রে'	-	রে'	-	ধ	-	রে'	-
অ	প	নে		ম	ন	মে		ঠা		নী		হাই		হো	
-	-	রে'	-	রে'	-	রে'	-	রে'	-	-	-	রে'	-	ধ	-
-	-	হ	ম	লা		ব		রো				কী			

বিনোদ কুমার

গ'	–	গ'	গ'	গ'	–	রে'	–	রে'	–	–	–	রে'	–	–	–
	–	খ	ত	ম	–	ক	–	হা	–	–	–	নী	–	–	–
	–	রে	রে	ম	–	ম	–	ম	–	প	–	নীধ	–	প	–
	–	খ	ত	ম	–	ক	–	হা	–	–	–	নীধ	–	–	–
ম	–	ম	–	প	ম	–	–	ধ	–	–	–	প	–	–	–
ক	–	র	–	দেন্	–	–	–	গে	–	–	–		–	–	–
রে	–	রে	–	ম	–	ম	–	ম	–	ম	–		–	–	–
অ	–	ব	–	কে	–	ব	–	র	–	স	–		–	–	–

প- প- প- রেপ রে ম মপগ x4 মম মম মম

আ------- হো হো হো হো

	–	ধ	ধ	–	নী	–	সা'	রে'	–	–	–	সা'	–	নী	–
	–	সু	খ	–	স	–	প	নো	–	–	–	কে	–	–	–
সা'	–	–	–	সা'	–	সা'	–	সা'	–	–	–	নী	ধ	প	–
সা	–	–	–	থ	–	হ	–	জা	–	–	–	রো	–	–	–
	–	প	প	–	ধ	নী	–	নী	সা'	নী	সা'	নীনে	ধ	–	–
	–	দু	খ	–	ভী	–	–	তু	–	–	–	নীনে	ধ	–	–
প	–	–	–	ম	–	–	–	রে'	–	–	–	সা'	–	নী	–
ঝে	–	–	–	লে	–	–	–	শ্রী	–	–	–	সে	–	–	–
	–	ধ	–	নীসী	–	সা'	–	রে'	–	–	–		–	সা'	নী
	–	হন্	–	সী	–	খু	–	শ্রী	–	–	–		–	সে	–
সা'	–	–	–	সা'	–	–	–	সা'	–	–	–	নীগু	ধ	প	–
ভী	–	–	–	গে	–	–	–	ফা	–	–	–	গু	ন	–	–
	–	প	প	–	ধ	–	নীক	নীভী	সা'	নী	সা'	–	নীনা	ধ	–
	–	অ	ব	–	ত	–	ক	ভী	–	–	–	–	না	–	–

	1	2	3	4	5	6	7	8	9	10	11	12	13	14	15	16
S	প	-	-	-	ম	-	-	-	-	-	গ	-	রে	-	ধ	-
L	খে	-	-	-	লে	-	-	-	-	-	-	-	-	-	-	-
S	রে	-	রে	-	গ	-	ম	ম	রে	-	রে	-	গ	গ	ম	-
L	চা	-	রো	-	ও	-	র	হ	মা	-	রে	-	বি	খ	রে	-
S	ধ	-	ধ	-	প	-	প	-	ম	-	-	-	ম	-	-	-
L	বা	-	রুর	-	দী	-	অ	ফ	সা	-	-	-	নে	-	-	-
S	রে	-	রে	-	গ	-	ম	-	রে	-	রে	-	গ	-	ম	-
L	জ	ল	তী	-	জা	-	তী	-	শম্	-	মা	-	জ	ল	তে	-
S	ধ	-	ধ	-	প	-	প	প	ম	-	-	-	ম	-	-	-
L	জা	-	তে	-	হেন	-	প	র	বা	-	-	-	নে	-	-	-
S	ধ	-	ধ	প	নী	-	নী	-	ধ	-	ধ	-	প	-	প	-
L	ফি	র	ভী	-	হ	ম	জিন্	-	দা	-	হেন	-	অ	প	নে	-
S	ব	ধ	ধ	প	নী	-	নী	-	ধ	-	-	-	ধ	-	-	-
L	বে	লি	দা	-	নো	-	কে	-	বল	-	-	-	পর	-	-	-
S	ধ	ধ	প	ধনী	-	নী	নী	-	ধ	-	ধ	প	-	প	প	-
L	হ	র	শ	হী	-	দ	ফ	র	মা	-	ন	দে	-	গ	যা	-
S	সী	ধ	ধ	প	নী	-	নী	-	ধ	-	-	-	ধ	-	-	-
L	সী	-	মা	-	প	র	জ	ল	জল	-	-	-	কর	-	-	-
S	রে'	-	রে'	-	রে'	-	রে'	রে'	ধ	-	ধ	-	ধ	-	ধ	-
L	যা	-	রো	-	টু	-	ট	ভ	লে	-	হী	-	জা	-	না	-
S	রে'	-	রে'	-	রে'	-	-	রে'	ধ	-	ধ	-	ধ	-	ধ	-
L	লে	-	কি	ন	ক	ভী	-	ন	ঝু	-	ক	-	না	-	-	-
S	রে'	রে'	-	রে'	রে'	-	রে'	-	ধ	-	ধ	ধ	ধ	-	ধ	-
L	কে	দ	ম	ক	দ	ম	প	র	মাউ	-	ত	মি	লে	-	গী	-

বিনোদ কুমার

প্রথম চরণ (১-৪ মাত্রা)

পঙ্ক্তি	স্বর/বোল	১	২	৩	৪
১	স্বর	রে'	-	রে'	-
১	বোল	ফি	র	ভী	-
২	স্বর	ম'	ম'	-	গ'
২	বোল	ব	হৃ	ত	স
৩	স্বর	ম'	-	ম'	-
৩	বোল	সী	-	নে	-
৪	স্বর	ম'	-	ম'	-
৪	বোল	ন	স	ন	স
৫	স্বর	ম'	-	ম'	-
৫	বোল	বা	-	জু	-
৬	স্বর	সা'	-	সা'	-
৬	বোল	সিন্	-	হা	-
৭	স্বর	গ'	-	রে'	-
৭	বোল	মো	-	কে	-
৮	স্বর	সা'	-	সা'	-
৮	বোল	দে	-	শ	কে
৯	স্বর	গ'	-	রে'	-
৯	বোল	অ	প	নী	-
১০	স্বর	ম'	-	ম'	-
১০	বোল	অঙ্	-	গা	-
১১	স্বর	ম'	-	ম'	-
১১	বোল	হ	র	শো	-
১২	স্বর	ম'	-	ম'	-
১২	বোল	বি	লি	দা	-

দ্বিতীয় চরণ (৫-৮ মাত্রা)

পঙ্ক্তি	স্বর/বোল	৫	৬	৭	৮
১	স্বর	রে'	-	রে'	-
১	বোল	তু	ম	না	-
২	স্বর	-	গ'	গ'	-
২	বোল	হ	লি	যা	-
৩	স্বর	গ'	গ'	-	রে'
৩	বোল	ভ	ড়	ক	উ
৪	স্বর	গ'	-	গ'	-
৪	বোল	মে	-	বি	জ
৫	স্বর	গ'	গ'	-	রে'
৫	বোল	ফ	ড়	ক	উ
৬	স্বর	সা'	-	সা'	-
৬	বোল	স	ন	কী	-
৭	স্বর	গ'	-	রে'	-
৭	বোল	ঠে	-	কে	-
৮	স্বর	সা'	-	সা'	-
৮	বোল	বে	-	টে	-
৯	স্বর	গ'	-	রে'	রে'
৯	বোল	মাউ	-	ত	নি
১০	স্বর	গ'	-	গ'	-
১০	বোল	রো	-	কা	-
১১	স্বর	গ'	-	গ'	-
১১	বোল	লা	-	জাদ	-
১২	স্বর	গ'	-	গ'	-
১২	বোল	নো	-	কী	-

তৃতীয় চরণ (৯-১২ মাত্রা)

পঙ্ক্তি	স্বর/বোল	৯	১০	১১	১২
১	স্বর	ধ	-	ধ	-
১	বোল	রু	-	ক	-
২	স্বর	রে'	-	রে'	রে'
২	বোল	অ	ব	না	স
৩	স্বর	রে'	-	-	-
৩	বোল	ঠে	-	-	-
৪	স্বর	রে'	-	রে'	-
৪	বোল	লী	-	জা	-
৫	স্বর	রে'	-	-	-
৫	বোল	ঠে	-	-	-
৬	স্বর	রে'	-	-	সা'
৬	বোল	খই	-	র	ক
৭	স্বর	সা'	-	-	-
৭	বোল	দা	-	-	-
৮	স্বর	গ'	-	-	রে'
৮	বোল	জা	-	গ	উ
৯	স্বর	সা'	-	-	-
৯	বোল	হা	-	-	-
১০	স্বর	রে'	রে'	-	রে'
১০	বোল	জ	শ	ন	ম
১১	স্বর	রে'	-	-	-
১১	বোল	গে	-	-	-
১২	স্বর	রে'	-	রে'	-
১২	বোল	ই	স	ধ	র

চতুর্থ চরণ (১৩-১৬ মাত্রা)

পঙ্ক্তি	স্বর/বোল	১৩	১৪	১৫	১৬
১	স্বর	ধ	-	-	-
১	বোল	না	-	-	-
২	স্বর	ধ	-	ধ	-
২	বোল	হেন্	-	গে	-
৩	স্বর	রে'	-	-	-
৩	বোল	হেন	-	-	-
৪	স্বর	ধ	-	ধ	-
৪	বোল	গী	-	হাই	-
৫	স্বর	রে'	-	-	-
৫	বোল	হেন	-	-	-
৬	স্বর	সা'	-	সা'	-
৬	বোল	রো	-	জুল	-
৭	স্বর	সা'	-	-	-
৭	বোল	রো	-	-	-
৮	স্বর	সা'	-	সা'	-
৮	বোল	ঠে	-	তু	ম
৯	স্বর	সা'	-	-	-
৯	বোল	রো	-	-	-
১০	স্বর	ধ	-	ধ	-
১০	বোল	নে	-	গা	-
১১	স্বর	রে'	-	-	-
১১	বোল	গা	-	-	-
১২	স্বর	ধ	-	ধ	-
১২	বোল	তী	-	সে	-

মহেন্দ্র কপুর কে 51গীতন কী সরগম

ম'	-	ম'	-	গ'	-	গ'	-	রে'	-	-	-	রে'	-	-	-
হ	র	দু	শ	ম	ন	ভা	-	গে	-	-	-	গা	-	-	-
সা'	-	সা'	-	সা'	সা'	-	রে'	রে'	-	রে'	-	সা'	-	নী	-
হ	ম	নে	-	ক	স	ম	নি	ভা	-	নী	-	হাই	-	-	-
নী	-	নী	-	নী	-	নী	-	সা'	-	নীনী	-	ধ	-	-	-
দে	-	নী	-	হ	র	ক্কু	র	বা	-	নী	-	হাই	-	-	-
-	-	রে'	-	রে'	-	রে'	-	রে'	-	-	-	রে'	-	ধ	-
-	-	অ	প	নে	-	স	-	রো	-	-	-	কী	-	-	-
গ'	-	গ'	-	গ'	-	রে'	-	রে'	-	-	-	রে'	-	-	-
-	-	অ	প	নে	-	স	-	রো	-	-	-	কী	-	-	-
-	-	রে	-	ম	-	ম	-	ম	প	-	ধ	ধ	-	প	-
-	-	অঙ্গ	-	তি	ম	নি	-	শা	-	-	-	নী	-	-	-
ম	-	ম	-	প	ম	-	-	ধ	-	-	-	প	-	ম	-
ধ	-	র	-	দেন্	-	-	-	গে	-	-	-	-	-	-	-
-	-	রে	রে	-	ম	-	ম	ম	-	ম	-	-	-	-	-
-	-	অ	ব	-	কে	-	ব	র	-	স	-	-	-	-	-
-	-	রে	-	-	ম	-	ম	ম	-	প	-	-	-	-	-
-	-	অ	ব	-	কে	-	ব	র	-	স	-	-	-	-	-

2. আঁখন মে কয়ামত কে কাজল

ফিল্ম: কিসমত (1968)	সংগীতকার: ও.পী.নয়য়্যার
গীতকার: স. হ. বিহারী	গায়ক: মহেন্দ্র কপূর
তাল: কহরবা	কোরড: পনীরে' পসা'গ' মধসা'
	সা=C#

আঁখো মে কেয়ামত কে কাজল -2 হঠন পে গজব কী লালী হাই
বন্দা পরভর কহিয়ে কিসকী -2 তকদীর সন্ভারনে বালী হাই

সদকে মাই তুম্হারী বাহ কে, জো আগ লগা দে পানী মে-2
কুরবান তুম্হারী আন্খন কে, জো ভর দে রংগ জবানী মে
মর জাউন তুম্হারে গালন পর-2 জিন মে কে গুলন কী লালী হাই
বন্দা পরভর কহিয়ে কিসকী -2 তকদীর সন্ভারনে বালী হাই
আঁখো মে কেয়ামত কে কাজল

ও হো হো
যে আপকী মস্তি কা আলম, যে বহকে হুএ জজবাত মেরে-2
কুছ কহ ন সকা মই দীবানা, কহতে হেন মগর হালাত মেরে
যা আপ নশে মেন ডুবে হেন -2 যা মেরী নজর মতবালী' হাই
বন্দা পরভর কহিয়ে কিসকী -2 তকদীর সন্ভারনে বালী হাই
আঁখো মে কেয়ামত কে কাজল

আন্খন মে কয়ামত কে কাজল

ধিন্	তা	ধিন্	তা	ধিন্	তা	ধিন্	তা	ধিন্	তা	ধিন্	তা	ধিন্	তা	ধিন্	তা
1	2	3	4	5	6	7	8	1	2	3	4	5	6	7	8

গ- গ- গ মগ-নীনী ধ্- ধ ধ   পগপনীধ----
আঁ-খন- মে কয়া-মত কে- কা-জল   ময়ুসিক: গ ম / আঁ -

1	2	3	4	5	6	7	8	1	2	3	4	5	6	7	8
গ	-	গ	ম	গ	-	নী	নী	ধ	-	ধ		ধ	-	ধ	-
খন	-	মে	ক	যা	-	ম	ত	কে	-	কা	-	জল	-	হো	-
ধ্	ধ	ধ	ধ	ধ	ধ	ধ	ধ্	ধ	-	রে'	-	সা'	-	-	-
টোন	-	পে	গ	জ	ব	কী	-	লা	-	লী	-	হাই	-	-	-
ম	ধ	সা'	রে'	গ'	-	গ'	ম'	গ'	-	গ'	ম'	গ'	-	গ'	ম'
-	-	-	-	-	-	বন্	-	দা	-	প	র	ব	র	ক	হি
গ'	রে'	সা'	নী	ধ	প	গ'	ম'	গ'	-	গ'	ম'	গ'	প'	ম'	গ'
যে	-	কি	স	কী	-	বন্	-	দা	-	প	র	ব	র	ক	হি
রে'	-	সা'	নী	ধ	প	নী	নী	রে'	-	-	সা'	নী	নী	ধ	প
যে	-	কি	স	কী	-	ত	ক	দী	-	-র	সন্	ব	র	নে	-
(ধ)নী	-	(প)ধ	-	(ম)প	-										
বা	-	লী	-	হাই	-										

ইন্টরলুড: সা গ ধ গ প --- গ ম গ সা গ –
সা গ ধ গ প --- গ ম গ সা গ –
প নী রে' প রে'--- প নী সা' ম' গ' রে' সা'-
সা' গ' প' গ' সা' গ' প'- নী ম' রে' নী রে' ম'——
গ' নী' ধ' প' ম' গ' রে' সা' নী ধ নী সা' রে' গ'---

1	2	3	4	5	6	7	8	1	2	3	4	5	6	7	8
														গ'/স	গ'/দ
গ'	-	-	-										-	গ'/স	গ'/দ
কে	-	-	-										-	স	দ

বিনোদ কুমার

গ়' - গ' গ়'	গ' - সা' নী	সা' নী ধ -	ধ - প নী
কে - মে তুম	হা - রী -	বা - হো -	কে - জো -
রে' - প নী	রে' - সা' রে'	রে' গ' গ' -	গ' - - -
আ - গ ল	গা - দে -	পা - নী -	মে - - -
- - - -	- - ধ নী	রে' - রে' রে'	নী - প ধ
- - - -	- - কু র	বা - ন তুম	হা - রী -
রে' - সা' -	সা' - সা' রে'	গ' গ' সা' রে'	গ' - গ' সা'
আঁ - খন -	পে - জো -	ভ র দে -	রং - গ জ
রে' সা' নী ধ	ধ - গ ম	গ - গ ম	গ - নী -
বা - নী -	মে - ম র	জা - উ তুম	হা - রে -
ধ় ধ ধ ধ	ধ - - -	- - - -	- - গ ম
গা - লো -	পর - - -	- - - -	- - ম র
গ - গ ম	গ - নী -	ধ় ধ ধ ধ	ধ - নী ধ
জা - উ তুম	হা - রে -	গা - লো -	পর - জি ন
ধ় ধ ধ ধ	ধ নী ধ ধ়	ধ - নী রে'	সা' - - -
মে - কে গু	লো - কী -	লা - লী -	হাই - - -
ম ধ সা' রে'	গ' - গ' ম'	গ' - গ' ম'	গ' - গ' ম'
- - - -	- - বন্ -	দা - প র	ব র ক হি
গ' রে' সা' নী	ধ প গ' ম'	গ' - গ' ম'	গ' প' ম' গ'
যে - কি স	কী - বন্ -	দা - প র	ব র ক হি
রে' - সা' নী	ধ - নী নী	রে' - - সা'	নী নী ধ প
যে - কি স	কী - তি ক	কৃদী - -র সন্	ব র নে -
ধ়নী - প'ধ -	ম'প - - -		
বো - লী -	হাই - - -		

ইন্টারলুড: সা গ ধ গ প প --- গ ম গ সা গ –

সা গ ধ গ প --- গ ম গ সা গ –
প নী রে' প রে'--- প নী সা' ম' গ' রে' সা'-
সা' গ' প' গ' সা' গ' প'- নী ম' রে' নী রে' ম'—
গ' নী' ধ' প' ম' গ' রে' সা' নী ধ নী সা' রে' গ'---

1	2	3	4	5	6	7	8	9	10	11	12	13	14	15	16
														গ' ও	গ' হো
গ' হো	– –	– –	– –	– –	– –	– –	– –	– –	– –	– –	– –	– –	– –	গ' যে	গ' –
গ' আ	– –	গ' প	গ' কী	গ' ম	– স	সা' তী	নী –	সা' কা	নী –	ধ আ	– –	ধ লম	– –	প যে	নী –
রে' ব	রে' হ	প কে	নী হৃ	রে' এ	– –	সা' জ	রে' জ	রে' বা	গ' –	গ' ত	গ' মে	গ' রে	– –	– –	– –
– –	– –	– –	– –	– –	– –	ধ কু	নী ছ	রে' ক	রে' হ	রে' ন	রে' স	নী কা	– –	প মেন	ধ –
রে' দী	– –	সা' বা	– –	সা' না	– –	সা' ক	রে' হ	গ' তে	– –	সা' হেন	রে' ম	গ' গ	র র	গ' হা	– –
ধ লা	– –	ধ ত	ধ মে	ধ রে	– –	ম যা	– –	গ আ	– –	গ প	ম ন	গ হৈ	– –	নী মে	– –
ধ ডু	– –	ধ বে	– –	ধ হেন	– –	– –	– –	– –	– –	– –	– –	– –	– –	নী যা	নী –
গ আ	– –	গ প	ম ন	গ শে	– –	নী মে	– –	ধ ডু	– –	ধ বে	– –	ধ হেন	– –	ধ যা	– –
ধ মে	ধ –	ধ রী	ধ ন	ধ জ	– র	ধ ম	ধ ত	ধ বা	– –	নী লী	রে' –	সা' হাই	– –	– –	– –
ম –	ধ –	সা' –	রে' –	গ' –	– –	গ' বন্	ম' –	গ' দা	– –	গ' প	ম' র	গ' ব	– র	গ' ক	ম' হি

গ়'	রে'	সা়	নী	ধ	প	গ়'	ম়'	গ়'	–	গ়'	ম়'	গ়'	প়'	ম়'	গ়'
যে	–	কি	স	কী	–	বন্‌	–	দা	–	প	র	ব	র	ক	হি
রে'	–	সা়	নী	ধ	প	নী	নী	রে'	–	–	সা়	নী	নী	ধ	প
যে	–	কি	স	কী	–	ত	ক	দী	–	-র	সন্‌	ব	র	নে	–
^{ধ়}নী	–	^পধ	–	^মপ	–										
বা	–	লী	–	হাই	–										

3. আধা হাই চন্দ্রমা রাত আধী

ফিল্ম: নবরংগ (1959)	সংগীতকার: সী. রামচন্দ্র
গীতকার: ভরত বযাস	গায়ক: মহেন্দ্র কপূর, আশা ভোঁসলে
তাল: দাদরা রাগ: মাল্‌কুনস	কোরড: মধ়সা়' সা=C#

আধা হাই চন্দ্রমা রাত আধী-2

রহ ন জায়ে তেরী মেরী বাত আধী, মুলাকাত আধী

আধা হাই চন্দ্রমা

পিয়া আধী হাই পয়ার কী ভাশা,

আধী রহনে দো মন কী অভিলাশা

আধে ছলকে নয়ন আধে ধলকে নয়ন,

আধী পলকোন মে ভী হাই বরসাত আধী

আধা হাই চন্দ্রমা

আস কব তক রহেগী অধুরী,

প্যাস হোগী নহী কয়া যে পুরী

পয়াসা পয়াসা পবন পয়াসা পয়াসা গগন

প্যাসে তারণ কী ভী হাই বারাত আধী

আধা হাই চন্দ্রমা

সুর আধা হি শ্যাম নে সাধা,

রহা রাধা কা পয়ার ভী আধা-2

নেন আধে খিলে হন্ঠ আধে হিলে,
রহী মন মে মিলন কী ভো বাত আধী
আধা হাই চন্দ্রমা

আধা হাই চন্দ্রমা রাত আধী

ধা	ধী	না	ধা	তু	না	ধা	ধী	না	ধা	তু	না
1	2	3	4	5	6	1	2	3	4	5	6
সা	-	সা	ম	ম	-	গ	-	ম	ম	-	-
আ	-	ধা	-	হাই	-	চন্	-	দ্র	মা	-	-
গ	-	ম	ম	-	-	গ	সা	-	-	-	-
রা	-	ত	আ	-	-	ধ্রী	-	-	-	-	-
সা'	-	সা'	নী	ধ	-	নী	নী	-	ধ	ম	-
র	হ	ন	জা	যে	-	তো	রী	-	মে	রী	-
ধ	-	ধ	ধ	গ	-	ম	-	-	গ	সা	-
বা	-	ত	আ	-	-	ধ্রী	-	-	মু	লা	-
ম	-	ম	ম	-	-	ম	-	-	-	-	-
কা	-	ত	আ	-	-	ধ্রী	-	-	-	-	-
সা	-	সা	ম	ম	-	গ	-	ম	মধ	নী	ধ
আ	-	ধা	-	হাই	-	চন্	-	দ্র	মা	-	-
ম	-	-	-	-	-						
আ	-	-	-	-	-						

ইন্টরলুড: সা গ ম ধ নী সা'   গ' গ' গ'   সা' গ' সা'   নী নী নী   ধ নী ধ
ধ ম ধ নী সা' নী   ধ ম ধ নী সা' নী গ'
ম' ম'ম' ম'ম'   গ'ম'গ'সা'ম'
গ'গ'গ' সা' নী সা'সা'

ধা	তু	না
4	5	6
সা'	নী	-
পি	য	-

বিনোদ কুমার

সা'/আ	–/–	গ়'/ধ্রী	–/–	গ়'/হাই	–/–	সা'/প্যা	–/–	-সা'/-র	নী/কী	সা'/–	–/–
ধ/ভা	–/–	নী/শা	নী/শা	–/–	–/–	–/–	–/–	–/–	ধ/আ	ম/ধী	–/–
গ়/র	গ়/হ	ম/নে	–/–	ম/দো	–/–	ধ/মন	–/–	ধ/কী	নী/অ	সা'/ভি	–/–
সা'/লা	–/–	ধ/শা	–/–	–/–	–/–	–/–	–/–	–/–	ম/আ	ধে	–/–
গ়/ছ	–/ল	ম/কে	–/–	ম/ন	–/–	গ়/যন	–/–	সা/–	ম/আ	ম/ধে	–/–
গ়/ঢ	–/ল	ম/কে	–/–	ম/ন	–/–	গ়/যন	–/–	সা/–	সা'/অ	নী/ভী	–/–
সা'/প	–/ল	ম'/কো	–/–	ম'/মে	–/–	গ়'/ভী	সা'/হাই	সা'/ব	সা'/র	–/–
ধ/সা	–/–	নী/ত	নী/আ	–/–	–/–	ধধ/ধী	ম	–/–	ধ/মা	নী/–	ধ/–
সা/আ	–/–	সা/ধা	ম/–	ম/হাই	–/–	গ়/চন্	ম/দ	ধ/মা	নী/–	ধ/–
ম/আ	–/–	–/–	–/–	–/–	–/–	–/–	–/–	–/–			

ইন্টারলুড: গ়'---- সা'নীধনী গ়'—

সা'গ়'ম'ধ় ম'- গ়'ম'- গ়' সা'গ়'- নী-ধ নীসা'নী ধ—

ধ-সা' -- নীসা'ধনীসা'---

গ়'-সা' ম'গ়' সা'নী সা'ধ ধনী ধগ—

সা'/আ	–	নী/স

সাঁ অ	-	নীগী	সাঁ	-	গঁর	-	ক	-	গঁত	ব	সাঁক
ম স	-	ধ প্যা	-	-	-	-	রীরী	-	নী	-	ধধু
-	নীযে	নী	নীকয়া	-	ধধী	-	ন ম	-	-	মগী	গহো
-	ম সা	ম প্যা	-	-	-	-	রীধধ	-	-	-	সাঁপু
-	ম সা	ম প্যা	সা	-	গবন	-	ম প	-	ম	সা	গপ্যা
-	নী সে	সাঁ প্যা	সা	-	গগন	-	ম গ	-	ম	সা	গপ্যা
-	-	সাঁবা	সাঁহাই	-	গঁভী	-	মঁকী	-	ম্রো	-	সাঁত
-	-	ম	ধ	ম	ধধীধী	-	-	নীআ	ত নীত	রা	ধধর
ধ	নী	ধ ম	ম দ্র	-	গচন্	ম	ম হাই	-	সা ধ	সা	সাআ
-	-	-	-	-	-	-	-	-	-	-	অম
											আ
-	নী র	সাঁ সু	নী ম	-	সাঁ শ্যা	-	গঁহী	-	গঁ ধধ	-	সাঁআ

ধ / সা	-	নী	নী / ধ	-	-	-	-	-	ধ / র	ম / হা	-
গ / রা	-	ম / ধ	-	ম / কা	-	ধ / প্যা	-	ধ / র	ভী / ভানী	সা'	-
সা' / আ	-	ধ	ধ / ধ	-	-	-	-	-	ম / নাই	-	ম / ন
গ / আ	-	ম / ধে	-	ম / খি	-	গ / লে	-	সা	ম / হো	-	ম / ঠ
গ / আ	-	ম / ধে	-	ম / হি	-	গ / লে	-	সা	সা' / র	নী / হী	-
সা' / ম	ন	ম' / মে	-	ম' / মি	-	গ' / লন	-	সা' / কী	-	সা' / বো	-
ধ / বা	-	নী / ত	নী / আ	-	-	ধ্ধী	ম	-	-	-	-
সা' / আ	-	সা' / ধ	ম	ম / হাই	-	গ / চন্	-	ম / দ্র	ধ্ধ / মা	নী	ধ
ম / আ	-	-	-	-	-	-	-	-	-	-	-

4. আপ আয়ে তো খয়ালে

ফিল্ম: গুমরাহ (1963)	সংগীতকার: রবি শর্ম
গীতকার: সাহির লুধিয়ানবি	গায়ক: মহেন্দ্র কপূর
তাল: কহরবা	কোরড: রেমধ মধ্সা' গপনী
	সা=C#

আপ আয়ে তো খয়াল এ দিল এ নাশাদ আয়া
কিতনে ভুলে ছুএ জখ্মো কা পতা যাদ আয়া

আপ কে লব পে কাভি অপনা ভী নাম আয়া থা
শখ নজরও সে মুহাব্বাত কা সলাম আয়া থা
উম্র ভর সাথ নিভানে কা প্যাম আয়া থা -2
আপকো দেখ কে ভো অহদ এ বফা যাদ আয়া
কিতনে ভুলে ছুএ জখ্মো কা পতা যাদ আয়া

রুহ মে জল উঠে বুঝতি ছুই যাদন কে দিয়ে
কইসে দীবানে থে হম আপকো পানে কে লিয়ে
যুন তো কুছ কম নহী জো আপনে এহসান কিয়ে -2
পর জো মান্গে সে ন পায়া ভো সিলা যাদ আয়া
কিতনে ভুলে ছুএ জখ্মো কা পতা যাদ আয়া

আজ ভো বাত নহীন ফির ভী কোই বাত তো হাই
মেরে হিস্সে মে যে হাল্কি সী মুলাকাত তো হাই
গাইর কা হো কে ভী যে হুসন মেরে সাথ তো হাই -2
হায কিস বকত মুঝে কব কা গিলা যাদ আয়া
কিতনে ভুলে ছুএ জখ্মো কা পতা যাদ আয়া

আপ আয়ে তো খয়ালে

ধা	গে	ন	তি	ন	কে	ধি	ন	ধা	গে	ন	তি	ন	কে	ধি	ন
1	2	3	4	5	6	7	8	1	2	3	4	5	6	7	8

প্রেলুড:
বায়লিন: নী- ধ- প- গ- প-
নী সা' রে' প' ম'—রে' ম' গ'—রে' সা' ধ
ফ্লুট: ধপধ---
সিতার: নী ধ নী প ধ গ প ম

1	2	3	4	5	6	7	8	1	2	3	4	5	6	7	8
											রে	-	রে	গ্	রে
											আ	-	প	আ	-
ম	-	-	-	গ্	ম	রে	গ্	প	-	-	-	প	প	প	-
যে	-	-	-	তো	খ	যা	-	লে	-	-	-	দি	লে	না	-
ম	প	-	ম	প	ধ	ধ	প	ম	-	-	ধ	ধ	ধ	ধ	-
শা	-	-	দ	আ	-	যা	-	-	-	-	কি	ত	নে	ভু	-
নী	-	-	-	নী	নী	সা'	রে'	সা'	রে'	-	-	ধ	ধ	ধ	-
লি	-	-	-	হৃ	এ	জ	খ	মো	-	-	-	কা	প	তা	-
প	ম	-	ম	প	ধ	ধ	প	ম	-	-	রে	-	রে	গ্	রে
যা	-	-	দ	আ	-	যা	-	-	-	-	আ	-	প	আ	-
ম	-	-	-												
যে	-	-	-												

ইন্টরলুড:
বায়লিন: ম'-------- গ' ম' প' ম' প' গ' প' ম' ---
ফ্লুট: নী সা' গ' রে' নী সা' গ' রে' – সা' নী ধ প ম ---
সিতার: নী সা' গ' রে' নী সা' ধ নী—
নী ধ প ম গ রে .নী

1	2	3	4	5	6	7	8	1	2	3	4	5	6	7	8
											নী	-	নী	নী	-
											আ	-	প	কে	-
ধ	ধ	নী	-	-	নী	নী	-	-	নীনী	-ম'	-	ম'	গ্'	-	-
ল	ব	পে	-	-	ক	ভী	-	-	অপ	-না	-	ভী	না	-	-ম

মহেন্দ্র কপুর কে 51গীতন কী সরগম

রে'-	-	-	সা'	গ'	-	রে'	-	-	-	-	নী	-	নী	নী	নী
আ	-	-	-	যা	-	থা	-	-	-	-	শো	-	খ	ন	জ
ধ	-	নী	-	-	নী	নী	-	-	-	নী	নী	ম'	ম'	গ'	-
রো	-	সে	-	-	মু	হ	-	-	-	ব	ত	কা	স	লা	-ম
রে'	-	-	সা'	গ'	-	রে'	-	-	-	-	রে'	-	রে'	গ'	রে'
আ	-	-	-	যা	-	থা	-	-	-	-	উ	-	ম্ম	ভ	র
ম'	-	-	-	ম'	ম'	ম'	প'	গ'	-	-	-	রে'	রে'	সা'	-রে'
সা	-	-	-	থ	নি	ভা	-	নে	-	-	-	কা	প	যা	-ম
নী	-	-	-	সা'রে'	গ'	রে'	-	-	-	-	রে'	-	রে'	গ'	রে'
আ	-	-	-	যা-	-	থা	-	-	-	-	উ	-	ম্ম	ভ	র
ম'	-	-	-	ম'	ম'	ম'	প'	গ'	-	-	-	রে'	রে'	সা'	-রে'
সা	-	-	-	থ	নি	ভা	-	নে	-	-	-	কা	প	যা	-ম
নী	-	-	-	ধ	-	প	-	ম	-	-	রে	-	রে	গ	রে
আ	-	-	-	যা-	-	থা	-	ম	-	-	আ	-	প	কো	-
ম	-	-	-	ম	ম	-	রে	গ	প	প	-	-	প	প	-
দে	-	-	-	খ	কে	-	ভো	অ	হ	দে	-	-	ব	ফা	-
ম	প	-	ম	প	ধ	ধ	প	ম	-	-	ধ	ধ	ধ	ধ	-
যা	-	-	দ	আ	-	যা	-	-	-	-	কি	ত	নে	ভু	-
নী	-	-	-	নী	নী	সা'	রে'	সা'	রে'	-	-	ধ	ধ	ধ	-
লে	-	-	-	হৃ	এ	জ	খ	মো	-	-	-	কা	প	ত	-
প	ম	-	ম	প	ধ	ধ	প	ম	-	-	রে	-	রে	গ	রে
যা	-	-	দ	আ	-	যা	-	-	-	-	আ	-	প	আ	-
ম'	-	-	-	গ'	ম	রে	গ'	প	-	-	-	প	প	প	-
যে	-	-	-	তো	খ	যা	-	লে	-	-	-	দি	লে	না	-

বিনোদ কুমার

ম	প	-	ম	প	ধ্	ধ্	প	ম	-	-	রে	-	রে	গ্	রে
শা	-	-	দ	আ	-	যো	-	-	-	-	আ	-	প	আ	-
ম	-	-	-												
যে	-	-	-												

ইন্টরলুড:
সিতার: নী ধ প ম   ম প গ ম   রে- গ ম –
　　　　নী ধ প ম   ম প গ ম   রে- গ ম –
বায়লিন: ধ নী রে' নী- রে'- ম' গ''-
　　　　　ম' রে গ' ম' --- নী' ধ' – প' ম' – গ'' রে'---
সিতার: সা' রে' নী সা' ধ নী

-	-	-	-	-	-	-	-	-	-	-	নী	-	রে'	সা'	নী
-	-	-	-	-	-	-	-	-	-	-	রু	-	হ	মে	-
ধ্	-	নী	নী	নী	-	-	-	নী	নী	নী	ম'	ম'	গ্'	গ্'	-
জল	-	-	উ	ঠে	-	-	-	বু	ঝ	তী	-	হৃ	ঈ	যা	-
রে'	-	-	সা'	রে'	গ্'	রে'	-	-	-	-	নী	-	রে'	সা'	নী
দো	-	-	-	কে	দি	যে	-	-	-	-	কই	-	সে	দী	-
ধ্	-	নী	-	নী	নী	নী	-	-	-	নী	-	ম'	ম'	গ্'	-
বা	-	-	-	নে	থে	হ	ম	-	-	আ	-	প	কো	পা	-
রে'	-	-	সা'	রে'	গ্'	রে'	-	-	-	-	রে'	-	রে'	গ্'	রে'
নে	-	-	-	কে	লি	যে-	-	-	-	-	যুন	-	তো	কু	ছ
ম'	-	-	-	ম'	ম'	ম'	প'	গ্'	-	-	-	রে'	রে'	সা'	রে'
কম	-	-	-	ন	হী	জো	-	আ	-	-	-	প	নে	অ	হ
নী	-	-	-	সা'	গ্'	রে'	-	-	-	-	রে'	-	রে'	গ্'	রে'
সা	-	-	-	ন	কি	যে-	-	-	-	-	যুন	-	তো	কু	ছ
ম'	-	-	-	ম'	ম'	ম'	প'	গ্'	-	-	-	রে'	রে'	সা'	-রে'
কম	-	-	-	ন	হী	জো	-	আ	-	-	-	প	নে	অ	হ

মহেন্দ্র কপুর কে 51গীতন কী সরগম

```
নী  -   -   -  | ধ   ধ   প   -  | ম   -   -   রে | -   রে  গ   রে
সা  -   -   -  | ন   কি  যে  -  | -   -   -   পর | -   জো  মাঁ  -

ম   -   ম   -  | -   ম   রে  গ  | প   -   -   -  | প   প   প   -
গে  -   সে  -  | -   ন   পা  -  | যা  -   -   -  | ভো  সি  লা  -

ম   প   -   ম  | প   ধ   ধ   প  | ম   -   -   ধ  | ধ   ধ   ধ   ধ
যা  -   -   দ  | আ   -   যা  -  | -   -   -   কি | ত   নে  ভু  -

নী  -   -   -  | নী  নী  সা' রে' | সা' রে' -   -  | ধ   ধ   ধ   ধ
লে  -   -   -  | হৃ  এ   জ   খ  | মো  -   -   -  | কা  প   তা  -

প   ম   -   ম  | প   ধ   ধ   প  | ম   -   -   রে | -   রে  গ   রে
যা  -   -   দ  | আ   -   যা  -  | -   -   -   আ  | -   প   আ   -

ম   -   -   -  | গ   ম   রে  গ  | প   -   -   -  | প   প   প   -
যে  -   -   -  | তো  খ   যা  -  | লে  -   -   -  | দি  লে  না  -

ম   প   -   ম  | প   ধ   ধ   প  | ম   -   -   রে | -   রে  গ   রে
শা  -   -   দ  | আ   -   যা  -  | -   -   -   আ  | -   প   আ   -

ম   -   -   -
যে  -   -   -
```

ইন্টরলুড:
বায়লিন: ম'—প' নী' ধ' –
ফ্লুট: প' ধ' --- প' ধ' – প' ধ' প' ম' গ' –
বায়লিন: গ' – ম' ধ' প' –
ফ্লুট: ম' প' ম' প'—ম' প' ম' গ' রে' –
বায়লিন: রে' সা' নী ধ প ম গ ম প – ম প – ধ-
রে' সা' নী রে' সা' নী রে' সা' নী

```
                                         নী | -   রে' সা' নী
                                         আ | -   জ   ভো  -

ধ   -   নী  -  | নী  নী  নী  -  | -   -   নী  নী | ম'  ম'  গ'  -
বা  -   -   -  | ত   ন   হী  -  | -   -   ফি  র  | ভী  কো  ঈ   -
```

বিনোদ কুমার

1	2	3	4	5	6	7	8	9	10	11	12	13	14	15	16
রে'(বা)	–	সা'	–	রে'(ত)	গ'(তো)	রে'(হাই)	–	–	–	–	নী(মে)	–	রে'(রে)	সা'(হি)	নী
ধ(সে)	–	নী	–	নী(মে)	নী(যে)	নী(হ)	(ল)	(কী)	–	ম'	–	গ'(সী)	গ'(মু)	গ'(লা)	–
রে'(কা)	–	–	সা'	রে'(ত)	গ'(তো)	রে'(হেন)	–	–	–	–	রে'(গৈ)	–	রে'(র)	গ'(কা)	রে'
ম'(হো)	–	–	–	ম'(কে)	ম'(ভী)	ম'(যে)	প'	–	–	গ'(হৃ)	গ'(স)	রে'(ন)	সা'(মে)	সা'(রে)	রে'
নী(সা)	–	–	–	সা'(থ)	গ'(তো)	রে'(হাই)	–	–	–	–	রে'(গৈ)	–	রে'(র)	গ'(কা)	রে'
ম'(হো)	–	–	–	ম'(কে)	গ'(ভী)	ম'(যে)	প'	–	–	গ'(হৃ)	গ'(স)	রে'(ন)	সা'(মে)	সা'(রে)	রে'
নী(সা)	–	–	–	ধ(থ)	ধ(তো)	প(হাই)	–	ম	–	–	রে(হা)	–	রে(য)	গ(কি)	রে(স)
ম(ব)	–	–	–	ম(ক্ত)	ম(মু)	রে(ঝে)	গ	গ(ক)	প(ব)	প(কা)	–	–	প(গ)	প(লা)	–
ম(যা)	প	–	ম(দ)	প(আ)	ধ	ধ(যা)	প	ম	–	–	ধ(কি)	ধ(ত)	ধ(নে)	ধ(ভু)	–
নী(লে)	–	–	–	নী(হৃ)	নী(এ)	সা'(জ)	রে'(খ)	সা'(মো)	রে'	–	–	ধ(কা)	ধ(প)	ধ(তা)	–
প(যা)	ম	–	ম(দ)	প(আ)	ধ	ধ(যা)	প	ম	–	–	রে(আ)	–	রে(প)	গ(আ)	রে
ম(যে)	–	–	–	গ'(তো)	ম(খ)	রে(যা)	গ	প(লে)	–	–	–	প(দি)	প(লে)	প(না)	–

ম	প	-	ম	প	ধ	ধ	প	ম	-	-	রে	-	রে	গ	রে
শা	-	-	দ	আ	-	যা	-	-	-	-	আ	-	প	আ	-
ম	-	-	-												
যে	-	-	-												

5. এ জানে চমন তেরা গোরা বদন

ফিল্ম: অনমোল মোতী (1969)	সংগীতকার: রবি শর্মা
গীতকার: রাজেন্দ্র কৃষন	গায়ক: মহেন্দ্র কপূর
তাল: কহরবা	কোরড: সাগপ সা=F

এ হুসন এ বেখবর তুঝে তকনে কো এক নজর
ঝুকতা তো হোগা রোজ তেরে ঘর পে মহতাব

এ জান এ চমন তেরা গোরা বদন জইসে খিলতা হুআ গুলাব
জালিম তেরী জবানী কযামত তেরা শবাব

মল মল কে জিসম ইতনা ভী পানী মে মত নহা -2
ডর হাই কহী যে পানী ভী বন জায়ে ন শরাব
এ জান এ চমন তেরা গোরা বদন জইসে খিলতা হুআ গুলাব
জালিম তেরী জবানী কযামত তেরা শবাব

বাগোন আসপাস ভী জানা না ভুল কে-2
হোগী ভরী বহার মে ফুলোন কা জী খরাব
এ জান এ চমন তেরা গোরা বদন জইসে খিলতা হুআ গুলাব
জালিম তেরী জবানী কযামত তেরা শবাব

তুঝকো বনানে বালা ভী সৌ কোশিশে করে-2
লা না সকেগা ধুনধ কে তেরা কোই জবাব
এ জান এ চমন তেরা গোরা বদন জইসে খিলতা হুআ গুলাব
জালিম তেরী জবানী কযামত তেরা শবাব

বিনোদ কুমার

এ জানে চমন তেরা গোরা বদন

ধা	গে	ন	তি	ন	কে	ধি	ন	ধা	গে	ন	তি	ন	কে	ধি	ন
1	2	3	4	5	6	7	8	1	2	3	4	5	6	7	8

.নী সাসাসা সাসারেসা সারে গমগ গ গগ রেগ
ঐ হুস্ন বেখবর তুঝে তকনে কো এক নজর

পপপ প পপ ধপম মম গমপ ম মগসা-
ঝুকতা তো হোগা রো-জ তেরে ঘর- পে মহতাব

সা.নী সাগ রেগ সা' প গ সা
ঐ জান-এ-চমন সিতার

													সা'		.নী
												ঐ			-
সা	-	গ	রে	গ	-	সা	.নী	সা	-	গ	রে	গ	-	সা	রে
জা	-	নে	চ	মন	-	তে	রা	গো	-	রা	ব	দন	-	জে	সে
গ	প	প	-	ম	গ	ম	গ	রে	-	-	-	-	-	-	-
খি	ল	তা	-	হৃ	আ	-	গু	লা	-	-	-	-	-ব	-	-
প	-	প	-	প	ধ	নী	ধ	প	-	প	-	-	প	প	সা'
জা	-	লি	ম	তে	রী	-	জ	বা	-	নী	-	-	ক	য	-
সা'	সা'	নী	-	প	ম	প	প	গ	-	রে	-	সা	-	সা	.নী
ম	ত	-	-	তে	রা	-	শ	বা	-	-	-	-	-ব	ঐ	-
সা	-	গ	রে	গ	-										
জা	-	নে	চ	মন	-										

ইন্টরলুড: সিতার: গ রে সা রে সা .নী .প .নী সা গ রে
 ম গ রেগ প ধ প গ রে গ সা
বায়লিন: গ ম প নী সা' গ' রে' সা' নী ধ সা'
ফ্লুট: সা' রে' নী সা' ধ নী প -

প	প	প	প	প	ধ	নী	ধ	প	প	প	-	প	-	-	-
ম	ল	ম	ল	কে	জি	স	ম	ই	ত	না	-	ভী	-	-	-

প	ধ	ন্নী	সা'	ন্নী	ধ	ন্নী	ধ	প	-	-	-	ম	প	ম	গ
পা	-	ন্নী	-	মে	ম	ত	ন	হা	-	-	-				
প	প	প	প	প	ধ	ন্নী	ধ	প	প	প	-	প	-	-	-
ম	ল	ম	ল	কে	জি	স	ম	ই	ত	না	-	ভী			
প	ধ	ন্নী	সা'	ন্নী	ধ	ন্নী	ধ	প	-	-	-				
পা	-	ন্নী	-	মে	ম	ত	ন	হা	-	-	-				
সা'	সা'	সা'	-	সা'	সা'	-	সা'	ন্নী	সা'	সা'	ন্নী	ধ	প	-	-
ড	র	হাই	-	ক	হী	-	যে	পা	-	নী	-	ভী	-	-	
প	ন্নী	ন্নী	-	ধ	ম	প	প	গ	-	রে	-	সা	-	সা	ন্নী
ব	ন	জা	-	যে	না	-	শ	রা	-	-	-	-	ব	ত্র	-

সা	-	গ	রে	গ	-
জা	-	নে	চ	মন	-

ইন্টরলুড:

ফ্লুট: <u>গ</u> <u>গ</u> <u>গ</u> <u>গ</u> প ম রে—

রে<u>গ</u> ম প ধ ধ ধ ধ ন্নী সা' প- প- প-

বাযলিন: প <u>গ</u>' রে' প'-<u>গ</u>' ম' <u>গ</u>' রে' সা' ন্নী ধ প-

ম	প	প	-	ম	গ	-	রে	সা	-	-	সা	সা	-	-	-
বা	-	গোন	-	কে	আ	-	স	পা	-	-	স	ভী	-	-	-
.প	সা	সা	-	সা	গ	-	রে	গ	-	-	-	-	-	-	-
জা	-	না	-	ন	ভ	-	ল	কে	-	-	-	-	-	-	-
ম	প	প	-	প	ন্নী	-	ধ	প	-	-	প	প	-	-	-
বা	-	গোন	-	কে	আ	-	স	পা	-	-	স	ভী	-	-	-
প	ধ	ন্নী	সা'	ন্নী	ধ	ন্নী	ধ	প	-	-	-	-	-	-	-
জা	-	না	-	ন	ভ	-	ল	কে	-	-	-	-	-	-	-
প	সা'	সা'	-	সা'	সা'	-	সা'	ন্নী	সা'	-	ন্নী	ধ	প		
হো	-	গা	-	ভ	রী	-	ব	হা	-	-	র	মে	-		

প	নী	নী	-	প	ম	প	প	গ	-	রে	-	সা	-	সা	.নী
ফু	-	লো	-	কা	জী	-	খ	রা	-	-	-	-	ব	ত্র	-

সা	-	গ	রে	গ	-
জা	-	নে	চ	মন	-

ইন্টরলুড:
বাযলিন: প প প সা'—নী সা' নী সা' ---
    প প প পমগ গ মগরে রে গরেসা
ফ্লুট: প প প সা'—নী সা' নী সা' ---
    প প প পমগ গ মগরে রে গরেসা
সিতার: গ—ম প ধ সা' রে' সা' রে' নী সা' ধ নী প--

প	প	প	-	প	ধ	নী	ধ	প	-	প	-	প	-	-	-
তু	ঝ	কো	-	ব	না	-	নে	বা	-	লা	-	ভী	-	-	-

প	ধ	নী	সা'	নী	ধ	নী	ধ	প	-	-	-	ম	প	ম	গ
সৌ	-	কো	-	শি	শে	-	ক	রে	-	-	-	-	-	-	-

প	প	প	-	প	ধ	নী	ধ	প	-	প	-	প	-	-	-
তু	ঝ	কো	-	ব	না	-	নে	বা	-	লা	-	ভী	-	-	-

প	ধ	নী	সা'	নী	ধ	নী	ধ	প	-	-	-	-	-	-	-
সৌ	-	কো	-	শি	শে	-	ক	রে	-	-	-	-	-	-	-

সা'	-	সা'	-	সা'	সা'	-	সা'	নী	সা'	-	নী	ধ	প	-	-
লা	-	না	-	স	কে	-	গা	ঢ়ু	-	-	ঢ	কে	-	-	-

প	নী	নী	-	ধ	ম	প	প	গ	-	রে	-	সা	-	সা	.নী
তে	-	রা	-	কো	ঈ	-	জ	বা	-	-	-	-	ব	ত্র	-

সা	-	গ	রে	গ	-
জা	-	নে	চ	মন	-

6.   বদল জায়ে অগর মালী

ফিল্ম: বাহারেইন ফির ভী আয়েন্গী (1966) গীতকার: কাফী আজমী তাল: কহরবা	সংগীতকার: ও. পী. নয়্য়ার গায়ক: মহেন্দ্র কপূর কোরড: রেমন্নী সা=C

বদল জায়ে অগর মালী চমন হতা নহীন খালী
বহারেন ফির ভী আতী হাই বহারেন ফির ভী আয়েনগী

থকন কাইসী ঘুটন কাইসী চল অপনী ধুন মে দীবানে
খিলা লে ফুল কান্ত মে সজা লে অপনে বিরানে
হবাএন আগ ভড়কয়েন ফজায়েন জহর বরসায়েন
বহারেন ফির ভী আতী হাই বহারেন ফির ভী আয়েনগী

অন্ধেরে কয়া উজালে কয়া না যে অপনে না ভো অপনে
তেরে কাম আয়েন্গে পয়ারে তেরে অরমা তেরে সপনে
জমানা তুঝসে হো বরহম ন আয়ে রাহ পর মাউসম
বহারেন ফির ভী আতী হাই বহারেন ফির ভী আয়েনগী

বদল জায়ে অগর মালী

ধিন্	তক	ধিন্	তক	ধিন্	তক	ধিন্	তক	ধিন্	তক	ধিন্	তক	ধিন্	তক	ধিন্	তক
1	2	3	4	5	6	7	8	1	2	3	4	5	6	7	8
প্রেলুড: রে গ ম- ম প ম – প ধ ম রে ম প ধ নী – প ধ ম – ধ – নী -															
											রে	রে	ম	প	ধ
											ব	দ	ল	জা	-
নী	-	-	ধ	ধ	প	প	-	ম	-	-	রে	রে	ম	প	ধ
যে	-	-	অ	গ	র	মা	-	লী	-	-	চ	ম	ন	হো	-

বিনোদ কুমার

```
নী  -   -   ধ  | ধ   প   প   -  | ম   -   -   রে' | রে'  রে'  রে'  -
তা  -   -   ন  | হী  -   খা  -  | লী  -   -   ব  | হা   -    রে'  -

-   রে'  রে'  রে' | সা'  নী  সা'  - | ম'  -   -   গ'  | গ'   রে'  রে'  সা'
-   ফি   র    ভী  | আ   -   তী  -  | হেন -   -   ব  | হা   -    রে   -

-   সা'  রে'  সা' | নী  প   ধ   সা' | নী  -   -
-   ফি   র    ভী  | আ  -   যে  -   | গী  -   -
```

ইন্টরলুড: রে ম প ধ সা' রে' - ধ সা' – রে'- ম' রে' - রে' সা' নী প ম–
ম' প' ম' রে' ধ' সা' রে' নী ধ নী রে' নী- ধ নী—ধ সা' রে' –
প ধ – ধ নী - ধ সা' রে' -- সা' রে' – সা' রে' গ' – প' - রে'- ম'-
ম' প' ম' রে' সা' ধ নী নী ধ প ম প ধ নী---

```
                                        নী  | নী  সা'  রে'  সা'
                                        থ   | ক   ন    কই   -

রে' -   -   ম  | ম   প   প   ধ  | ধ   -   -   সা' | সা'  সা'  সা'  -
সী  -   -   ঘু | ট   ন   কই  -  | সী  -   -   চল  | অ    প    নী   -

-   সা'  সা'  সা' | রে'  -   নী  ধ  | নী  ম   -   ম'  | গ'   ম'   ম'   -
-   ধু   ন    মে  | দী  -   বা  -  | নে  -   -   খি  | লা   -    লে   -

-   ম'  -   ম'  | ম'  -   ম'  -  | ম'  রে'  -   গ'  | গ'   রে'  রে'  সা'
-   ফু  -   ল   | কান্ -   টোন -  | মে  -    -   স   | জা   -    লে   -

-   সা'  নী  সা' | রে'  -   সা'  নী | নী  -   -   রে  | রে   ম    প    ধ
-   অ    প   নে  | বী  -   রা   -  | নে  -   -   হ   | বা   -    এঁ   -

নী  -   -   ধ  | ধ   প   প   -  | ম   -   -   রে  | রে   ম    প    ধ
আ  -   -   গ  | ভ   ড়   কা  -  | যেন -   -   ফ  | জা   -    এঁ   -

নী  নী  -   ধ  | ধ   প   প   -  | ম   -   -   রে' | রে'  রে'  রে'  -
জ   হ   -   র  | ব   র   সা  -  | যেন -   -   ব  | হা   -    রে'  -

-   রে'  রে'  রে' | সা'  নী  সা'  - | ম'  -   -   গ'  | গ'   রে'  রে'  সা'
-   ফি   র    ভী  | আ   -   তী  -  | হেন -   -   ব  | হা   -    রে   -
```

```
-  সা’ রে’ সা’ | নী  প   ধ  সা’ | নী  -  -  |
-  ফি  র   ভী | আ   -  যেন  -  | গী  -  -  |
```

ইন্টরলুড: ধ নী সা’ রে’ গ’ ম’ রে’--- গ’ ম’ রে’ সা’ ধ সা’ রে’—
ধ প ম প ধ সা’ ধ -- ধ নী ধ প ম প ধ –
ম’ গ’ ম’ প’ রে’ ধ নী -- সা’ নী ধ ম প ধ নী -

```
                                    নী | নী সা’ রে’ সা’
                                    অঙ্‌ ধে  -  রে  -
```

```
রে’  -   -   ম  | ম   প   প   ধ  | ধ   -   -  সা’ | সা’  -  সা’ সা’
কয়া  -   -   উ  | জা  -  লে   -  | কয়া  -   -   ন  | যে   -  অ   প

 -  সা’   -  সা’ | নী  রে’  নী  ধ | নী  -   -  ম’  | গ’   ম’  ম’   -
 -  নে    -   ন  | ভো  -   অ   প  | নে  -   -  তে  | রে   -  কা  -ম

 -  ম’    -  ম’  | ম’  -   ম’  গ’ | ম’  রে’  -  গ’  | গ’   রে’ রে’ সা’
 -  আ     - যেন  | গে  -  প্যা  -  | রে  -   -  তে  | রে   -  অ   র

 -  সা’  নী  সা’ | রে’  -   নী  নী | নী  -   -  রে  | রে   ম   প   ধ
 -  মা    -  তে  | রে  -   স   প  | নে  -   -  জ   | মা   -  না   -

নী  নী    -   ধ  | ধ   -   প   ম  | ম   -   -  রে  | রে   ম   প   ধ
তু  ঝ     -  সে  | হো  -   ব   র  | হম  -   -  ন   | আ   -  যে   -

নী   -    -   ধ  | ধ   প   প   ম  | ম   -   -  রে’ | রে’ রে’ রে’  -
রা   -    -   হ  | প   র  মাউ  -  | সম  -   -  ব   | হা   -  রে’  -

 -  রে’  রে’ রে’ | সা’ নী  সা’  -  | ম’  -   -  গ’  | গ’  রে’ রে’ সা’
 -  ফি   র   ভী  | আ   -   তী   -  | হেন  -   -  ব   | হা   -  রে’  -

 -  সা’  রে’ সা’ | নী  প   ধ  সা’ | নী  -   -
 -  ফি   র   ভী  | আ   -  যেন  -  | গী  -   -
```

7.   বীতে হুএ লম্হন কী কসক

ফিল্ম: নিকাহ (1982)	সংগীতকার: রবি শর্মা
গীতকার: হসন কমাল	গায়ক: মহেন্দ্র কপূর
তাল: কহরবা	কোরড: রেমেধ সা=C#

অভী অলবিদা মত কহ দোস্ত
ন জানে কহান ফির মুলাকাত হো -2 ক্যন্কি

বীতে হুএ লাম্হন কী কসক সাথ তো হোগী
খ্বাবোন হী মে হো চাহে মুলাকাত তো হোগী

যে পয়ার মে ডুবী হুই রঙ্গীন ফজায়েন
যে চেহরে যে নজরেন যে জবান রুত যে হবায়েইন
হম জায়েন কহীন ইনকী মহক সাথ তো হোগী-2
বীতে হুএ লাম্হন...

ফুলোন কী তরহ দিল মে বসায়ে হুএ রখনা-2
যাদন কে চিরাগন কো জলায়ে হুএ রখনা
লম্বা হাই সফর ইসমে কহীন রাত তো হোগী-2
বীতে হুএ লাম্হন...

যে সাথ গুজারে হুএ লমহাত কী দউলত-2
জজবাত কী দউলত যে খ্যালাত কী দউলত
কুছ পাস ন হো পাস যে সৌগাত তো হোগী-2
বীতে হুএ লাম্হন...

বীতে হুএ লম্হন কী কসক

ধা	গে	ন	তি	ন	কে	ধি	ন	ধা	গে	ন	তি	ন	কে	ধি	ন
1	2	3	4	5	6	7	8	1	2	3	4	5	6	7	8

প্রিলুড:

ধধ নীরে'রে'রে' রে'রে' ধধনী নীধধ
অভী অলবদা মত কহো- দোস্তন

ধ নীরে'রে' রে'রে' রে' ধধনীনীধ ধ
ন জা-নে কহ্যান ফির মুলা-ক়াত হো

ধ ধসা'নী ধপমে গ মেপমেগরে রে
ন জা-নে কহ্যান ফির মুলাক়্াত হো ক্যোকি

ধা	গে	ন	তি	ন	কে	ধি	ন	ধা	গে	ন	তি	ন	কে	ধি	ন
–	–	–	–	–	–	–	–	–	–	–	–	–	–	বী ধ়	·নী
রে	–	–	–	রে	রে	গ	গ	মে	–	–	–	মে	গ	মে	নী
তে	–	–	–	হৃ	এ	ল	ম	হো	–	–	–	কী	ক	স	ক
ধ	–	–	–	মে	গ	গ	–	রে	–	–	–	·নী	·ধ	·ধ	·নী
সা	–	–	–	থ	তো	হো	–	গী	–	–	–	–	–	খা	–
রে	–	–	–	রে	রে	গ	–	মে	–	–	–	মে	গ	মে	নী
বোন্	–	–	–	হী	মে	হো	–	চা	–	–	–	হে	মু	লা	–
ধ	–	–	–	মে	মে	গ	–	রে	–	–	–	–	·ধ	·ধ	·নী
কা	–	–	–	ত	তো	হো	–	গী	–	–	–	–	বী	–	–
রে'	–	–	–	রে'	রে'	রে'	রে'	রে'	–	–	–	নী	ধ	ধ	নী
তে	–	–	–	হৃ	এ	ল	ম	হো	–	–	–	কী	ক	স	ক
নী	–	রে'	–	নী	ধ	নী	ধ	ধ	–	–	মে	গ	রে	ধ়	·নী
সা	–	–	–	থ	তো	হো	–	গী	–	–	–	–	–	খা	–
রে	–	–	–	রে	রে	গ	–	মে	–	–	–	মে	গ	মে	নী
বোন্	–	–	–	হী	মে	হো	–	চা	–	–	–	হে	মু	লা	–

বিনোদ কুমার

স্বর	ধ	-	-	-	মে	মে	গ	-	রে	-	-	-	-	-	.ধ	.নী
কথা	কা	-	-	-	ত	তো	হো	-	গী	-	-	-	-	-	বী	-
স্বর	রে	-	-	-	রে	রে	গ	গ	মে	-	-	-	মে	গ	মে	.নী
কথা	তে	-	-	-	হৃ	এ	ল	ম	হো	-	-	-	কী	ক	স	ক
স্বর	ধ	-	-	-	মে	গ	গ	-	রে	-	-	-				
কথা	সা	-	-	-	থ	তো	হো	-	গী	-	-	-				

ইন্টারলুড: ধনীরে'— গ'রে'মে— রে'মেগ'রে'নী— গ'রে'নীধমেগরে
রেগমে গমে ধমেগমেধনীরে'

স্বর															ধ	.নী
কথা															যে	-
স্বর	রে'	-	-	-	রে'	রে'	ধ	.নী	রে'	-	-	-	রে'	রে'	রে'	-
কথা	প্যা	-	-	-	র	মে	ড্রু	-	বী	-	-	-	হৃ	ঈ	রং	-
স্বর	গ'	-	-	-	গ'	রে'	মে	গ'	রে'	-	-	-	নী	ধ	ধ	-
কথা	গী	-	-	-	ন	ফ	জা	-	যেন	-	-	-	-	-	যে	-
স্বর	নী	রে'	রে'	-	-	রে'	ধ	নী	রে'	-	-	-	রে'	রে'	রে'	-
কথা	চে	হ	রে	-	-	যে	ন	জ	-	-	-	-	যে	জ	বা	-
স্বর	গ'	গ'	-	-	গ'	রে'	মে	গ'	রে'	-	-	রে'	নী	ধ	ধ	নী
কথা	রু	ত	-	-	যে	হ	বা	-	যেন	-	-	-	-	-	হ	ম
স্বর	নী	-	রে'	-	রে'	রে'	রে'	-	রে'	রে'	রে'	নী	-	ধ	ধ	নী
কথা	জা	-	-	-	যেন	ক	হী	-	ই	ন	কী	-	-	ম	হ	ক
স্বর	নী	-	রে'	-	নী	ধ	নী	ধ	ধ	-	-	মে	গ	রে	.ধ	.নী
কথা	সা	-	-	-	থ	তো	হো	-	গী	-2	-	-	-	-	বী	-
স্বর	রে	-	-	-	রে	রে	গ	গ	মে	-	-	-	মে	গ	মে	নী
কথা	তে	-	-	-	হৃ	এ	ল	ম	হো	-	-	-	কী	ক	স	ক
স্বর	ধ	-	-	-	মে	গ	গ	-	রে	-	-	-				
কথা	সা	-	-	-	থ	তো	হো	-	গী	-	-	-				

ইন্টরলুড: রেগমে-- মেধনী-- ধনীরে'রে'নীগ'রে' রেগমে
ধনীরে'—নীগ'—রে'মেরে নীধমেরে

														মে	-
														ফু	-
মে	-	-	-	মে	গ	মে	ধ	গ	-	-	-	রে	রে	রে	-
লো	-	-	-	কী	ত	র	হ	দিল	-	-	-	মে	ব	সা	-
নী	-	-	-	নী	ধ	রে'	নী	ধ	-	-	-	-	-	ধ	নী
যে	-	-	-	হৃ	এ	র	খ	না	-	-	-	-	-	ফু	-
রে'	-	-	-	রে'	রে'	ধ	নী	রে'	-	-	-	রে'	রে'	রে'	রে'
লো	-	-	-	কী	ত	র	হ	দিল	-	-	-	মে	ব	সা	-
গ'	-	-	-	গ'	রে'	মে	গ'	রে'	-	-	রে'	নী	ধ	ধ	নী
যে	-	-	-	হৃ	এ	র	খ	না	-	-	-	-	-	যা	-
রে'	-	-	-	রে'	রে'	ধ	নী	রে'	-	-	-	রে'	রে'	রে'	রে'
দো	-	-	-	কে	চি	রা	-	গোন	-	-	-	কো	জ	লা	-
গ'	-	-	-	গ'	রে'	মে	গ'	রে'	-	-	রে'	নী	ধ	ধ	নী
যে	-	-	-	হৃ	এ	র	খ	না	-	-	-	-	-	লম্	-
রে'	-	-	-	রে'	রে'	রে'	রে'	রে'	রে'	রে'	নী	-	ধ	ধ	নী
বা	-	-	-	হাই	স	ফ	র	ই	স	মে	-	-	ক	হী	-
নী	-	রে'	-	নী	ধ	নী	ধ	ধ	-	-	মে	গ	রে	ধ	নী
রা	-	-	-	ত	তো	হো	-	গী	-	-	-	-	-	বী	-
রে	-	-	-	রে	রে	গ	গ	মে	-	-	-	মে	গ	মে	নী
তে	-	-	-	হৃ	এ	ল	ম	হো	-	-	-	কী	ক	স	ক
ধ	-	-	-	মে	গ	গ	-	রে	-	-	-	-	-		
সা	-	-	-	থ	তো	হো	নী	গী	-	-	-	-	-		

ইন্টরলুড: রেগমে-- গমে— গমেধমেগ
. নীরেগ-- রেগ-- রেগমেগরে .নীরেগমেধনীরে'

												-	-	ধ	নী
												-	-	যে	-
রে'	-	-	-	রে'	রে'	ধ	নী	রে'	-	-	-	রে'	রে'	রে'	রে'
সা	-	-	-	থ	গুঁ	জা	-	রে	-	-	-	হৃ	এ	ল	ম
গ'	-	-	-	গ'	রে'	মে	গ'	রে'	রে'	-	-	-	-	ধ	নী
হা	-	-	-	ত	কী	দাউ	-	ল	ত	-	-	-	-	জ	জ
রে'	-	-	-	রে'	রে'	ধ	নী	রে'	রে'	-	-	রে'	রে'	রে'	রে'
বা	-	-	-	ত	কী	দাউ	-	ল	ত	-	-	যে	খ	যা	-
গ'	-	-	-	গ'	রে'	মে	গ'	রে'	রে'	-	-	-	-	ধ	নী
লা	-	-	-	ত	কী	দাউ	-	ল	ত	-	-	-	-	কু	ছ
রে'	-	-	-	রে'	রে'	রে'	-	রে'	-	-	-	নী	ধ	ধ	নী
পা	-	-	-	স	ন	হো	-	পা	-	-	-	স	যে	সৌ	-
নী	-	রে'	-	নী	ধ	নী	ধ	ধ	-	-	মে	গ	রে	ধ	নী
গা	-	-	-	ত	তো	হো	-	গী	-	-	-	-	-	বী	-
রে	-	-	-												
তে	-	-	-												

৪.   চলো ইক বার ফির সে

ফিল্ম: গুমরাহ (1963)	সংগীতকার: রবি শর্মা
গীতকার: সাহির লুধিয়ানবি	গায়ক: মহেন্দ্র কপূর
তাল: কহরবা	কোরড: মধ্সা' সা=C#

চলো ইক বার ফির সে অজনবী বন জায়ে হম দোনো

ন মাই তুমসে কোই উম্মীদ রখু দিলনভাজী কী
ন তুম মেরী তরফ দেখো গলত অন্দাজ নজরও সে
ন মেরে দিল কী ধড়কন লড়খডায়ে মেরী বাতোন মে
ন জাহির হো তুম্হারী কশমকশ কা রাজ নজরণ সে
চলো ইক বার ফির সে.......

তুম্হে ভী কোই উলঝন রোকতী হাই পেশকদমী সে
মুঝে ভী লোগ কহতে হেন কি যে জলভে পরায়ে হেন
মেরে হমরাজ ভী রুসবাইযান হেন মেরে মান্ঝি কী-2
তুম্হারে সাথ ভী গুজরী হুই রাতন কে সয়ে হেন-2
চলো ইক বার ফির সে......

তার্রুফ রোগ বন জায়ে তো উসকো ভুলনা বেহতর
তাল্লুক বোঝ বন জায়ে তো উসকো ভুলনা বেহতর
ভো অফসানা জিসে অঞ্জাম তক লানা না হো মুমকিন-2
উসে ইক খুবসুরত মোড় দেকর ছোড়না অচ্ছা
চলো ইক বার ফির সে....

চলো ইক বার ফির সে

ধা	গে	ন	তি	ন	কে	ধি	ন	ধা	গে	ন	তি	ন	কে	ধি	ন
1	2	3	4	5	6	7	8	1	2	3	4	5	6	7	8
											ধ	ধ	প	ম	গ
											চ	লো	-	ই	ক
ম	-	-	গ	মপ	-	গ	সা	-	ম	ম	ম	প	ম	প	সা'
বা	-	-	র	ফির	-	সে	-	-	অ	জ	ন	বী	-	ব	ন
ধ	-	-	নী	নী	-	প	ম	ম	-	-					
জা	-	-	যেন	হম	-	দো	-	নো	-	-					
ইন্টরলুড:															
											মপ	ধ	ম	প	গ
ম	-	-	গম	প	গ	ম	গ	সা	-	-	মপ	ধধ	ম	প	গগ
ম	-	-	গম	প	গ	ম	গ	সা	-	গ	-	ম	-	ধ	-
সা'	-	-													
											প	প	-	নী	-
											ন	মেন	-	তু	ম
সা'	-	-	সা'	সা'	-	সা'	নী	সা'রে'	গ'	-	গ'	গ'	-	গ'	-
সে	-	-	কো	ঈ	-	উম	-	মী-	-	-	দ	র	-	খু	-
-	রে'	গ'	রে'	সা'	নী	সা'	গ'	রে'	-	-	রে'	রে'	-	গ'	রে'
-	দিল	-	ন	বা	-	জী	-	কী	-	-	ন	তুম	-	মে	-
সা'	-	-	সা'	সা'	সা'	নী	সা'	রে'	-	-	ধ	ধ	প	প	-
রী	-	-	ত	র	ফ	দে	-	খো	-	-	গ	ল	ত	অঙ্	-
-	গ	ধ	ধ	ধ	প	প		ম	-	-	সা'	সা'	-	রে'	-
-	দা	-	জ	ন	জ	রো		সে	-	-	মে	মে	-	রে	-
গ'	-	-	রে'	গ'	গ'	গ'	-	-	রে'	গ'	রে'	গ'	-	গ'	-
দিল	-	-	কী	ধ	ড়	ক	ন	-	ল	ড়	খ	ড়	-	যে	-
-	রে'	-	সা'	নী	কে	সা'	গ'	রে'	-	-	রে'	রে'	কে	ধি'	রে'
-	মে	-	রী	বা	-	তন	-	মে	-	-	ন	জা	-	হি	র

	1	2	3	4	5	6	7	8	9	10	11	12	13	14	15	16
স্বর	সা'	-	-	সা'	সা'	নী	সা'	রে'	-	নী	নী	ধ	ধ	প	গ	-
সাহিত্য	হো	-	-	তুম	হা	-	রী	-	-	ক	শ	ম	ক	শ	কা	-
স্বর	ধ	ধ	-	ধ	ধ	প	প	-	ম	-	-	ধ	ধ	প	ম	গ
সাহিত্য	-	রা	-	জ	ন	জ	রো	-	সে	-	-	চ	লো	-	ই	ক
স্বর	ম	-	-	গ	ম	-	গ	সা								
সাহিত্য	বা	-	-	র	ফির	-	সে	-								

ইন্টরলুড:

	1	2	3	4	5	6	7	8	9	10	11	12	13	14	15	16
স্বর	ম	-	-	গম	প	গ	ম	গ	সা	-	-	মপ	ধ	ম	প	গ
স্বর	ম	-	-	গম	প	গ	ম	গ	সা	-	গ	মপ	ধ	ম	প	গ
স্বর	সা'	-	-							-	গ		ম	-	ধ	-
স্বর												সা'	সা'	রে'	গ'	রে'
সাহিত্য												তুম	হেন্	-	ভী	-
স্বর	-	সা'	-	সা'	সা'	সা'	সা'	নী	-	নী	রে'	রে'	রে'	-	রে'	সা'
সাহিত্য	-	কো	-	ঈ	উ	ল	ঝ	ন	-	রো	-	ক	তী	-	হাই	-
স্বর	গ'	গ'	-	গ'	ম'	গ'	রে'	-	সা'	-	-	নী	নী	-	নী	সা'
সাহিত্য	-	পে	-	শ	ক	দ	মী	-	সে	-	-	মু	ঝে	-	ভী	-
স্বর	রে'	-	-	সা'	সা'	নী	ধ	-	প	-	-	প	ম	প	গ	-
সাহিত্য	লো	-	-	গ	ক	হ	তে	-	হেন	-	-	কি	যে	-	জল	-
স্বর	ধ	ধ	-	ধ	ধ	ধ	-	প	ম	-	-	সা'	সা'	-	রে'	রে'
সাহিত্য	-	বে	-	প	রা	-	যে	-	হেন	-	-	মে	রে	-	হ	ম
স্বর	গ'	-	-	রে'	গ'	-	গ'	রে'	গ'	-	-	রে'	রে'	গ'	-	গ'
সাহিত্য	রা	-	-	জ	ভী	-	রু	স	বা	-	-	ঈ	য়ান	-	হেন	
স্বর	-	রে'	-	সা'	নী	-	সা'	গ'	রে'	-	-	রে'	রে'	-	গ'	রে'
সাহিত্য	-	মে	-	রে	মা	-	জী	-	কী	-	-	তুম	হা	-	রে	-

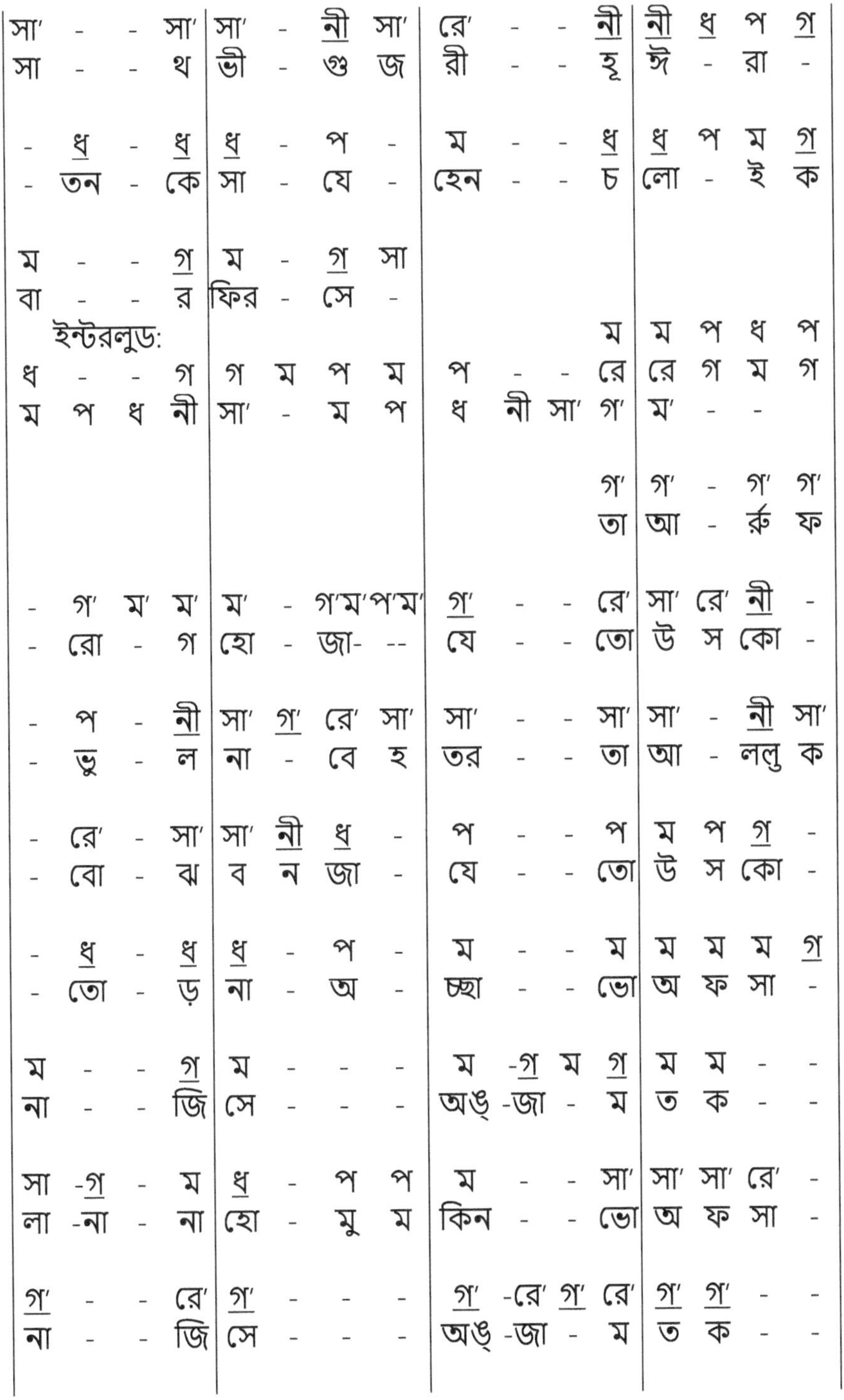

বিনোদ কুমার

1	2	3	4	5	6	7	8	9	10	11	12	13	14	15	16
সা'	-	-	সা'	সা'	-	নী	সা'	রে'	-	-	নী	নী	ধ	প	গ
সা	-	-	থ	ভী	-	গু	জ	রী	-	-	হৃ	ঈ	-	রা	-
-	ধ	ধ	ধ	ধ	-	প	-	ম	-	-	ধ	ধ	প	ম	গ
-	তন	-	কে	সা	-	যে	-	হেন	-	-	চ	লো	-	ই	ক
ম	-	-	গ	ম	-	গ	সা					ম	প	ধ	প
বা	-	-	র	ফির	-	সে	-								

ইন্টরলুড:

1	2	3	4	5	6	7	8	9	10	11	12	13	14	15	16
ধ	-	-	গ	গ	ম	প	ম	প	-	-	রে	রে	গ	ম	গ
ম	প	ধ	নী	সা'	-	ম	প	ধ	নী	সা'	গ'	ম'	-	-	-
											গ'	গ'	-	গ'	গ'
											তা	আ	-	র্ঝ	ফ
-	গ'	ম'	ম'	ম'	-	গ'ম'প'ম'		গ'	-	-	রে'	সা'	রে'	নী	-
-	রো	-	গ	হো	-	জা-	--	যে	-	-	তো	উ	স	কো	-
-	প	-	নী	সা'	গ'	রে'	সা'	সা'	-	-	সা'	সা'	-	নী	সা'
-	ভু	-	ল	না	-	বে	হ	তর	-	-	তা	আ	-	ললু	ক
-	রে'	-	সা'	সা'	নী	ধ	-	প	-	-	প	ম	প	গ	-
-	বো	-	ঝ	ব	ন	জা	-	যে	-	-	তো	উ	স	কো	-
-	ধ	ধ	ধ	ধ	-	প	-	ম	-	-	ম	ম	ম	ম	গ
-	তো	-	ড়	না	-	অ	-	চ্ছা	-	-	ভো	অ	ফ	সা	-
ম	-	-	গ	ম	-	-	-	ম	-গ	ম	গ	ম	ম	-	-
না	-	-	জি	সে	-	-	-	অঙ্	-জা	-	ম	ত	ক	-	-
সা	-গ	-	ম	ধ	-	প	প	ম	-	-	সা'	সা'	সা'	রে'	-
লা	-না	-	না	হো	-	মু	ম	কিন	-	-	ভো	অ	ফ	সা	-
গ'	-	-	রে'	গ'	-	নী	-	গ'	-রে'	গ'	রে'	গ'	গ'	-	-
না	-	-	জি	সে	-	-	-	অঙ্	-জা	-	ম	ত	ক	-	-

গ়'	-রে়'	-	সা়'	ন়ী	-	সা়'	গ়'	রে়'	-	-	রে়'	রে়'	-	গ়'	রে়'
লা	-না	-	না	হো	-	মু	ম	কিন	-	-	উ	সে	-	ই	ক
-	সা়'	-	সা়'	সা়'	-	ন়ী	সা়'	-	রে়'	-	সা়'	ন়ী	ধ	প	গ
-	খু	-	বী	সু	-	র	ত	-	মো	-	ড়	দে	-	কর	-
-	ধ	-	ধ	ধ	-	প	-	ম	-	-	ধ	ধ	প	ম	গ
-	ছো	-	ড়	না	-	অ	-	চ্ছা	-	-	চ	লো	-	ই	ক
ম	-	-	গ	ম	-	গ	সা								
বা	-	-	র	ফির	-	সে	-								

৯. চলো বুলাবা আয়া হাই

ফিল্ম: অবতার (1983)	সংগীতকার: লক্ষ্মীকান্ত প্যারেলাল
গীতকার: আনন্দ বকশিই	গায়ক: চন্চল, মহেন্দ্র কপূর, আশা
তাল: কহরবা	কোরড: সা়গ়প সা=A (very high scale)

(অপনে হিসাব সে low scale মে বজাএঁ)

মাতা জিনকো য়াদ করে ভো লোগ নিরালে হোতে হাইন
মাতা জিনকা নাম পুকারে কিসমত বালে হোতে হাইন

চলো বুলাভা আয়া হাই মাতা নে বুলায়া হাই-2
জয় মাতা দী
চলো বুলাভা আয়া হাই মাতা নে বুলায়া হাই
উঁচে পরবত পে রানী মা নে দরবার লগায়া হাই
চলো বুলাভা আয়া হাই মাতা নে বুলায়া হাই-2
জয় মাতা দী

সারে জগ মে ইক ঠিকানা সারে গম কে মারো কা
রস্তা দেখ রহী হাই মাতা অপনি আঁখ কে তারণ কা
মস্ত হভাঅন কা ইক ঝক্কা যে সংদেসা লায়া হাই
চলো বুলাভা আয়া হাই মাতা নে বুলায়া হাই

জয় মাতা দী জয় মাতা দী কহতে জাও জয় মাতা দী-2
জয় মাতা দী কহতে জাও আনে জানে ভালো কো
চলতে জাও তুম মত দেখো অপনে পানভ কে ছালো কো
জিসনে জিতনা দরদ সহা হাই উতনা চেন ভী পায়া হাই
চলো বুলাভা আয়া হাই মাতা নে বুলায়া হাই
জয় মাতা দী

বাইশনো দেভি কে মন্দির মে লোগ মুরাদেন পাতে হেন
রোতে রোতে আতে হেন হাঁসতে হাঁসতে জাতে হেন2
মেন ভী মাংগ কে দেখুন জিসনে জো মাঙ্গা ভো পায়া হাই
চলো বুলাভা আয়া হাই মাতা নে বুলায়া হাই
জয় মাতা দী

মেন ভী তো ইক মা হুন মাতা, মা হি মা কো পহচানে
বেটে কা দুখ কয়া হত হাই অর কোই যে কয়া জানে
উসকা খুন মেন দেখুন কইসে জিসকো দুধ পিলায়া হাই
চলো বুলাভা আয়া হাই মাতা নে বুলায়া হাই-2

তো প্রেম সে বোলো জয় মাতা দী
সরে বোলো জয় মাতা দী
বাইশনো রানী জয় মাতা দী
এমবে কল্যানী জয় মাতা দী
মা ভোলী ভালী জয় মাতা দী
মা শেরো বালী জয় মাতা দী
ঝোলী ভর দেতী জয় মাতা দী
সংকট হর লেতী জয় মাতা দী জয় মাতা দী.....

চলো বুলাবা আযা হাই মাতা নে বুলাযা হাই

ধাগে নাতি নকে ধিন				ধাগে নাতি নকে ধিন				ধাগেনাতিনকে ধিন				ধাগেনাতিনকে ধিন			
12	34	56	78	12	34	56	78	12	34	56	78	12	34	56	78

পপ   পনী নীধনীধ পপ প   পম মমমগ   গমপম ম—পগ
মাতা জিনকো যা--দ   করে ভো লোগ নিরালে হো--- তে হেন—

পপ পধ্ধপ-গ   গমপম মমম—গরেসা.নী
মাতা জিনকা-   না---ম পুকারে ---------

.নীসাসাসা সাগগ   গরে   সা
কিস্মত   বা-লে হোতে হেন

প্রিলুড:
সাগ-ম-ধ- গধপমগ সা.নী.ধ-
.ধ.নীসাগ-রে- সা.নীরেসাসা

.নী.নী .নীসারে সাসা রে.নী .নী.নী সা রেসাসা সা
চলো   বুলাবা আযা হাই   মাতা নে বুলাযা হাই -2

ধ—পম গরেসা
ও-------

.নীসা সাসারেগরেসা সারেগ গ-রেসা .নী.নী সা সাসারে-গরেসা সা
চলো বুলা----বা- আ-যা হাই--- মাতা নে বুলা—---যা-   হাই

প   পপ প
জয মাতা দী

মগসারেম মম গরেসারে গ মম মগধ ধ ধপম-গ রেমম গরেসা.নী
ও------ উচে পরবত পে রানী ম়া-- নে দরবা-র লগাযা হাই-----

.নীসা সাসারেগরেসা সারেগ গ-রেসা .নী.নী সা সাসারেগরে সা
চলো বুলা----বা- আ-যা হাই----- মাতা নে বুলা—যা- হাই

ধ ধধ ধ
জয মাতা দী

.নীসা সাসারেগরেসা সারেগ গ-রেসা .নী.নী সা সাসারেগরে সা
চলো বুলা----বা- আ-যা হাই---- মাতা নে বুলা—যা- হাই

ইন্টরলুড:
পধপমগরেগমসারেগ
সারে গ- ম- সারে মে-ম- -2
সারেগ সারেগ সারেগ মপ—

পপ মম গ মপ পপ-মগ মম গরে ম গরে সা
সারে জগ মে এক ঠিকানা সারে গম কে মারো কা

.নী.নী .নী সা রে সাসাসা সা.নী .নী সা রেসা সা
সারে জগ মে এক ঠিকানা সারে গম কে মারো কা

প-মগ পপ মগ গম প পমগ মম গরেম ম গরে সা
ও--- রাস্তা দেখ রহী হাই মাতা অপনী আঁ-খ কে তারো কা

.নী.নী .নী সারেসা সাসা সা.নী .নী সা রেসা সা
রাস্তা দেখ রহী হাই মাতা অপনী আঁখ কে তারো কা

মগসারেম মম মগ-সারে গ মম মমগধধ ধ ধমগরে মম গ-রেসা
ও----- মস্ত হবা-ওন- কা এক ঝোকা- যে সন্দেসা- লাযা হাই----

.নীসা সাসারেগরেসা সারেগ গ-রেসা .নী.নী সা সাসারেগরে সা
চলো বুলা----বা- আ-যা হাই----- মাতা নে বুলা—যা- হাই

প   পপ   প
জয মাতা দী

.নী সারে সা গ গরে সা গগ রেসা গ গরে সা
জয মাতা দী জয মাতা দী... কহতে জাও জয মাতা দী

.নী সারে সা গ গরে সা .নীসা রেসা গ গরে সা
জয মাতা দী জয মাতা দী... কহতে জাও জয মাতা দী

প পপ প পধ পপ পধ পম গম মগ
জয মাতা দী. কহতে জাও আনে জানে বালো কো-

পপ মগ গ মগ রেসা .নীসা রে সা সাসা সা
চলতে জাও তুম মত দেখো অপনে পাঁব কে ছালো কো -2

মগসারেম মমম গরেসারে গম মম মগধ
হো----- জিসনে জিতনা দর্দ সহা হাই---

ধধধ মগ রে মম গগরেসা
উতনা চাইন ভী পাযা হাই-----

.নীসা সাসারেগগরেসা সারেগ গ-রেসা .নী.নী সা সাসারেগগগরে সা
চলো বুলা----বা- আ-যা হাই----- মাতা নে বুলা---যা- হাই

প পপ প
জয মাতা দী
ইন্টরলুড:
ম---- মপমগপপ---- মপমগমগম—
.নী প- ম- গমগরেগ –
সা রে মম মগ গ গ গ রেগ রে সা-- -2 সা প –

পপ   পপ   পম ধমগ   গ   পধ   পধ-মগ   গমপম ম
বাইশনো দেবী কে- মন্দির মে, লোগ মুরাদেন্ - পা-তে- হেন

ম মগ মরে সাসা   ম   মম   গরে   সাসা   সা
ও রোতে রোতে আতে হেন, হন্সতে হন্সতে জাতে হেন

নীসা   রেসা সাসা   গ   গগ   গরে   সাসা   সা
রোতে   রোতে আতে হেন, হন্সতে হন্সতে জাতে হেন

মগসারেম ম   ম গসা রে   গম মমমগধ
হো------ মেন ভী মাগ কে দেখূ জিসনে--

ধ   ধম গরে   মম গগরেসা
জো মাগা ভো- পাযা হাই-----

নীসা সাসারেগরেসা সারেগ গ-রেসা নী.নী সা সাসারেগরে সা
চলো বুলা----বা-   আ-যা হাই----- মাতা নে বুলা—যা- হাই

প পপ প
জয মাতা দী

ইন্টরলুড:
ম—পধপমগমপ - পধপমগমপ –
গমপমগপম—গমপমগমপধনী-
সা'—নীধপমগ --- মগ ধ— পমগরে-
সা রে গ ম প ম গ রে নী.নী সা নী.নী সা
সা রে গ ম প ম গ রে নী.নী সা মগরেগসা

মগ মপ পম মগ গরে ম গরেসা গ গ মপ প মগপমম
মেন-ভী- তো- এক ম্যা- ছন মা-তা, ম্যা হী ম্যা- কো পহচা-নে

মগমপ পম মগ গরে মগরে সা গগ গমপ প মগ পমম
বে-টে- কা- দুখ কয়া হোতা- হাই অউর কোঈ- যে কয়া জা-নে

গসাম মমম গসারে গম মমগধ ধধধ মগ রেমম গগগরেসা
ও---- উসকা খুন মেন দেখু কইসে--জিসকো দুধ পিলায়া হাই-----

.নীসা সাসারেগরেসা সারেগ গ-রেসা .নী.নী সা সাসারেগরে সা
চলো বুলা----বা- আ-যা হাই----- মাতা নে বুলা—যা- হাই

.নী.নী .নীসারে সাসা রে.নী .নী.নী সা রেসাসা সা
চলো বুলাবা আযা হাই- মাতা নে বুলাযা হাই -2

গ গগ গরেসা সাসা গ .নী.নী সা রেসাসা সা
ও চলো বুলাবা আযা হাই মাতা নে বুলাযা হাই -2

নীসা' সা'রে'সা'নীপ-গ- মপধপ ম-গরে সাগ গ—রে রেমরে সা
চলো বুলা-বা---- আ-যা- হাই--- মাতা নে--- বুলাযা হাই -2

গ গ গ রেসা .নী সারে সা
তো প্রেম সে বোলো-জয মাতা দী

গ রেগ রেসা .নী সারে সা
ও সারে বোলো-জয মাতা দী...

গ রে গরে সা .নী সারে সা
ও জয মাতা দী জয মাতা দী

রেগগ রেসা .নী সারে সা
বাইশনো রানী- জয মাতা দী

গরে গরেসা .নী সারে সা
অম্বে কলযানী- জয মাতা দী

রে .নীরে সাসা .নী সারে সা
মা ভোলী ভালী-জয মাতা দী

রে .নীরে সাসা .নী সারে সা
মা শেরো বালী- জয মাতা দী

গ রে গ রেসা .নী সারে সা
ঝোলী ভর দেতী-জয মাতা দী

গ রে গ রেসা .নী সারে সা
সন্কট হর লেতী-জয মাতা দী

রে .নী রেসা সা .নী সারে সা
ও জয মা তা দী... জয মাতা দী

প পধনীধসা' সা'
জয মা- ---তা দী

রে' রে'রে' সা'রে'
জয মা তা দী-

সা'---রে'গ' রে'গ' রে'সা' সা'
জয----- মা- তা- দী

.নী সারে সা
জয মা তা দী x -16

10. চাঁদ ছুপা অর তারে ডুবে

ফিল্ম: সোহনী মহিবাল (1958)	সংগীতকার: নউসাদ অলী
গীতকার: শকীল বদায়ুনী	গায়ক: মহেন্দ্র কপূর
তাল: কহরবা	কোরড: রেমধ গপসা' ধসা'গ'
	সা=C#

চাঁদ ছুপা অর তারে ডুবে রাত গজব কী আই
হুসন চলা হাই ইশক সে মিলনে যুলম কী বদলী ছাই
ও রাত গজব কী আই

তুত পডি হাই আঁধি গম কী, হো আজ পবন হাই পাগল-2
কাঁপ রহী হাই ধরতী সারী, চীখ রহে হেন বাদল হো-2
দুনিয়া কে তুফান হজারণ হুসন কী ইক তন্হায়ী
হুসন চলা হাই ইশক সে মিলনে যুলম কী বদলী ছাই
ও রাত গজব কী আই

মউত কী নাগন আজ খডি হাই রাহ মে ফন ফইলায়ে
জঙ্গল জঙ্গল নাচ রহে হেন শায়তানো কে সয়ে-2
আজ খুদা খামোশ হাই জিসে ভুল গয়া হো খুদায়ী
হুসন চলা হাই ইশক সে মিলনে যুলম কী বদলী ছাই
ও রাত গজব কী আই

ঘোর অন্ধেরা মুশকিল রাহেন কদম কদম পে ঢোকে-2
আজ মহব্বত রুক ন সকেগী, চাহে খুদা ভী রোকে-2
রাহে বফা মে পীছে হতনা পয়ার কী হাই রুস্বায়ী
হুসন চলা হাই ইশক সে মিলনে যুলম কী বদলী ছাই
ও রাত গজব কী আই

পার নদী কে যার কা ডেরা, আজ মিলন হাই তেরা -2
ওধ লে তু লহরণ কী চুনরী বাঁধ লে মউজ কা সেহরা-2
ডোলে মে মন্ঝধার কে হোগী আজ তেরী বিদায়ী
হুসন চলা হাই ইশক সে মিলনে যুলম কী বদলী ছাই

বিনোদ কুমার

ও রাত গজব কী আই

ডুব কে ইন উন্চি লহরণ মে নয্য়া পার লগা লে
উলফত কে তুফান মে জিন্দা রহতে হাই মরনে বালে-2
জীতে জী সংসার মে কিসনে পয়ার কী মনজিল পায়ী
হুসন চলা হাই ইশক সে মিলনে যুলম কী বদলী ছাই
ও রাত গজব কী আই

তেরে দিল কে খুন সে হোগা লাল চনাব কা পানী
দুনিয়া কী তারীখ মে লিখী জায়েগী যে কুরবানী
সোহনী অউর মহিভাল নে অপনী <u>ইশক মে জান গান্‌ভায়ী-2</u>

চাঁদ ছুপা অর তারে ডুবে

ধা	গে	ন	তি	ন	কে	ধি	ন	ধা	গে	ন	তি	ন	কে	ধি	ন
1	2	3	4	5	6	7	8	1	2	3	4	5	6	7	8
রে	-	রে	গ	গ	-	গ	ম	ম	প	প	ম	ম	-	গ	-
চাঁ	-	দ	ছু	পা	-	অউ	র	তা	-	রে	-	ড়ু	-	বে	-
রে	-	গ	গ	গ	গ	গ	ম	প	-	-	ধ	ধ	-	-	-
রা	-	ত	গ	জ	ব	কী	-	আ	-	-	-	য়ী	-	-	-
প	প	প	প	প	-	প	-	মে	-	প	প	মে	প	গ	মে
হৃ	স	ন	চ	লা	-	হাই	-	ই	শ	ক	সে	মি	ল	নে	-
প	ধ	ধ	প	প	ম	ম	-	গ	-	গ	-	গ	ম	প	ধ
জু	ল	ম	কী	ব	দ	লী	-	ছা	-	য়ী	-	ও	-	-	-
প	ধ	ধ	প	প	ম	ম	-	গ	-	গ	-	-	-	-	-
রা	-	ত	গ	জ	ব	কী	-	আ	-	য়ী	-	-	-	-	-
রে	-	রে	গ	গ	-	গ	ম	ম	প	প	ম	ম	-	গ	-
চাঁ	-	দ	ছু	পা	-	অউ	র	তা	-	রে	-	ড়ু	-	বে	-
রে	-	গ	গ	গ	গ	গ	ম	প	-	-	ধ	ধ	-	-	-
রা	-	ত	গ	জ	ব	কী	-	আ	-	-	-	য়ী	-	-	-
প	প	প	প	প	-	প	-	মে	-	প	প	মে	প	গ	মে
হৃ	স	ন	চ	লা	-	হাই	-	ই	শ	ক	সে	মি	ল	নে	-
প	ধ	ধ	প	প	ম	ম	-	গ	-	গ	-	সা'	নী	সা'	-
জু	ল	ম	কী	ব	দ	লী	-	ছা	-	য়ী	-	ও			
ধ	-	ধ	প	প	ম	প	ম	গ	-	গ	-	-	-	-	-
রা	-	ত	গ	জ	ব	কী	-	আ	-	য়ী	-	-	-	-	-
নী	-	নী	নী	নী	-	নী	-	নী	-	নী	-	নী	-	নী	-
ট্রা	-	ট	প	ডি	-	হাই	-	আঁ	-	ধি	-	গ	ম	কী	-

নীসা'গ'------------- রে'- সা'- রে'- নী-
ও------------------

নী	-	নী	নী	নী	-	নী	-	নী	-	ধী	-	নী	-	নী	-
টু	-	ট	প	ডি	-	হাই	-	আঁ	-	ধী	-	গ	ম	কী	-
-	গ	-	ম	প	-	ম	-	রে	-	গ	-	-	-	-	-
-	আ	-জ	প	ব	ন	হাই	-	পা	-	গল	-	-	-	-	-
গ	-	গ	ম	প	-	ম	-	গ	-	গ	-	-	-	-	-
আ	-	জ	প	ব	ন	হাই	-	পা	-	গ	ল	-	-	-	-
ধ	-	ধ	নী	রে'	-	রে'	-	রে'	গ'	গ'	-	-	-	ম'	-
কান্	-	প	র	হী	-	হাই	-	ধ	র	তী	-	-	-	সা	-
গ'	-	-	-	-	-	-	-	ম'	-	ম'	ম'	ম'	-	গ'	-
রী	-	-	-	-	-	-	-	চী	-	খ	র	হে	-	হেন	-
রে'	-	গ'	-	-	-	-	-	রে'	-	সা'	-	নী	-	ধ	-
বা	-	দল	-	-	-	-	-	ও	-	ও	-	ও	-	ও	-
ধ	সা'	সা'	ধ	প	-	ম	-	গ	-	গ	-	-	-	-	-
চী	-	খ	র	হে	-	হেন	-	বা	-	দল	-	-	-	-	-
রে	রে	রে	গ	গ	-	গ	ম	ম	প	-	ম	গ	-	গ	-
দু	নি	যা	-	কে	-	তু	-	ফা	-	ন	হ	জা	-	রো	-
রে	গ	গ	গ	গ	গ	গ	ম	প	-	-	ধ	ধ	-	-	-
হৃ	স	ন	কী	ই	ক	ত	ন	হা	-	-	-	য়ী	-	-	-
প	প	প	প	প	-	প	-	মে	-	প	প	মে	প	গ	মে
হৃ	স	ন	চ	লা	-	হাই	-	ই	শ	ক	সে	মি	ল	নে	-
প	ধ	ধ	প	প	ম	ম	-	গ	-	গ	-	সা'	নী	সা'	-
জু	ল	ম	কী	ব	দ	লী	-	ছা	-	য়ী	-	ও	-	-	-

ধ	-	ধ	প	প	ম	প	ম	গ	-	গ	-	-	-	-	-
রা	-	ত	গ	জ	ব	কী	-	আ	-	য়ী	-	-	-	-	-
-	-	রে'	গ'	-	সা'	-	রে'	গ'	-	-	-	গ'	-	গ'	-
-	-	মাউ	-	-	ত	-	কী	না	-	-	-	গ	-	ন	-
-	-	গ'	প'	-	গ'	-	রে'	সা'	-	নী	-	ধ	-	-	-
-	-	আ	-	-	জ	-	খ	ডি	-	-	-	হাই	-	-	-
-	-	নী	-	-	নী	-	সা'	সা'	রে'	-	সা'	রে'	গ'	-	রে'
-	-	রা	-	-	হ	-	মে	ফন	-	-	-	ফাই	-	-	-
গ'	প'	ম'	-	গ'	-	-	-	-	-	প'	-	-	প'	মে	-
লা	-	-	-	যে	-	-	-	-	-	জন	-	-	গ	ল	-
প'	-	-	-	মে	-	প'	-	-	-	মে	-	-	গ'	-	রে'
জন	-	-	-	গ	-	ল	-	-	-	না	-	-	চ	-	র
সা'রে'	গ'	প'	-	ম'	-	-	-	-	-	ম'	-	-	ম'	-	-
হে	-	-	-	হেন	-	-	-	-	-	শয়	-	-	তা	-	-
ম'	প'	ম'	প'	-	গ'	রে'	সা'	গ'	-	-	-	গ'	-	-	-
নো	-	-	-	-	কে	-	-	সা	-	-	-	যে	-	-	-
রে'	-	সা'	-	নী	-	ধ	-	ধ	সা'	সা'	ধ	প	-	ম	-
ও	-	ও	-	ও	-	ও	-	শয়	-	তা	-	নো	-	কে	-
গ	-	গ	-	-	-	-	-	রে	-	রে	গ	গ	-	গ	-
সা	-	যে	-	-	-	-	-	আ	-	জ	খু	দা	-	খা	-
ম	প	প	ম	গ	-	গ	-	রে	-	গ	গ	গ	-	গ	ম
মো	-	শ	হাই	জে	-	সে	-	ভু	-	ল	গ	যা	-	হো	খু
প	-	-	ধ	ধ	-	-	-	প	প	প	প	প	-	প	-
দা	-	-	-	য়ী	-	-	-	হৃ	স	ন	চ	লা	-	হাই	-

বিনোদ কুমার

গ	সা'	সা'	সা'	সা'	-	সা'	-	ধ	ধ	ধ	-	-	-	ধ	-
ঘো	-	র	অঙ্	ধে	-	রা	-	মু	শ	কি	ল	-	-	রা	-
ধ	-	-	-	-	-	-	-	ধ	ধ	গ'	গ'	রে'	-	সা'	ধ
হেন্	-	-	-	-	-	-	-	ক	দ	ম	ক	দ	ম	পে	-
ধ	ধ	-	রে'	-	-	-	-	সা'	রে'	সা'	ধ	-	-	-	-
ধ	ধ	-	খে	-	-	-	-	-	-	-	-	-	-	-	-
ধ	-	ধ	সা'	সা'	-	ধ	-	ধ	ধ	ধ	ধ	ধ	-	ধ	-
ঘো	-	র	অঙ্	ধে	-	রা	-	মু	শ	কি	ল	রা	-	হেন্	-
ধ	ধ	গ'	গ'	রে'	-	সা'	ধ	ধ	ধ	-	রে'	-	-	-	রে'
ক	দ	ম	ক	দ	ম	পে	-	ধ	ধ	-	খে	-	-	-	-
রে'	-	রে'	রে'	রে'	-	রে'	-	সা'	সা'	সা'	সা'	সা'	-	সা'	-
আ	-	জ	মো	হো	-	ব্ব	ত	রু	ক	না	স	কে	-	গী	-
সা'	ম'	ম'	ম'	ম'	-	ম'	-	ম'	প'	প'	-	-	-	গ'	-
চা	-	হে	খু	দা	-	ভী	-	রো	-	কে	-	-	-	-	-
রে'	-	সা'	-	নী	-	ধ	-	ধ	সা'	সা'	ধ	প	-	ম	-
ও	-	ও	-	ও	-	ও	-	চা	-	হে	খু	দা	-	ভী	-
গ	-	গ	-	-	-	-	-	রে	-	রে	গ	গ	-	গ	ম
রো	-	কে	-	-	-	-	-	রা	-	হে	ব	ফ়া	-	মে	-
প	-	প	-	ম	ম	গ	-	রে	-	রে	গ	গ	-	গ	ম
পী	-	ছে	-	হ	ট	না	-	প্যা	-	র	কী	হাই	-	রু	স
প	-	-	ধ	ধ	-	-	-	প	প	প	প	প	-	প	-
বা	-	-	-	য়ী	-	-	-	হৃ	স	ন	চ	লা	-	হাই	-
নী	-	নী	নী	নী	-	নী	-	নী	-	নী	নী	নী	-	নী	-
পা	-	র	ন	দী	-	কে	-	য	-	র	কা	ডে	-	রা	-

নীসা'গ়'-------------------- রে'- সা'- রে'- নী-
ও

নী	-	নী	নী	নী	-	নী	-	নী	-	নী	নী
পা	-	র	ন	দী	-	কে	-	যা	-	র	কা

নী	-	নী	-
ডে	-	রা	-

-	গ	-	ম	প	-	ম	-	রে	-	গ	-	-	-	-	-
-	আ	-জ	মি	ল	ন	হাই	-	তে	-	রা	-	-	-	-	-

গ	-	গ	ম	প	-	ম	-	গ	-	গ	-	-	-	-	-
আ	-	জ	মি	ল	ন	হাই	-	তে	-	রা	-	-	-	-	-

ধ	-	ধ	নী	রে'	-	রে'	রে'	রে'	গ়'	গ়'	-	-	-	ম়'	ম়'
ও	-	ঢ	লে	তু	-	ল	হ	রো	-	কী	-	-	-	চু	ন

গ়'	-	-	-	-	-	-	-	ম়'	-	ম়'	ম়'	ম়'	-	ম়'	গ়'
রী	-	-	-	-	-	-	-	বা	-	ধ	লে	মাউ	-	জ	কা

রে'	-	গ়'	-	-	-	-	-	রে'	-	সা'	-	নী	-	ধ	-
সে	হ	রা	-	-	-	-	-	ও	-	ও	-	ও	-	ও	-

সা'	-	সা'	সা'	ধ	-	প	ম	গ	-	গ	-	-	-	-	-
বা	-	ধ	লে	মাউ	-	জ	কা	সে	হ	রা	-	-	-	-	-

রে	-	রে	গ	গ	-	গ	ম	ম	প	-	ম	গ	-	গ	ম
ড	-	লে	-	মে	-	ম়'	ঝ	ধা	-	র	কে	হো	-	গী	-

রে	-	গ	-	গ	-	গ	ম	প	-	ধ	ধ	-	-	-	-
তে	-	রী	-	আ	-	জ	বি	দা	-	-	য়ী	-	-	-	-

প	প	প	প	প	-	প
হৃ	স	ন	চ	লা	-	হাই

গ়'	-	-	সা'	-	রে'	গ়'	-	গ়'	-	গ়'	-	-	-
ডু	-	-	ব	-	কে	ই	-	ন	-	উ	-	-	-

বিনোদ কুমার

1	2	3	4	5	6	7	8	9	10	11	12	13	14	15	16
−	−	গ়'	প়'	−	গ়'	রে়'	−	সা়'	−	−	−	ধ	−	−	−
−	−	চী	−	−	ল	হ	−	রো	−	−	−	মে	−	−	−
−	−	নী	−	−	নী	সা়'	−	রে়'	−	−	−	গ়'	−	রে়'	−
−	−	নাই	−	−	যা	−	−	পা	−	−	−	র	−	ল	−
গ়'	প়'	ম়'	প়'	গ়'	−	−	−	−	−	প়'	প়'	−	প়'	মে	−
গা	−	−	−	লে	−	−	−	−	−	উ	ল	−	ফ	ত	−
প়'	−	−	−	প়'	−	−	−	−	−	মে	−	−	গ়'	−	রে়'
কে	−	−	−	তু	−	−	−	−	−	ফা	−	−	ন	−	মে
সা়'	রে়'	গ়'	প়'	−	ম়'	−	−	−	−	ম়'	ম়'	−	ম়'	−	ম়'
জিন্	−	−	−	−	দা	−	−	−	−	র	হ	−	তে	−	হেন
ম়'	−	প়'	−	−	রে়'	−	সা়'	গ়'	−	−	−	গ়'	−	−	−
ম	−	র	−	−	নে	−	−	বা	−	−	−	লে	−	−	−
রে়'	−	সা়'	−	নী	−	ধ	−	ধ	সা়'	সা়'	ধ	প	−	ম	−
ও	−	ও	−	ও	−	ও	−	র	হ	তে	হাই	ম	র	নে	−
ম	−	গ	−	−	−	−	−	রে	−	রে	গ	গ	−	গ	−
বা	−	লে	−	−	−	−	−	জী	−	তে	−	জী	−	সন্	−
ম	প	−	ম	ম	গ	গ	−	রে	−	গ	গ	গ	−	গ	ম
সা	−	র	মে	কি	স	নে	−	প্যা	−	র	কী	ম়'	−	জি	ল
প	−	−	ধ	ধ	−	−	−	প	প	প	প	প	−	প	−
পা	−	−	−	য়ী	−	−	−	হৃ	স	ন	চ	লা	−	হাই	−
গ	−	গ	−	প	ধ	ধ	−	ধ	−	প	ধ	ধ	সা়'	সা়'	−
তে	−	রে	−	দি	ল	কে	−	খু	−	ন	সে	হো	−	গা	−
ধ	−	প	ধ	সা়'	−	সা়'	রে়'	রে়'	গ়'	গ়'	−	−	−	−	−
লা	−	ল	চ	না	−	ব	কা	পা	−	নী	−	−	−	−	−

মে	-	মে	-	মে	-	প'	-	গ'	প'	-	ম'	গ'	-	গ'	-
দু	নি	যা	-	কী	-	তা	-	রী	-	খ	মে	লি	-	খী	-
গ'	ম'	ম'	ম'	রে'	-	সা'	রে'	রে'	গ'	গ'	-	-	-	-	-
জা	-	যে	গী	যে	-	কু	র	বা	-	নী	-	-	-	-	-
ম'	ম'	ম'	-	ম'	-	ম'	গ'	রে'	গ'	গ'	গ'	গ'	গ'	গ'	-
সো	হ	নী	-	অউ	র	ম	হি	বা	-	ল	নে	অ	প	নী	-
ম'	-	ম'	ম'	ম'	-	গ'	রে'	গ'	ম'	প'	-	-	-	-	-
ই	শ	ক	মে	জা	-	ন	গ'	বা	-	য়ী	-	-	-	-	-
ম'	-	ম'	ম'	ম'	-	গ'	রে'	গ'	ম'	প'	ধ'	-	-	-	-
ই	শ	ক	মে	জা	-	ন	গ'	বা	-	য়ী	-	-	-	-	-

11. চেহরা ছুপা লিয়া হাই কিসী নে

ফিল্ম: নিকাহ (1982)	সংগীতকার: রবি শর্মা
গীতকার: হসন কমাল	গায়ক: মহেন্দ্র কপূর, আসা, সলমা আগা
তাল: কহরবা	কোরড: রেমেধ পনীরে' সা=C#

কভ্ভালী:

ম: চেহরা ছুপা লিয়া হাই কিসী নে হিজাব মে
   জী চাহতা হাই আগ লগা দুন নকাব মে

আ: বিজলী থী ইক জো হমনে ছুপা লী নকাব মে
   লগ জাতী ভরনা আগ তুম্‌হারে শবাব মে

ম: হম হুসন কে পরবানে মরনে সে নহীন ডরতে
   অনজাম এ মোহব্বত কী পরবাহ নহীন করতে
   ইক বার হী দেতে হাই দিল অপনা হসীনো কো
   ইক বার হী মরতে হাই সৌ বার নহীন মরতে

বিনোদ কুমার

আ: পরবানে সে পহলে জলী অউর পরবানে কে সাথ জলী
     ভো তো জলা বস পল দ পল কো সমা তো সারী রাত জলী

    ইক পরবানা জলা ইস কদর শোর মচা
    শম্মা চুপ চাপ জলী লব পে শিকভা ন গিলা
    কয়া হাই জলনে কা মজা হুসন সে পুছো জরা
    ক্যন্কি

    পরবনে কো জল জানা হম নে হি সিখায়া হাই
    ভো তব হি জলা হম নে, জব খুদ কো জলায়া হাই
    আশিক কী জান ইশক মে জানে সে পেশতর -2
    খুদ হুসন দুবতা হাই বফা কে চনাব মে

কো: চেহরা ছুপা লিয়া হাই.....

আ: গর হুসন নহীন হতা, যে ইশক কহান হতা
     ফির কিস সে বফা করতে ফির কিস কা বয়ান হতা

ম: তকরার সে কয়া হাসিল কুছ ভী ন হুভা হতা-2
     গর তুম ন হসীন হোতে গর মাই ন জভান হতা

ম: জিস রোজ সে ইস হুসন কা দীদার কিয়া হাই
     বস পয়ার কিয়া পয়ার কিয়া পয়ার কিয়া হাই

স: যে ঝুঠ হাই কি তুমনে হমে পয়ার কিয়া হাই
     হমনে তুম্হে যুল্ফো মে গিরফতার কিয়া হাই
ম: আ-----
ম: জিস রোজ সে ইস হুসন কা দীদার কিয়া হাই
     বস পয়ার কিয়া পয়ার কিয়া পয়ার কিয়া হাই
আ: যে ঝুঠ হাই কি তুমনে হমে পয়ার কিয়া হাই
     হমনে তুম্হে যুল্ফো মে গিরফতার কিয়া হাই

ম: তুম হুসন হো হম ইশক হাই

আ: গর তুম নহী তো হম নহী

ম: হাই বাত সচ্চী বস যহী, কোই কিসী সে কম নহী

আ: হাই বাত সচ্চী বস যহী কোই কিসী সে কম নাহীন

ম: এক নগমা হাই ইক রাগ হাই

আ: দোনো তরফ ইক আগ হাই

ম: তুম সে হমে শিকভা ভী হাই ফির ভী তুম্হী সে পয়ার হাই

আ: তুম বিন হমে কব চেন হাই হম কো ভী যে ইকরার হাই

ম: দেখেন তো হোশ গুম হো ন দেখেন তো হোশ গুম

অরে ফন্স গই হাই জান মেরী কিস জাব মে

কো: চেহরা ছুপা লিয়া.....

চেহরা ছুপা লিয়া হাই কিসী নে

ধা	গে	ন	তি	ন	কে	ধি	ন	ধা	গে	ন	তি	ন	কে	ধি	ন
1	2	3	4	5	6	7	8	1	2	3	4	5	6	7	8

প্রিলুড:

হারমোনিযম: গ'ম'গ'রে'----- নীরে'গ'ম' গ'----- ম'গ'রে'নী রে'-----
ধ'-----

বন্জো: রে'রে'রে' সা'সা'সা' নীনীনী ধধধ

হারমোনিযম: রে'সা'নীধপমেগরে (রেমধ) 12 3 45 6---

মেমেপ	ধপ	মগম	রে	রেরে	ধ	ধপমে	প---মে
চেহরা	ছুপা	লিয়া-	হাই	কিসী	নে	হিজাব	মে

মে	মে	প	-	ধ	প	-	ম	গ	ম	-	-	রে	রে	রে	-
চে	হ	রা	-	ছু	পা	-	লি	যা	-	-	-	হাই	কি	সী	-

-	-	ধ	-	ধ	প	-	মে	প	-	-	-	মে	-	-	-
-	-	নে	-	হি	জা	-	ব	মে	-	-	-	-	-	-	-

বিনোদ কুমার

| | | | ধ | নী | সা' | - |
| | | | আ | - | আ | - |

| সা' | - | সা' | - | সা' | সা' | - | সা' | নী | - | সা' | - | ধ | - | - | ধ |
| চে | হ | রা | - | ছু | পা | - | লি | যা | - | - | - | হাই | - | - | কি |

| ধ | - | নী | - | ধ | প | - | মে | প | - | - | - | মে | - | মে | মে |
| সী | - | নে | - | হি | জা | - | ব | মে | - | - | - | অ | রে | | |

| মে | প | - | | ধ | প | - | ম | ম | গ | ম | - | রে | রে | রে | - |
| জী | - | চা | - | হ | তা | - | হাই | আ | - | - | - | গ | ল | গা | - |

| - | - | ধ | - | ধ | প | - | মে | প | - | - | - | মে | - | - | - |
| - | - | দু | - | ন | কা | - | ব | মে | - | - | - | - | - | - | - |

রে'---- রে'রে'গ'ম'গ'ম'গ'রে' রে' রে' গ' রে' সা' নী রে'
আ------------------------------

রে'রে'রে' রে' রে' সা' রে'রে' সা'রে' সা'নী নীনীসা'রে'রে' রে'
বিজলী   থী ইক জো হমনে ছুপা লী   নকা---ব   মে

রে'রে'রে' রে' রে' রে' রে'- সা'নীধ ধধধ ধ পপধনীধ ধ- নীধপমে
বিজলী   থী ইক জো হমনে---   ছুপা লী নকা---ব মে---------

| | | | | | | | মে | মে | মে | মে |
| | | | | | | | অ | রে | ল | গ |

| প | - | ধ | প | - | ম | গ | - | ম | - | রে | রে | - | রে | - | - |
| জা | - | তী | ব | র | না | আ | - | - | - | গ | তু | - | মহা | - | - |

| - | - | ধ | - | ধ | প | - | মে | প | - | - | - | - | - | - | - |
| - | - | রে | - | শ | বা | - | ব | মে | - | - | - | - | - | - | - |

মযুসিক:
রে'রে'সা'নী সা'সা'সানীধ নীনীধধপ ধ---
মেপ ধধধপমে পপপমগ মমগরে রে---

গ'----- রে'—রে'গ'গ'ম'---- রে'ম'—গ' রে' সা' নী গ' রে'
আ------------------------------

রে'	রে'	রে'	-	রে'	রে'	রে'	রে'	রে'	-	রে'	-	-	-	-	-
হ	ম	হৃ	স	ন	কে	প	র	বা	-	নে	-	-	-	-	-
নী	নী	নী	-	নী	সা'	রে'	-	নী	-	ধ	-	নী	-	রে'	-
জ	ল	নে	-	সে	ন	হী	-	ড	র	তে	-	to repeat			-
রে'	-	রে'	-	রে'	রে'	রে'	-	রে'	রে'	রে'	-	-	-	-	-
অঙ্গ	-	জা	-	মে	মো	হো	-	ব	ত	কী	-	-	-	-	-
নী	নী	নী	-	নী	সা'	রে'	-	নী	-	ধ	-	নী	-	রে'	-
প	র	বা	-	হ	ন	হী	-	ক	র	তে	-	to repeat			-
গ'	গ'	গ'	-	গ'	গ'	গ'	-	ম'	-	রে'	-	-	-	-	-
ই	ক	বা	-	র	হী	দে	-	তে	-	হেন	-	-	-	-	-
রে'	রে'	রে'	রে'	রে'	নী	সা'	-	রে'	-	রে'	-	-	-	-	-
দি	ল	অ	প	না	হ	সী	-	নো	-	কো	-	-	-	-	-
রে'	রে'	রে'	-	রে'	সা'	নী	সা'	রে'	-	রে'	-	-	-	-	-
ই	ক	বা	-	র	হী	ম	র	তে	-	হেন	-	-	-	-	-
নী	-	নী	-	নী	সা'	রে'	-	নী	-	ধ	-	নী	-	রে'	
সৌ	-	বা	-	র	ন	হী	-	ম	র	তে	-				
রে'	রে'	রে'	-	রে'	রে'	রে'	-	রে'	-	রে'	-	-	-	-	-
ই	ক	বা	-	র	হী	ম	র	তে	-	হেন	-	-	-	-	-
নী	-	নী	-	নী	সা'	রে'	-	নী	-	ধ	-	-	-	-	-
সৌ	-	বা	-	র	ন	হী	-	ম	র	তে	-	-	-	-	-

পধধ	ধ	প-ধ	ধধধ	ধধ	ধ-নীধ	মে	প-ধ	ধধ
পরবানে	সে	পহলে	জলী	অউর	পরবানে	কে	সা-থ	জলী

সা'	সা'	সা'সা'	সা'সা'	রে'সা'	নী	ধ	ধ
ভো	তো	জলা	বস	পল	দো	পল	কো

ধপনী   ধ মগগ গমগমগ রেরে
শম্মা- তো সা-রী রা----ত জলী

ধা	ধী	না	ধা	তু	না	ধা	ধী	না	ধা	তু	না
1	2	3	4	5	6	1	2	3	4	5	6
								রে	রে	গ	গ
								ই	ক	প	র
রে	-	রে	রে	রে	গ	-	রে	রে	রে	গ	-
বা	-	না	জ	লা	-	-	-	কিস	ক	দ	র
রে	-	রে	রে	রে	-	-	-	প	প	প	প
শো	-	র	ম	চা	-	-	-	শম্	মা	চু	প
মে	-	মে	গ	গ	-	-	-	রে	রে	রে	গ
চা	-	প	জ	লী	-	-	-	লব	পে	শি	ক
রে	-	রে	রে	রে	-	-	-	ধ	ধ	প	মে
বা	-	ন	গি	লা	-	-	-	কয়া	হাই	জ	ল
প	ধ	ধ	ধ	ধ	-	-	-	নী	নী	নী	-
নে	-	কা	ম	জা	-	-	-	হৃস	ন	সে	-
সা'	-	নী	ধ	ধ	-	-	-	নী	-	রে'	-
পু	-	ছো	জ	রা	-	-	-	ক্যা	-	কে	-

ধা	গে	ন	তি	ন	কে	ধি	ন	ধা	গে	ন	তি	ন	কে	ধি	ন
1	2	3	4	5	6	7	8	1	2	3	4	5	6	7	8
রে'	রে'	রে'	-	রে'	রে'	রে'	রে'	রে'	-	রে'	-	-	-	-	-
প	র	বা	-	নে	কো	জ	ল	জা	-	না	-	-	-	-	-
নী	-	নী	-	নী	সা'	রে'	সা'	নী	-	ধ	-	নী	-	রে'	-
হ	ম	নে	-	হী	স	খা	-	যা	-	হাই	-	-	-	-	-
রে'	-	রে'	-	রে'	রে'	নী	-	রে'	-	রে'	-	-	-	-	-
ভো	-	ত	ব	হী	জ	লা	-	হ	ম	নে	-	-	-	-	-

নী	-	নী	-	নী	সা'	রে'	সা'	নী	-	ধ	-	-	-	-
জ	ব	খু	দ	কো	জ	লা	-	যা	-	হাই	-	-	-	-

গ' গ'   গ' গ'গ' ম'গ'   রে'   রে'সা' নী রে'রে'রে'-
আশিক   কী   জান ইহক্ মে জানে সে পেশতর

রে'রে'রে' রে' রে' রে' রে'সা' নীধ ধধ পধনী   ধধ ধ—পধনী—প-মে
আশিক কী জান   ইঙ্ক   মে- জানে সে--- পেশতর-------

মেমে পধ পমগ-ম রে রেরে ধ ধপমে প—মে
খুদ   হুস্ন ডুবতা--- হাই বফা কে চনাব মে----

মে	মে	প	-	ধ	প	-	ম	গ	গ	ম	-	রে	রে	রে	-
খু	দ	হৃ	স	ন	ডু	-	ব	তা	-	-	-	হাই	ব	ফা	-

-	-	ধ	-	ধ	প	-	মে	প	-	-	-	মে	-	-	-
-	-	কে	-	চ	না	-	ব	মে	-	-	-	-	-	-	-

মে	মে	প	-	ধ	প	-	ম	গ	গ	ম	-	রে	রে	রে	-
চে	হ	রা	-	ছু	পা	-	লি	যা	-	-	-	হাই	কি	সী	-

ময়ুসিক:
হারমোনিযম: রে ---- রেরেগ--- ম- গপ-
         মগম – গরেগ—রেরেরে--   রেরেগ-
      বঞ্জো: রে'রে'সা'নীধ- নীসা'রে'রে'সা'নীধ-
হারমোনিযম: রে ---- রেরেগ--- ম- গপ-
         মগম – গরেগ—রেরেরে—

রে'	রে'	রে'	-	রে'	রে'	রে'	-	রে'	-	রে'	-	-	-	-
গ	র	হৃ	স	ন	ন	হী	-	হো	-	তা	-	-	-	-

নী	-	নী	-	নী	সা'	রে'	-	নী	-	ধ	-	নী	-	রে'
যে	-	ই	শ	ক	কে	হ্যান	-	হো	-	তা	-	-	-	-

রে'	রে'	রে'	রে'	রে'	রে'	রে'	-	রে'	-	রে'	-	-	-	-
ফি	র	কি	স	সে	ব	ফা	-	ক	র	তে	-	-	-	-

বিনোদ কুমার

নী	-	নী	-	নী	সা'	রে'	-	নী	-	ধ	-	-	-	-	-
ফি	র	কি	স	কা	ব	য়ান	-	হো	-	তা	-	-	-	-	-

ধা	ধী	না	ধা	তু	না	ধা	ধী	না	ধা	তু	না
1	2	3	4	5	6	1	2	3	4	5	6
				ধ	নী						
				ত	ক						
প	-	প	ধ	নী	-	ধ	-	ধ	-	ধ	নী
রা	-	র	সে	কয়া	-	হা	-	সি	ল	কু	ছ
প	-	প	ধ	নী	-	ধ	-	ধ	-	গ'	গ'
ভী	-	ন	হৃ	আ	-	হো	-	তা	-	ত	ক
গ'	-	গ'	গ'	গ'	-	ম'	-	রে'	-	রে'	রে'
রা	-	র	সে	কয়া	-	হা	-	সি	ল	কু	ছ
রে'	-	রে'	নী	রে'	-	রে'	-	রে'	-	রে'	-
ভী	-	ন	হৃ	আ	-	হো	-	তা	-	গ	র
রে'	-	রে'	নী	রে'	-	রে'	-	রে'	-	নী	-
তু	ম	ন	হ	সীন	-	হো	-	তে	-	গ	র
নী	-	নী	সা'	রে'	-	নী	-	ধ	-		
মেন	-	ন	জ	বা	-	হো	-	তা	-		

ময়ূসিক: ধ--- সা'নীধপধ--- সা'নীধপধ—পধ মপ গম-
মপমগরে গমধ---

ধ	-	ধ	ধ	প	প	নী	-	ধ	ধ	প	-
										জি	স
										প	প
রো	-	জ	সে	ই	স	হৃ	স	ন	কা	দী	-
ধ	-	-	প	ম	-	গ	-	-	-	গ	-
দা	-	র	কি	যা	-	হাই	-	-	-	ব	স

প	ম	ম	ম	গ	-	প	ম	ম	ম	গ	-
প্যা	-	র	কি	যা	-	প্যা	-	র	কি	যা	-
প	ম	ম	গ	রে	-	রে	-	-	-	প	-
প্যা	-	র	কি	যা	-	হাই	-	-	-	যে	-
ধ	-	ধ	ধ	-	প	নী	-	ধ	ধ	ধ	-
ঝু	-	ঠ	হাই	-	কে	তু	ম	নে	হ	মে	-
প	নী	ধ	প	ম	-	গ	-	-	-	ম	ম
প্যা	-	র	কি	যা	-	হাই	-	-	-	হ	ম
প	-	ম	ম	ম	-	ম	প	ম	গ	গ	-
নে	-	তু	মহে	জু	ল	ফো	-	মে	গি	র	ফ
প	-	ম	গ	রে	-	রে	-	-	-	-	-
তা	-	র	কি	যা	-	হাই	-	-	-	-	-

গ'-------- ম'গ'রে'সা'নীধ—নী রে' গ' ম' গ' রে' নী রে'

আ------------------------------------

										রে'	রে'
										জি	স
রে'	-	রে'	রে'	রে'	রে'	রে'	-	রে'	রে'	রে'	-
রো	-	জ	সে	ই	স	হৃ	স	ন	কা	দী	-
নী	-	নী	সা'	নী	-	ধ	-	-	-	রে'	রে'
দা	-	র	কি	যা	-	হাই	-	-	-	ব	স
রে'	-	রে'	রে'	রে'	-	গ'	-	রে'	রে'	রে'	-
প্যা	-	র	কি	যা	-	প্যা	-	র	কি	যা	-
নী	-	নী	সা'	নী	-	ধ	-	-	-	গ'	-
প্যা	-	র	কি	যা	-	হাই	-	-	-	যে	-
গ'	-	গ'	গ'	-	গ'	ম'	-	গ'	রে'	রে'	-
ঝু	-	ঠ	হাই	-	কে	তু	ম	নে	হ	মে	-

তাল (বাম দিক) — ধা গে ন তি ন কে ধি ন

ধা 1	গে 2	ন 3	তি 4	ন 5	কে 6	ধি 7	ন 8
রে' প্যা	- -	- -	নী র	রে' কি	রে' যা	- -	
রে' নে	- -	- -	রে' তু	রে' মহে	রে' জু	নী ল	
নী তা	- -	- -	নী র	সা' কি	নী যা	- -	
প হৃ	- -	- -	প স্ম	ধ হো	- -	নী হ	- ম
প তুম	- -	- -	প ন	ধ হী	- -	নী তো	- -
রে' বা	- -	- -	রে' ত	রে' স	- -	গ' চচী	- -
প ঙ্গ	- -	- -	প কি	ধ সী	- -	নী সে	- -
রে' ন	- গ	রে' মা	- -	সা' হাই	- -	নী ই	- ক
রে' নো	- -	- -	রে' ত	সা' র	- ফ	নী ই	- ক
গ' সে	- -	- -	গ' হ	রে' মে	- -	সা' শি	নী ক

তাল (ডান দিক) — ধা গে ন তি ন কে ধি ন

ধা 1	গে 2	ন 3	তি 4	ন 5	কে 6	ধি 7	ন 8
রে' হাই	- -	- -		- -	রে' হ		- ম
রে' ফো	- -		রে' মে	রে' গি	রে' র		- ফ
ধ হাই	- -		- -	- -			
						ধ তু	- ম
ধ ইহ	- -	- -	ধ ক্ষ	ধ হেন	- -	ধ গ	- র
ধ হম	- -	- -	ধ ন	ধ হী	- -	রে' হাই	- -
সা' ব	সা' স	- -	নী য	ধ হী	- -	ধ কো	- -
ধ কম	- -	- -	ধ ন	ধ হী	- -	রে' ই	- ক
রে' রা	- -	- -	রে' গ	রে' হাই	- -	রে' দো	- -
রে' আ	- -	- -	রে' গ	রে' হাই	- -	গ' তু	- ম
রে' বা	- -	- -	রে' ভী	রে' হাই	- -	গ' ফি	- র

গ'	-	-	ম'	গ'	-	রে'	-	রে'	-	-	রে'	রে'	-	গ'	-
ভী	-	-	তু	মহী	-	সে	-	প্যা	-	-	র	হাই	-	তু	ম
গ'	-	-	ম'	গ'	-	রে'	-	রে'	-	-	রে'	রে'	-	গ'	-
বিন	-	-	হ	মে	-	ক	ব	চাই	-	-	ন	হাই	-	হ	ম
গ'	-	-	ম'	গ'	-	রে'	রে'	রে'	-	-	রে'	রে'	-		
কো	-	-	ভী	যে	-	ই	ক	রা	-	-	র	হাই	-		

রে'রে' রে' রে'সা' গ' রে'
দেখে তো হোশ গুম হো

নী নীনী সা' রে'সা'রে'সা' ধ-ধনীরে'সা'নীধ-পমে
ন দেখে তো হো--শ গুম---------------

												মে	মে
												অ	রে
মে	-	প	প	ধ	প	-	ম	গ	-	ম	-	গ	রে	রে	-
যে	-	ফন্	স	গ	য়ী	-	হাই	জা	-	-	-	ন	মে	রী	-
-	-	ধ	ধ	ধ	প	-	মে	প	-	-	-	-	-	-	-
-	-	কি	স	অ	জা	-	ব	মে	-	-	-	-	-	-	-
মে	মে	প	-	ধ	প	-	ম	গ	ম	-	-	রে	রে	রে	-
চে	হ	রা	-	ছু	পা	-	লি	যা	-	-	-	হাই	কি	সী	-
-	-	ধ	-	ধ	প	-	মে	প	-	-	-	মে	-	-	-
-	-	নে	-	হি	জা	-	ব	মে	-	-	-	-	-	-	-

12. দিন হাই বহার কে

ফিল্ম: বকত (1965)	সংগীতকার: রবি শর্মা
গীতকার: সাহির লুধিয়ানবি	গায়ক: মহেন্দ্র কপূর, আসা
তাল: কহরবা	কোরড: রেপনী সা=C#

দিন হাই বহার কে তেরে মেরে ইকরার কে
দিল কে সহারে আজা পয়ার করে
দুশমন হাই পয়ার কে জব লাখো গম সন্সার কে
দিল কে সহারে কইসে পয়ার করে

দুনিয়া কা বোঝ জরা দিল সে উতার দে
ছোটি সী জিন্দগী হাই হন্স কে গুজার দে
লা লা ললল লা-2
অপনী তো জিন্দগী বীতী হাই জী কো মার কে
দিল কে সহারে কইসে পয়ার করে

অচ্ছা নহীন হোতা য়ুন হী সপনো সে খেলনা
বডা হী কঠিন হাই হকীকতো কো ঝেলনা
আ------
অপনী হকীকতে মেরে সপনো পে বার কে
দিল কে সহারে আজা পয়ার করে

এইসী বইসী বাতেন সভী দিল সে নিকাল দে
জীনা হাই তো কশতী কো ধারে পে ডাল দে
লা লা ললল লা-2
ধারে কী গোদ মে ঘেরে ভী হাই মঝধার কে
দিল কে সহারে আজা পয়ার করে

দিন হাই বহার কে

ধাগে	নতি	নকে	ধিন	ধাগে	নতি	নকে	ধিন	ধাগে	নতি	নকে	ধিন	ধাগে	নতি	নকে	ধিন
12	34	56	78	12	34	56	78	12	34	56	78	12	34	56	78

প্রিলুড:

রেপ-প প-প পধ নী- সা’- নী- ধপ প- ধ- নীধ- মে- পধ-

রেপ-প প-প পধ নী- সা’- নী- ধপ প- ধ- নীধ- প- প-

| | | | | | | | | | | | | রেগ | প | প | |
| | | | | | | | | | | | | দিন | হেন | ব | |

| পধ | -নী | নী | নী | ধ | নী | | ধ | পপ | পধ | -নী | নী | ধ | - | ধ | -ধ | -ধ |
| হা- | -র | কে | তে | রে | মে | রে | ইক | রা- | -র | কে | - | - | দিল | -কে | -স |

| ধ | ধ | ধ | ধ | - | নী- | -ধ | প | প | - | মেগ | রে | | - | রেগ | গপ | প |
| হা | রে | আ | জা | - | প্যা- | -র | ক | রে’ | - | - | - | | - | দুশ | মন | হেন |

| পধ | -নী | নী | নীনী | ধ | নী | ধ | প | পধ | -নী | নী | ধ | | ধ | ধ | ধ |
| প্যা | -র | কে | জব | লা | খন | গম | সন্ | সা | -র | কে | - | | - | দিল | কে | স |

| ধ | ধ | ধ | ধ | - | সা’নী | -ধ | প | প | - | - | - | | | | |
| হা | রে | কই | সে | - | প্যা- | -র | ক | রে’ | | | | | | | |

ইন্টরলুড: নী রে’ প’---- প’মে গ’ রে’   নীনী- সা’- রে’ সা’ নী ধপ নী

নী রে’ প’---- প’মে গ’ রে’   নীনী- সা’- রে’ সা’ নী ধমে প-

রে রে- রে- গ—গ প- গ- রে—

রে রে- রে- গ—গ প- গ- রে— রেগপধধনী---

| | | | | | | | | | | | | নীনী | -নী | সা’ | |
| | | | | | | | | | | | | দুনি | -যা | -কা | |

| রে’ | -গ’ | গ’ | গ’ | - | রেগ’ | -গ’ | -গ’ | রে’ | -রে’ | রে’ | - | | নী | -গ’ | -গ’ |
| বো | -ঝ | জ | রা | - | দিল | -সে | -উ | তা | -র | দে | - | | ছো | -টি | -সী |

| রে’ | -রে’ | নী | নী | ধ | মনীধ | -নী | -রে’ | ধ | -প | প | গ’ | সা’ | -নী | ধ | প |
| জিন্ | -দ | গী | হাই | - | হন্স | -কে | -গু | জা | -র | দে | ল | লা | -ল | ল | ল |

| ধ | - | - | রে’ | নী | -ধ | প | গ | প | - | - | - | | নীনী | -নী | সা’ |
| লা | - | - | ল | লা | -ল | ল | ল | লা | - | - | - | | দুনি | -যা | -কা |

রে' -গ' গ' গ' | - রে'গ' -গ' -গ' | রে' -রে' রে' - | - নী -গ' -গ'
বো -ঝ জ রা | - দিল -সে -উ | তা -র দে - | - ছো -টি -সী

রে' -রে' নী নী | ধ নীধ -নী -রে' | ধ -প প - | - রেগ প প
জিন্ -দ গী হাই | - হস্ -কে -গু | জা -র দে - | - অপ নী তো

পধ -নী নী নী | ধ নী ধ প | পধ -নী নী ধ | - ধ ধ ধ
জিন্ -দ গী বী | তী হাই জী কো | মা- -র কে - | - দিল কে স

ধ ধ ধ ধ | - নী -ধ প প | - - - |
হা রে কই সে | - প্যা -র ক রে' | - - - |

ইন্টরলুড: প ধ প রে'—সা' ধ প নী—নী ধ প ধ প গ রে রে নী ধ প---

          প ধ প
          হ হ হ

রে' - - - | - নী ধ প নী | - - - | - নী ধ প
হা - - - | - হো হো হো হো | - - - | - আ - -

ধ প গ রে | গ - পনী ধনী প | - - - | - নী- নীনী সা'
আ - - - | আ - -- -- আ | - - - | - অচ্ ছান হী

রে' রে'গ' গ' গ' | - গ' রে'গ' -গ' রে' | -রে' রে' - | - নীগ' -গ' -গ'
হো তা- যুন হী | - স পনো-সে খে | -ল না - | - বড়া -হী -ক

রে' -রে' নী নী | ধ -ধ ধ নী | ধ -প প - | - মে প ধপ
ঠি ন হাই হ | কী -ক তন কো | ঝে -ল না - | - আ - -

গ - - - | - নী পধ গ প | - - - | - রেগ প প
আ - - - | - আ অআ অ আ | - - - | - অপ নী হ

ধ -নী নী নী | ধ নীনী ধ প | পধ -নী নী ধ | - ধ ধ ধ
কী -ক তে মে | রে সপ নো পে | বা -র কে - | - দিল -কে -স

ধ ধ ধ ধ | - রেনী -ধ প | প ধ প গ | রে রেগ গপ প
হা রে আ জা | - প্যা -র ক | রে' - - | - দুশ মন হেন

পধ	-নী	নী	নীনী	ধ	নী	ধ	প	পধ	-নী	নী	ধ	-	ধ	ধ	ধ
প্যা	-র	কে	জব	লা	খন	গম	সন্	সা	-র	কে	-	-	দিল	কে	স

ধ	ধ	ধ	ধ	-	নী	-ধ	প	প	-	-	-	-
হা	রে	কই	সে	-	প্যা	-র	ক	রে'	-	-	-	-

ইন্টরলুড:

পধনীরে'প'--------গ'--------রে'—গ'—রে'সা'নীধপ---

নী রে' গ' রে' নী রে' ধ নী রে' নী ধ নী প ধ নী ধ প ধ প গ প-

হা হা হ হ হা হা হা হা হ হ হা হা হা হা হ হ হা হা হা হা হা---

		নী	নীনী	-সা'
		ঐ	সীবৈ	-সী

রে'	গ'	গ'	গ'	-	রে'	গ'গ'	-গ'	রে'	-রে'	রে'	-	-	নীনী	-গ'	-গ'
বা	তে	স	ভী	-	দি	লসে	-নি	কা	-ল	দে	-	-	জীনা	-হাই	-তো

রে'	রে'	নী	নী	ধ	নীধ	-নী	-রে'	ধ	-প	প	-	রে'	-গ'	রে'	ধ
ক	শ	তী	কো	-	ধা	-রে	-পে	ডা	-ল	দে	-	লা	-ল	ল	ল

নী	-রে'	নী	প	ধ	-নী	প	গ	প	-	-	-	-	রেগ	প	প
লা	-ল	ল	ল	লা	-ল	ল	ল	লা	-	-	-	-	ধা-	রে	কী

পধ	-নী	নী	নী	ধ	নী	ধ	পপ	পধ	-নী	নী	-	-	ধ	ধ	ধ
গো	-দ	মে	ঘে	রে	ভী	হেন	মজ	ধা	-র	কে	-	-	দিল	কে	স

ধ	ধ	ধ	ধ	-	নী	-ধ	প	প	-	-	-
হা	রে	কই	সে	-	প্যা	-র	ক	রে'	-	-	-

13. দিল কী যে আরজু থী কোই দিলরুবা

ফিল্ম: নিকাহ (1982)	সংগীতকার: রবি শর্মা
গীতকার: হসন কমাল	গায়ক: মহেন্দ্র কপূর, সলমা আগা
তাল: কহরবা	কোরড: সাগপ গপনী পনীরে'
	সা=C#

ম: দিল কী যে আরজু থী কোই দিলরুবা মিলে -2
    লো বন গয়া নসীব কে তুম হম সে আ মিলে

স: দেখেইন হমে নসীব সে অব অপনে কয়া মিলে
    অব তক তো জো ভী দোস্ত মিলে বেবফা মিলে
    দিল কী যে আরজু থী

ম: আন্খো কো ইক ইশারে কী জহমত তো দীজিয়ে
    কদমোন মে দিল বিছা দুন ইজাজত তো দীজিয়ে
    গম কো গলে লগা লুন জো গম আপকা মিলে
    দিল কী যে আরজু থী

স: হমনে উদাসিয়ন মে গুজারী হাই জিন্দগী
    লগতা হাই ডর ফরেব এ বফা সে কভী কভী
    অইসা ন হো কে জখম কোই ফির হরা মিলে
    অব তক তো জো ভী দোস্ত মিলে বেবফা মিলে

ম: কল তুম জুদা হুএ থে জহান সাথ ছোডকর
    হম আজ তক খড়ে হাই উসী দিল কে মোড় পর
    হমকো ইস ইন্তজার কা কুছ তো সিলা মিলে
    দিল কী যে আরজু থী

স: দেখেইন হমে নসীব সে অব অপনে কয়া মিলে
    অব তক তো জো ভী দোস্ত মিলে বেবফা মিলে

দিল কী যে আরজু থী কোই দিলরুবা

ধা	গে	ন	তি	ন	কে	ধি	ন	ধা	গে	ন	তি	ন	কে	ধি	ন
1	2	3	4	5	6	7	8	1	2	3	4	5	6	7	8
গ	প	প	-	প	প	-	প	মপ	ধ	প	ধ	প	ম	ম	গ
দি	ল	কী	-	যে	আ	-	র	জু	-	-	-	থী	কো	ঈ	-
ম	গ	-	গ	সা	গ	-	রে	গ	-	-	-	-	-	-	-
-	-	-	দিল	রু	বা	-	মি	লে	-	-	-	-	-	-	-
প	নী	নী	-	নী	নী	-	নী	নী	সা'	সা'	-	নী	নী	ধ	-
লো	-	ব	ন	গ	যা	-	ন	সী	-	-	-	ব	কে	তু	ম
-	-	নী	-	ধ	প	ম	ধ	প	-	-	-	ম	-	গ	-
-	-	হ	ম	সে	আ	-	মি	লে	-	-	-	-	-	-	-
গ	প	প	-	প	প	-	প	মপ	ধ	প	ধ	প	ম	ম	গ
দি	ল	কী	-	যে	আ	-	র	জু	-	-	-	থী	কো	ঈ	-
ম	গ	-	গ	সা	গ	-	রে	গ	-	-	-	-	-	-	-
-	-	-	দিল	রু	বা	-	মি	লে	-	-	-	-	-	-	-
প	-	প	-	প	ধ	-	প	ধধ	নী	-	-	নী	নী	নী	নী
দে	-	খে	-	হ	মে	-	ন	সী	-	-	-	ব	সে	অ	ব
-	-	ম	মপ	প	ধ	নী	ধ	ধ	নী	-	ধ	মপ	ধ	ম	গ
-	-	অ	প	নে	কয়া	-	মি	লে	-	-	-	-	-	-	-
প	-	প	-	প	ধ	-	প	ধধ	সা'	-	-	নী	নী	নী	নী
দে	-	খে	-	হ	মে	-	ন	সী	-	-	-	ব	সে	অ	ব
-	-	ম	মপ	প	ধ	নী	ধ	ধ	নী	-	-	মপ	ধ	ম	গ
-	-	অ	প	নে	কয়া	-	মি	লে	-	-	-	-	-	-	-
গ	প	প	-	প	প	-	প	মপ	ধ	প	ধ	প	ম	ম	গ
অ	ব	ত	কি	তো	জো	-	ভী	দো	-	-	-	স্ত	মি	লে	-

ম	-	-	গ	সা	গ	-	রে	গ	-	-	-	-	-	-	-
-	-	-	বে	ব	ফা	-	মি	লে	-	-	-	-	-	-	-
গ	প	প	-	প	প	-	নী	নী	-	ধ	-	প	ম	ম	গ
অ	ব	ত	ক	তো	জো	-	ভী	দো	-	-	-	স্ত	মি	লে	-
ম	গ	-	গ	সা	গ	-	রে	গ	-	-	-	-	-	-	-
-	-	-	বে	ব	ফা	-	মি	লে	-	-	-	-	-	-	-
প	নী	নী	-	নী	রে'	সা'	রে'	গ'	-	-	-	গ'	গ'	গ'	গ'
আঁ	-	খন	-	কী	ই	ক	ই	শা	-	-	-	রে	কী	জ	হ
রে'	রে'	-	-	রে'	সা'	রে'	সা'	নী	-	-	-	নী	সা'	নী	প
ম	ত	-	-	তো	দী	-	জি	যে	-	-	-	-	-	-	-
নী	নী	নী	-	নী	রে'	সা'	রে'	গ'	-	-	-	গ'	গ'	গ'	-
ক	দ	মো	-	মে	দি	ল	বি	ছা	-	-	-	দু	ই	জা	-
রে'	রে'	রে'	সা'	-	রে'	-	সা'	নী	-	-	-	প	ধ	নী	সা'
জ	ত	তো	-	-	দী	-	জি	যে	-	-	-	-	-	-	-
সা'	-	সা'	-	সা'	সা'	-	সা'	নীসা'	রে'	সা'	রে'	সা'	নী	নী	ধ
গ	ম	কো	-	গ	লে	-	ল	গা	-	-	-	লুণ	জো	গ	ম
-	-	ধ	-	ধ	নী	-	ধ	প	-	-	-	প	ধ	নী	সা'
-	-	আ	-	প	কা	-	মি	লে	-	-	-	-	-	-	-
সা'	-	সা'	-	সা'	সা'	-	সা'	গ'	রে'	-	-	সা'	রে'	সা'	নী
গ	ম	কো	-	গ	লে	-	ল	গা	-	-	-	লুণ	জো	গ	ম
-	-	ধ	-	ধ	নী	-	ধ	প	-	-	-	মপ	ধ	ম	গ
-	-	আ	-	প	কা	-	মি	লে	-	-	-	-	-	-	-
গ	প	প	-	প	প	-	প	মপ	ধ	প	ধ	প	ম	ম	গ
দি	ল	কী	-	যে	আ	-	র	জু	-	-	-	থী	কো	ঈ	-

ম	গ	-	গ	সা	গ	-	রে	গ	-	-	-	প	ম	ম	গ
-	-	-	দিল	রু	বো	-	মি	লে	-	-	-	-	-	-	-
গ	প	প	-	প	প	-	নী	নী	ধ	-	-	প	ম	ম	গ
দি	ল	কী	-	যে	আ	-	র	জু	-	-	-	থী	কো	ঈ	-
ম	গ	-	গ	সা	গ	-	রে	গ	-	-	-	-	-	-	-
-	-	-	দিল	রু	বা	-	মি	লে	-	-	-	-	-	-	-
গ	-	গ	-	গ	গ	-	গ	রে	গ	ম	গ	রে	সা	নী	-
হ	ম	নে	-	উ	দা	-	সি	য়ন	-	-	-	মে	গু	জা	-
প	-	-	-	প	ধ	নী	ধ	ধ	নী	প	-	-	-	-	-
রী	-	-	-	হাই	জিন্	-	দ	গী	-	-	-	-	-	-	-

ফ্লুট: নী প ধ----- সা' ধ প ধ প ম গ-------

গ	-	গ	-	গ	গ	-	গ	রে	গ	ম	গ	রে	সা	নী	-
হ	ম	নে	-	উ	দা	-	সি	য়ন	-	-	-	মে	গু	জা	-
প	-	-	-	প	ধ	নী	ধ	ধ	নী	প	-	প	ধ	নী	সা'
রী	-	-	-	হাই	জিন্	-	দ	গী	-	-	-	-	-	-	-
প	সা'	সা'	-	সা'	নী	সা'	সা'	রে	সা'	-	-	নী	নী	নী	-
ল	গ	তা	-	হাই	ড	র	ফ	রে	-	-	ব	এ	ব	ফ়	-
ধ	-	-	-	ধ	ধ	নী	ধ	ধ	নী	-	-	প	ধ	নী	সা'
সে	-	-	-	ক	ভী	-	ক	ভী	-	-	-	-	-	-	-
সা'	সা'	সা'	-	সা'	নী	সা'	সা'	রে	সা'	-	-	নী	নী	নী	-
ল	গ	তা	-	হাই	ড	র	ফ	রে	-	-	ব	এ	ব	ফ়	-
ধ	-	-	-	ধ	ধ	নী	ধ	ধ	নী	-	-	মপ	ধ	ম	গ
সে	-	-	-	ক	ভী	-	ক	ভী	-	-	-	-	-	-	-
গ	প	প	-	প	প	-	প	মপ	ধ	প	ধ	প	ম	ম	গ
ত্র	-	সা	-	ন	হো	-	কি	জ	-	-	-	খ়ম	কো	ঈ	-

বিনোদ কুমার

ম	গ	-	গ	সা	গ	-	রে	গ	-	-	-	-	-	-	-
-	-	-	ফির	ন	যা	-	মি	লে	-	-	-	-	-	-	-
গ	প	প	-	প	প	-	নী	নী	ধ	-	-	প	ম	ম	গ
ত্র	-	সা	-	ন	হো	-	কি	জ	-	-	-	থ্ম	কো	ঈ	-
ম	গ	-	গ	সা	গ	-	রে	গ	-	-	-	-	-	-	-
-	-	-	ফির	ন	যা	-	মি	লে	-	-	-	-	-	-	-
গ	প	প	-	প	প	-	প	মপ	ধ	প	ধ	প	ম	ম	গ
অ	ব	ত	ক	তো	জো	-	ভী	দো	-	-	-	স্ত	মি	লে	-
ম	গ	-	গ	সা	গ	-	রে	গ	-	-	-	-	-	-	-
-	-	-	বে	ব	ফা	-	মি	লে	-	-	-	-	-	-	-
নী	-	নী	-	নী	রে'	সা'	রে'	গ'	-	-	-	রে'	ম'	গ'	-
ক	ল	তু	ম	জু	দা	-	হৃ	এ	-	-	-	থে	জ	হ্যান	-
-	-	রে'	-	সা'	রে'	-	সা'	নী	-	-	-	নী	সা'	প	-
-	-	সা	-	থ	ছো	-	ড়	ক	র	-	-	-	-	-	-
নী	নী	নী	-	নী	রে'	সা'	রে'	গ'	-	-	-	রে'	ম'	গ'	-
হ	ম	আ	-	জ	ত	ক	খ	ড়ে	-	-	-	হেন	উ	সী	-
-	-	রে'	রে'	সা'	রে'	-	সা'	নী	-	-	-	প	ধ	নী	সা'
-	-	দি	ল	কে	মো	-	ড়	প	র	-	-	-	-	-	-
সা'	-	সা'	-	সা'	সা'	-	সা'	নীসা'	রে'	সা'	রে'	সা'	নী	নী	নী
হ	ম	কো	-	ইস	ইন	-	ত	জা	-	-	-	র	কা	কু	ছ
ধ	-	-	-	ধ	নী	-	ধ	প	-	-	-	প	ধ	নী	সা'
তো	-	-	-	সি	লা	-	মি	ললে	-	-	-	-	-	-	-
সা'	-	সা'	-	সা'	সা'	-	গ'	গ'	-	রে'	-	সা'	সা'	সা'	নী
হ	ম	কো	-	ইস	ইন	-	ত	জা	-	-	-	র	কা	কু	ছ

ধ	–	–	–	ধ	ধ	নী	ধ	প	–	–	–	ম	প	ম	গ
তো	–	–	–	সি	লা	–	মি	লে	–	–	–	–	–	–	–
গ	প	প	–	প	প	–	প	মপ	ধ	প	ধ	প	ম	ম	গ
দি	ল	কী	–	যে	আ	–	র	জু	–	–	–	থী	কো	ঙ	–
ম	গ	–	গ	সা	গ	–	রে	গ	–	–	–	প	ম	ম	গ
–	–	–	দিল	রু	বা	–	মি	লে	–	–	–	–	–	–	–
গ	প	প	–	প	প	–	নী	নী	ধ	–	–	প	ম	ম	গ
দি	ল	কী	–	যে	আ	–	র	জু	–	–	–	থী	কো	ঙ	–
ম	গ	–	গ	সা	গ	–	রে	গ	–	–	–	–	–	–	–
–	–	–	দিল	রু	বা	–	মি	লে	–	–	–	–	–	–	–
প	–	প	–	প	ধ	–	প	ধসী	নী	–	–	নী	নী	নী	নী
দে	–	খে	–	হ	মে	–	ন	–	–	–	–	ব	সে	অ	ব
–	–	ম	ম	প	ধ	নী	ধ	ধ	নী	–	–	মপ	ধ	ম	গ
–	–	অ	প	নে	কয়া	–	মি	লে	–	–	–	–	–	–	–
গ	প	প	–	প	প	–	প	মপ	ধ	প	ধ	প	ম	ম	গ
অ	ব	ত	ক	তো	জো	–	ভী	দো	–	–	–	স্ত	মি	লে	–
ম	গ	–	গ	সা	গ	–	রে	গ	–	–	–	–	–	–	–
–	–	–	বে	ব	ফা	–	মি	লে	–	–	–	–	–	–	–

14. দিল লগাকর হাম যে সমঝে

ফিল্ম: জিন্দগী অর মোত (1965)	সংগীতকার: সী. রামচন্দ্র
গীতকার: শকীল বদায়ুনী	গায়ক: মহেন্দ্র কপূর
তাল: রূপক	কোরড: সাগপ পনীরে' সা=C#

দিল লগাকর হম যে সমঝে জিন্দগী কয়া চীজ হাই
ইশক কহতে হাই কিসে অউর আশিকী কয়া চীজ হাই

হায় যে রুখসার কে শলে যে বহেন মরমরী
আপসে মিলকর যে দো বাতেইন সমঝ মে আ গই
ধুপ কিসকা নাম হাই অর চাঁদনী কয়া চীজ হাই

আপকী শোখী নে কয়া কয়া রূপ দিখলায়ে হমে
আপকী আন্খন নে কয়া কয়া জাম পিলবায়ে হমে
হোশ খো বৈঠে তো জানা বেখুদী কয়া চীজ হাই

আপকী রাহন মে জব সে হমনে রক্ষা হাই কদম
হমকো যে মহসুস হোতা হাই কি মঞ্জিল পে হাই হম
কোই কয়া জানে মহব্বত কী খুশী কয়া চীজ হাই

দিল লগাকর হাম যে সমঝে

তী	তী	না	ধী	না	ধী	না	তী	তী	না	ধী	না	ধী	না
1	2	3	4	5	6	7	1	2	3	4	5	6	7

প্রিলুড:

সিন্থে:   নী রে'---- নী রে' নী ধ প' –

রে' প'---- রে' প' রে' ধ প'---

ফ্লুট: সা' গ' রে' রে' গ' নীরে' সা' সা' রে'

সিন্থে: গ' রে' সা' নী ধ প মে প---

প	–	প	গ	রে	গ	সা	রে	–	রে	গ	প	প	–
দিল	–	ল	গা	–	ক	র	হম	–	যে	সম	–	ঝে	–
নী	–	ধ	নী	সা'	নী	ধ	প	গ	মে	ধ	–	–	–
জিন্	–	দ	গী	–	কয়া	–	চী	–	জ	হাই	–	–	–
রে'	–	রে'	রে'	–	রে'	–	গ'	–	রে'	নী	–	নী	নী
ই	–	শক	ক	হ	তে	–	হেন	–	কি	সে	–	অউ	র
সা'	–	নী	ধ	–	ধ	মে	ধ	–	রে'	সা'	নী	ধ	প
আ	–	শি	কী	–	কয়া	–	চী	–	জ	হাই	–	–	–
প	–	প	গ	রে	গ	সা	রে	–	রে	গ	প	প	–
দিল	–	ল	গা	–	ক	র	হম	–	যে	সম	–	ঝে	–

ইন্টরলুড:

সা'---গ' গ' রে' রে' সা'

সা'---সা' নী ধ নী –

প ধ নী সা' গ' রে' সা' নী সা' গ' রে' –

নীরে'	–	রে'	রে'	–	গ'	গ'	রে'সা'	–	সা'	সা'	–	সা'	–
হা	–	যে	যে	–	রু	খ	সা	–	র	কে	–	শো	–
নী	–	নী	নী	সা'	গ'	–	রে'	–	রে'	রে'	–	প	নী
লে	–	যে	বা	–	হেন্	–	ম	র	ম	রী	–	for repeat	
গ'	–	গ'	গ'	–	গ'	সা'	রে'	–	সা'	নী	ধ	ধ	প
আ	–	প	সে	–	মি	ল	কর	–	যে	দো	–	বা	–

			নী	সা'	রে'		সা'		নী	নী			
নী	-	নী				-		-			-	-	-
তৈ	-	স	ম	ঝ	মে	-	আ	-	গ	য়ী	-	-	-

রে'	-	রে'	রে'	রে'	রে'	-	গ'রে'	গ'	রে'	নী	-	নী	নী
ধু	-	প	কি	স	কা	-	না	-	ম	হাই	-	অউ	র

সা'নী	সা'	নী	ধ	-	ধ	মে	ধ	-	রে'	সা'	নী	ধ	প
চাঁ-	-	দ	নী	-	কয়া	-	চী	-	জ	হাই	-	-	-

প	-	প	গ	রে	গ	সা	রে	-	রে	গ	প	প	-
দিল	-	ল	গা	-	ক	র	হম	-	যে	সম	-	ঝে	-

ইন্টরলুড:

সা'---গ' গ' রে' রে' সা'

সা'---সা' নী ধ নী –

প ধ নী সা' গ' রে' সা' নী সা' গ' রে' --

রে'	-	গ'	রে'	-	রে'	-	রে'	-	গ'	রে'	-	রে'	-
আ	-	প	কী	-	শো	-	খী	-	নে	কয়া	-	কয়া	-

রে'	-	গ'	রে'	রে'	সা'	-	সা'রে'	গ'	রে'	গ'	-	সা'	-
রু	-	প	দি	খ	লা	-	যে-	-	হ	মে	-	for repeat	

মে	-	মে	গ'	রে'	রে'	-	মে	-	মে	গ'	-	রে'	
আ	-	প	কী	-	আঁ	-	খন	-	নে	কয়া	-	কয়া	-

নী	-	ধ	নী	ধ	নী	ধ	রে'	-	সা'	নী	-	-	-
জা	-	ম	পি	ল	বা	-	যে	-	হ	মে	-	-	-

রে'	-	রে'	রে'	-	রে'	-	গ'রে'	গ'	রে'	নী	-	নী	
হো	-	শ	খো	-	বই	-	ঠে-	-	তো	জা	-	না	

সা'নী	সা'	নী	ধ	-	ধ	মে	ধ	-	রে'	সা'	নী	ধ	প
বে-	-	খু	দী	-	কয়া	-	চী	-	জ	হাই	-	-	-

প	-	প	গ	রে	গ	সা	রে	-	রে	গ	প	প	-
দিল	-	ল	গা	-	ক	র	হম	-	যে	সম	-	ঝে	-

ইন্টরলুড:

মে গ' রে' মে গ' রে' সা' গ' রে' সা' গ' রে' সা' নী -2

মে গ' রে' মে গ' রে' সা'

রে'--- রে' গ' রে' সা' রে' সা' নী

নী --- নী সা' নী ধ নী ধ প ---

প ধ নী সা' গ' রে' সা' নী সা' গ' রে' --

রে'	-	রে'	রে'	-	গ	-	সা'	-	সা'	সা'	সা'	সা'	-
আ	-	প	কী	-	রা	-	হো	-	মে	জ	ব	সে	-
নী	-	নী	সা'	-	গ	-	রে'	-	রে'	রে'	-	প	নী
হম	-	নে	র	-	খা	-	হাই	-	ক	দম	-	for repeat	
গ'	-	গ'	গ'	-	রে'	সা'	রে'	-	সা'	নী	ধ	ধ	প
হম	-	কো	যে	-	ম	হ	সু	-	স	হো	-	তা	-
নী	-	নী	নী	সা'	রে'	-	সা'রে'	সা'	নী	নী	-	-	-
হাই	-	কি	হেন	-	ম'	-	জিল	-	পে	হম	-	-	-
রে'	-	রে'	রে'	-	রে'	-	গ'রে'	গ'	রে'	নী	-	নী	নী
কো	-	ঈ	কয়া	-	জা	-	নে-	-	মো	হো	-	ঝ	ত
সা'নী	সা'	নী	ধ	-	ধ	মে	ধ	-	রে'	সা'	নী	ধ	প
কী-	-	খু	শী	-	কয়া	-	চী	-	জ	হাই	-	-	-
প	-	প	গ	রে	গ	সা	রে	-	রে	গ	প	প	-
দিল	-	ল	গা	-	ক	র	হম	-	যে	সম	-	ঝে	-

15. দুনিয়া মে তেরা হাই বড়া নাম

ফিল্ম: লোফর (1973)	সংগীতকার: লক্ষ্মীকান্ত প্যারেলাল
গীতকার: আনন্দ বকশিই	গায়ক: মহেন্দ্র কপূর
তাল: কহরবা	কোরড: সা<u>গ</u>ধ সা<u>গ</u>প <u>গ</u>পনী
	সা=F

দুনিয়া মে তেরা হাই বড়া নাম
আজ মুঝে ভী তুঝসে পড় গয়া কাম

মেরী বিনতি সুনে তো জানু-2
মানুন তুঝে মাই রাম
রাম নহীন তো কর দুঙ্গা সারে জগ মে
তুঝে বদনাম
দুনিয়া মে তেরা হাই বড়া নাম
আজ মুঝে ভী তুঝসে পড় গয়া কাম

মাই নহীন কহতা কহতে হাইন সরে-2 তুনে বনায়ে চাঁদ সিতারে
তু দুঃখ দূর করে জো মেরে মেরী বিগড়ি বনায়ে তো তেরে
গুন গাউন সুবহো শাম
রাম নহীন তো কর দুঙ্গা সারে জগ মে তুঝে বদনাম
দুনিয়া মে তেরা হাই বড়া নাম
আজ মুঝে ভী তুঝসে পড় গয়া কাম

সাথী জগত মে বস ইক অপনা -2 ইস জীবন কা আখরী সপনা
ভো ভী তোড় কে দাতা না লে যুন মুহ মোড় কে দাতা না লে
সর পে তু যে ইলজাম
রাম নহীন তো কর দুঙ্গা সারে জগ মে তুঝে বদনাম
দুনিয়া মে তেরা হাই বড়া নাম
আজ মুঝে ভী তুঝসে পড় গয়া কাম

মজবুরী তেরে দর পে লে আয়ী আশা কী মেইন জোত জলায়ী

ও মন কী বুঝতী জোত জগা দে মেরী টুটি আস বন্ধা দে

আয়া মেন তেরে ধাম

রাম নহীন তো কর দুষ্গা সারে জগ মে তুঝে বদনাম

দুনিয়া মে তেরা হাই বড়া নাম

আজ মুঝে ভী তুঝসে পড় গয়া কাম

মেরী বিনতি সুনে তো জানু-2

হো রাম -3

দুনিয়া মে তেরা হাই বদা নাম

ধা	গে	ন	তি	ন	কে	ধি	ন	ধা	গে	ন	তি	ন	কে	ধি	ন
1	2	3	4	5	6	7	8	1	2	3	4	5	6	7	8
প্রিলুড: নীধপম ধপমগ পমগরে গরে.নীরেসা (সাগধ)															
										সা	সা	-	সা	-	রে
										দু	নি	-	যা	-	মে
গ	-	-	-	ধ	প	ধ	-	-	-	গ	-	-	রে	রে	-
তে	-	-	-	রা	-	-	-	-	-	হাই	-	-	ব	ড়া	-
সা	-	-	গ	রে	সা	নী	-	-	-	সা	-	-	সা	-	রে
না	-	-	-	-	-	-	ম	-	-	আ	-	-	জ	-	মু
গ	-	গ	-	ধ	প	ধ	-	গ	-	গ	গরে	-	রে	রেসা	-
ঝে	-	ভী	-	তু	ঝ	সে	-	-	-	প	ড়	-	গ	যা	-
সা	-	-	-	-	-	ম	প	ধ	সা'	সা'	সা'	সা'	-	সা'	রে'
কা	-	-	-	-	-	মে	রী	বি	ন	তী	সু	নে	-	তো	-
নী	সা'	-	-	-	-	-	-	-	ম	প	ধ	নী	সা'	রে'	সা'
জা	নু	-	-												
নী	ধ	প	ধ	ম	-	ম	প	ধ	সা'	সা'	সা'	সা'	-	সা'	রে'
-	-	-	-	-	-	মে	রী	বি	ন	তী	সু	নে	-	তো	-

নী	সা'	-	-	-	-	ধ	-	ধ	নী	-	ধ	প	-	গ	ম
জা	নু	-	-	-	-	মা	-	নু	-	-	তু	ঝে	-	মেন	-
ম	-	গ	-	-	-	-	-	ধ	-	-	ধ	ধ	ধ	ধ	-
রা	-	-	-	-	ম	-	-	রা	-	ম	ন	হী	তো	ক	র
গ	ম	ম	-	গ	-	রে	-	ম	ম	ম	ম	গ	-	রে	রে
দু	-	গা	-	সা	-	রে	-	জ	গ	মে	তু	ঝে	-	ব	দ
সা	-	-	গ	রে	সা	.নী	-	-	-	সা	সা	-	সা	-	রে
না	-	-	-	-	-	-	ম	-	-	দু	নি	-	যা	-	মে
গ	-	-	-	ধ	প	ধ	-	-	-	গ	-	-	রে	রে	-
তে	-	-	-	রা	-	-	-	-	-	হাই	-	-	ব	ড়া	-
সা	-	-	গ	রে	সা	.নী	-	-	-	সা	-	-	সা	-	রে
না	-	-	-	-	-	-	ম	-	-	আ	-	-	জ	-	মু
গ	-	গ	-	ধ	প	ধ	-	গ	-	গ	গ^রে		রে	রে^সা	-
ঝে	-	ভী	-	তু	ঝ	সে	-	-	-	প	ড়	-	গ	যা	-
সা	-	-	-	-	-										
কা	-	-	-	-	ম										

ইন্টরলুড:

ফ্লুট: .ধ গ --------------- রে- সা ---

.ধ গ ---------- ম -

সন্তুর: মগরে গরেসা

মগরে গরেসা মগরে

সিন্থে: মগগম পসা'নীধ পনীধপম -2

শহনাই: মনী-------নী--- রে'--- ^ধনী

সিন্থে: ম'---- গ'----- রে'------ সা'—ধ

										ধ	-	-	সা'	-	সা'
										সা	-	-	থী	-	জ

রে' গ	-	রে' ত	-	সাঁ' মে	-	ধ -	-	-	-	ধ ব	ধ স	-	সাঁ' ই	-	সাঁ' ক
রে' অ	-	রে' প	-	সাঁ' না	-2	ধ -	-	ধ ই	ধ স	ধ জ	ধ স	-	ধ জী	-	-
ধধ বন	নী -	ধ -	-	ম কা	-	গ -	মে -	-	-	গ আ	-	-	রে খ	গ -	রী -
সরে স	-	রে প	-	সা না	-	রেসা -	নী -	সা -	রে -	গ ও	সাঁ' ভো	সাঁ' -	-	সাঁ' ভী	নী -
নী তো	-	নী ড	সাঁ' কে	সাঁ' দা	-	সাঁ' ত	-	সাঁ' না	-	সাঁ' লে	রে' -	সাঁ' যুন	-	সাঁ' মুন্	নী হ
নী মো	-	নী ড	সাঁ' কে	সাঁ' দা	-	সাঁ' ত	-	সাঁ' না	-	সাঁ' লে	রে' -	সাঁ' -	-	ধধ স	- র
ধপে পে	নী -	-	ধধ তু	প যে	-	ম ই	গল ল	ম জা	-	গ -	-	-	-	ম -	-
ধধ রা	-	ম ম	ধধ ন	ধহী ই	তো -	ধধ ক	- র	গ দু	ম -	ম গা	-	গ সা	-	রে রে	-
ম জ	ম গ	ম মে	ম তু	গ ঝে	-	রে ব	রে দ	সা না	-	-	গ -	রে -	সা -	নী -	- ম
-	-	সা দু	সা নি	-	সা য	-	রে মে	গ তে	-	-	-	ধধ রা	প -	ধধ সে	-
-	-	গ হাই	-	-	রে ব	রে ড়া	- কে	সা না	-	-	গ -	রে -	সা -	নী -	- ম
-	-	সাঁ' আ	-	-	সা জ	-	রে মু	গ ঝে	-	গ ভী	-	ধধ তু	প ঝে	ধধ সে	-

বিনোদ কুমার

গ	-	গ	গরে'	রে	রে'সা	-	সা	-	-	-	-	-	ম
-	-	প	ড়	-	গ	যা	-	কা	-	-	রে	-	ম

ইন্টরলুড:
সা'--- ধ্ ম –
মপধসা'নীধপম-
মপ--- মনীধপম---- মনীধপমগরেসা----
.ধ্.ধসা রেরেসা-- ধসা.নীরেসারেসা
.নীসাগরেসা-.নী-
মগ মগ মগ মগ
ম'গ' ম'গ' ম'---- প'----
ম'ধ্প'ম'-- প'—ম'-- প'—ম'-- প'—ম'--

-	-	-	-	-	-	-	-	ম	ধ	ধ	-	-	সা'	-	-
-	-	-	-	-	-	-	-	-	ম	জ	-	-	বু	-	-
রে'	-	-	-	সা'	-	সা'	-	ধ	-	ধধ	-	-	সা'	-	সা'
রী	-	-	-	তে	-	রে	-	-	-	দর	-	-	পে	-	লে
রে'	-	-	-	সা'	-	-	-	-	-	মধধ	-	-	সা'	-	-
আ	-	-	-	য়ী	-	-	-	-	-	মজ	-	-	বু	-	-
রে'	-	-	-	সা'	-	ধ	-	-	-	ধধ	-	-	সা'	-	সা'
রী	-	-	-	তে	-	রে	-	-	-	দর	-	-	পে	-	লে
রে'	-	-	-	সা'	-	ধ	-	-	-	আধধ	-	-	ধশা	-	ধকী
আ	-	-	-	য়ী	-	-	-	-	-	আ	-	-	শা	-	কী
ধ্ধনী	ধ	-	-	ম	-	গ	মে	-	-	গ	-	-	রে	-	গ
মেন	-	-	-	নে	-	-	-	-	-	জো	-	-	ত	-	জ
রে	-	-	-	সা'	-	রেসা	নী	সা	রে	গ	সা'	সা'	-	সা'	-
গা	-	-	-	য়ী	-	-	-	-	-	-	ও	ম	ন	কী	-
নী	নী	নী	সা'	সা'	-	সা'	সা'	সা'	-	সা'	রে'	-	সা'	সা'	নী
বু	ঝ	তী	-	জো	-	ত	জ	গা	-	দে	-	-	মে	রী	-

মহেন্দ্র কপূর কে 51 গীতন কী সরগম

নী/টু	–	নী/টি	সা'/–	সা'/আ	–	সা'/স	সা'/বন্	সা'/ধ	–	সা'/দে	রে'/–	নী/–	–	ধ/আ	–
ধ/যা	নী/–	–	ধ/মেন্	প/তে	–	গ/রে	–	ম/ধা	ধ/–	–	গ/দু	গ/–	–	–	ম/–
ধ/রা	–	ম/–	ধ/ন	ধধ/হ্রী	ধ/তো	ধ/ক	–/র	গ/দু	ম/–	ম/গা	–	গ/সা	–	রে/রে	–/রে
ম/জ	ম/গ	ম/মে	ম/তু	গ/ঝে	–	রে/ব	রে/দ	সা/না	–	–	গ/–	রে/–	সা/–	নী/–	ম/–
–	–	সা/দু	সা/নি	–	সা/যা	–	রে/মে	গ/তে	–	–	–	ধ/রা	প/–	ধ/–	–
–	–	গ/হাই	–	–	রে/ব	রে/ড়া	–	সা/না	–	–	গ/–	রে/–	সা/–	নী/–	ম/–
–	–	সা/আ	–	–	সা/জ	–	রে/মু	গ/ঝে	–	গ/ভী	–	ধ/তু	প/ঝ	ধ/সে	–
গ/–	–	গ/প	গরে/ড	রে/গ	রে'/যা	–	–	সা/কা	–	–	–	–	–	মে/ম	প/রী
ধধ/বি	সা'/ন	সা'/তী	সা'/সু	সা'/নে	–	সা'/তো	রে'/–	নী/জা	সা'/নু	–	–	–	–	–	–
–	–	–	–	–	–	–	–	–	–	–	–	–	–	মে/ম	প/রী
ধধ/বি	সা'/ন	সা'/তী	সা'/সু	সা'/নে	–	সা'/তো	রে'/–	নী/জা	সা'/নু	–	–	–	–	–	–
–	–	–	–	সা'/নে	–	সা'/তো	রে'/–	সা'/জা	–	–/দে	–	নী/–	–	প/হো	–

| ধ ধ | | | | | | ম | | | | | | | প | |
| রা | | | | | | ম | | | | | | | হো | |

| ধ ধ | | | | | ম |
| রা | | | | | ম |

মপ ধসা'সা' সা'সা' সা'রে' নীসা'
মেরী বিনতী সুনে তো- জানু

মপ ধসা'সা' সা'সা' সা'রে' নীসা'
মেরী বিনতী সুনে তো- জানু

সা' রে'----------------সা'রে'নী
হো রা----------------ম

গ'রে'গ'---------- সা'-------
হো-------------রা------ম

ঘুটি: সা'- প- সা'- প- নী- প- নী- প- গ- প- নী-

16. দূর্গ া হাই মেরী মা

ফিল্ম: ক্রান্তি (1981)	সংগীতকার: লক্ষ্মীকান্ত প্যারেলাল
গীতকার: সংতোশ আনন্দ	গায়ক: মহেন্দ্র কপূর, মীনু পুরুসতম
তাল: কহরবা দুগুন	কোরড: সাগপ সা=E

জাইকারা শেরান ওয়ালি কা-বোল সঞ্চে দরবার কি জয়
দুর্গ া হ্যায় মেরি মা আম্বে হ্যায় মেরি ম৷2

ও বোলো জয় মাতা কি, জয় হো-২ জো ভি দর পে আয়ে, জয় হো
ও খালি না যায়, জয় হো সব কে কাম হ্যায় করতি, জয় হো
সব কে দুঃখে হারতি, জয় হো ও মাইয়া শরনওয়ালি, জয় হো
ভর দো ঝোলি খালি, জয় হো
দুর্গ া হ্যায় মেরি মা আম্বে হ্যায় মেরি ম৷4
মেরি মা শেরনওয়ালি

শুদ্ধ করে আরমান জো সারে-২ দেতি হ্যায় বর্দান জো সারে-৪
আম্বে জ্যোতন ওয়ালিয়ে দেতি হ্যায় বর্দান জো সারে
দুর্গ া হ্যায় মেরি মা আম্বে হ্যায় মেরি ম৷3
লাতানওয়ালিয়ে মেহরানওয়ালিয়ে

আরে জগ কো খেল খিলায়ে-৪ বিছডন কো জো খুব মিলায়ে-৪
দূর্গে   মেরিয়ে রাণীয়ে বিছদন কো জো খুব মিলায়ে
দুর্গ া হ্যায় মেরি মা অম্ব হ্যায় মেরি মা
শেরনও বালিযে জ্যোতান বালিযে,
উচ্ছে মন্দরান বালিযে শেরন বালিযে
দুর্গ া হ্যায় মেরি মা আম্বে হ্যায় মেরি ম৷4

দূর্গা । হাই মেরী মা

ধাগে নতি নকে ধিন				ধাগে নতি নকে ধিন				ধাগে নতি নকে ধিন				ধাগে নতি নকে ধিন			
12	34	56	78	12	34	56	78	12	34	56	78	12	34	56	78

সা'সা'সা' – নী সা'নীধ   ধধধ নী সা' ধ   নী সা'ধ ধ

জয়কারা----------   শেরাঁ বা-----------লী কা

কোরড (গ্রপসা')

বোল সা'চে দরবার কী জয়

সা
দুর

| .ধ | সা | রে | সা | রেম | গ | - | রে | সা | রে | গ | রে | সা | -সা | সা | রে |
| গা | হাই | মে | রী | মা- | - | - | অঙ্ | বে | হাই | মে | রী | মা | -ও | বো | লো |

| গ | গ | রে | সা | সা' | সা' | সা | রে | গ | গ | রে | সা | সা' | সা' | সা | রে |
| জয় | মা | তা | দী | জয় | হো | জো | ভী | দর | পে | আ | যে | জয় | হো | ভো | খা |

| গ | গ | রে | সা | সা' | সা' | প | প | ধ | ধধ | প | প | সা' | সা' | প | প |
| লী | না | জা | যে | জয় | হো | সব | কে | কা মহাইকর | তী | | | জয় | হো | সব | কে |

| ধ | ধ | প | প | সা' সা'সা' | সা' | সা' | | নী | নী | ধ | প | সা' সা'সা' | সা' | সা' | |
| দুখ | ড়ে | হর | তী | জয় হোও | মই | যা | | শে | রো | বা | লী | জয় হোও | ভর | দে | |

| নী | নী | ধ | প | সা' | সা' | - | সা | .ধ | সা | রে | সা | রেম | গ | - | রে |
| ঝো | লী | খা | লী | জয় | হো | - | দুর | গা | হাই | মে | রী | মা- | - | - | অঙ্ |

| সা | রে | গ | রে | সা |
| বে | হাই | মে | রী | মা |

পধ সা' ----- সা'- নী- ধ- ধধধ ধ নী সা' নী   ধপ

মেরী মা--------------   শেরাঁ বা-----------লিযে

| নী | -ধ | -প | প | - | ম | ম | - | নী | -ধ | -প | প | - | প | - |
| পু | -রে | -ক | রে | - | অ | র | - | মা | -ন | জো | সা | - | রে | - |

| - | সা' | -সা' | -সা' | নী | - | ধ | ম | - | নী | -ধ | -প | প | - | প | - |
| - | পু | -রে | -ক | রে | - | অ | র | - | মা | -ন | জো | সা | - | রে | - |

| - | নী | - | নী | নী | - | ধ | প | ধ | সা' | সা' | নী | সা' | - | সা' |
| - | দে | - | তী | হাই | - | ব | র | দা | - | ন | জো | সা | - | রে | - |

রে' গ়' ------ রে' গ়' রে' গ়' ------রে' সা'

অস্ত্রে ----- জোনাঁ বা ------ লিযে

| - | সা' | - | সা' | নী | - | ধ | প | - | গ | মধ | -প | গ় | - | রে | গ় |
| - | দে | - | তী | হাই | - | ব | র | - | দা | -ন | জো | সা | - | রে | - |

| রে | সা | - | - | - | - | সা | .ধ | সা | রে | সা | রেম | গ় | - | রে |
| - | - | - | - | - | - | দুর | গা | হাই | মে | রী | মা- | - | - | অঙ্ |

| সা | রে | গ় | রে | সা |
| বে | হাই | মে | রী | মা় | | - | - | - |

পধ ধসাসা' ------ সা'সা'রে' রে'গ়'গ়' ---------রে'গ়'রে'সা'

লাটা বালিযে ------- মেরিযে রানিযে----------

| প | - | ধ | ম | ম | নী | - | - | ধ | নীধ | -প | প | - | প | - |
| সা | - | রে | জ | গ | কো | - | - | খে | -ল | -খিলা | - | যে | -x4 |

| - | সা' | সা' | সা' | সা' | - | সা' | ধ | - | রে' | -সা' | -সা' | সা' | - | সা' | - |
| - | বি | ছ | ড় | কো | - | জো | - | - | খু | -ব | -মি | লা | - | যে | -x2 |

| নী | নী | সা' | রে' | সা' | -সা' | সা' | সা' | নী | নী | সা' | রে' | সা' | -সা' | সা' | সা' |
| বিছ | ড় | কো | জো | খু | বমি | লা | যে | বিছ | ড় | কো | জো | খু | বমি | লা | যে |

রে'গ়'----------রে'রে'গ়' গ়'-রে'সা'----------

দুর্গে-----------মেরিযে রা-নিযে----------

| - | সা' | সা' | সা' | নী | - | ধ | প | - | গ | মধ | -প | গ় | - | রে | গ় |
| - | বি | ছ | ড় | কো | - | জো | - | - | খু | -ব | -মি | লা | - | যে | - |

| রে | সা | - | - | - | - | - | সা | .ধ | সা | রে | সা | রে'ম | গ্ | - | রে |
| - | - | - | - | - | - | - | দুর | গা | হাই | মে | রী | মা- | - | - | অঙ্ |

| সা | রে | গ্ | রে | সা |
| বে | হাই | মে | রী | মা | - | - | - |

সা'সা' সা'সা'সা' রে'রে' রে' রে'রে'------গ্' রে'-
শেরা বা লিয়ে, জোতা বা লিয়ে

রে'রে' রে' রে' রে' গ'গ' গ'গ' গ' গ'গ'---- ম' গ' রে' সা'
উচ্চে ম'দরা বা লিয়ে, শেরা বা লিয়ে

17. দেহে শিবা বর মোহে এহে

ফিল্ম: নানক নাম জহাজ হাই (1969)	সংগীতকার: এস. মোহিন্দর
গীতকার: সবদ	গায়ক: মহেন্দ্র কপূর
তাল: কহরবা	কোরড: সাগপপ সা=D

দেহ শিবা বর মোহে ইহে শুভ কর্ম ন তে কবহূ ন তরো
ন ডরো অরি সো জব জায়ে লরো নিশ্চয় কর অপনী জীত করো

অরু সিখ হো অপনে হী মন কো ইহ লালচ হো গুন তাউ উচরো
জব আভ কী অউধ নিদান বনে অতি হী রণ মে তব জুঝ মরো

দেহে শিবা বর মোহে এহে

ধা	গে	ন	তি	ন	কে	ধি	ন	ধা	লগে	ন	গতি	ন	কে	রধি	ন
1	2	3	4	5	6	7	8	1	2	3	4	5	6	7	8

সা’সা’ সা’ সা’সা’- গ’ সা’ সা’সা’
বোলে সো নিহাল সত শ্রী অকাল

ময়ুসিক: সা’নীসা’ গ’------ -2

1	2	3	4	5	6	7	8	1	2	3	4	5	6	7	8
গ’	-	গ’	গ’	গ’	-	গ’	-	রে’	-	সা’	সা’	সা’	-	সা’	সা’
দে	-	হ	শি	বা	-	ব	র	মো	-	হে	ঐ	হে	-	শু	ভ
সা’	নী	নী	নী	নী	ধ	ধ	ধ	নী	-	ধ	প	প	-	গ’	গ’
ক	র	ম	ন	তে	-	ক	ব	হুন	-	ন	ট	রো	-	ন	ট
গ’	-	গ’	গ’	গ’	-	গ’	গ’	রে’	-	-	সা’	সা’	-	সা’	সা’
রো	-	অ	রি	সো	-	জ	ব	জা	-	য	ল	রো	-	নি	শ
সা’	-	নী	-	নী	ধ	ধ	-	নী	-	ধ	প	প	-	-	-
চ	য	ক	র	অ	প	নী	-	জী	-	ত	ক	রো	-	-	-
গ	-	গ	গ	গ	-	গ	গ	গ	-	গ	-	-	-	-	-
দে	-	হ	শি	বা	-	ব	র	মো	-	হে	-	-	-	-	-
ম	-	ম	ম	ম	-	ম	গ	প	-	প	-	-	-	-	-
দে	-	হ	শি	বা	-	ব	র	মো	-	হে	-	-	-	-	-

ইন্টরলুড: সা’নীসা’ গ’---- -2
প ধ নী সা’ম’গ’রে’সা’রে’
সা’সা’সা’ গ’---- গ’গ’গ’ সা’----- গ’গ’গ’ সা’----
প ধ নী সা’ --- রে’ --- গ’গ’গ’ সা’-----

1	2	3	4	5	6	7	8	1	2	3	4	5	6	7	8
															গ
															অরু
গ	গ	গ	গ	গ	গ	গ	রে	ম	ম	ম	ম	ম	ম	ম	ম
সিখ	হো	অপ	নে	হী	মন	কো	অরু	লা	লচ	হুন	গুণ	তউউচ	উচ	রো	জব

প	প	প	প	প	প	প	ম	ধ	ধ	ধ	ধ	ধ	ধ	ধ	প
আ	বকি	অউ	ধনি	দা	নব	নে	অতি	হী	রন	মে	তব	জু	ঝম	রো	অতি
নী	নী	নী	নী	নী	নী	নী	ধ	নী	নী	নী	গ'	সা'	সা'	সা'	
হী	রন	মে	তব	জু	ঝম	রো	অতি	হী	রন	মে	তব	জু	ঝম	রো	-
সা'	সা'	-	-	-	-	সা'	সা'	সা'	-	-	-	-	-	-	-
বো	লে	-	-	-	-	সো	নি	হা	-	-	-	-	-	-	ল
গ'	-	-	-	-	-	সা'	সা'	সা'	-	-	-	-	-	-	-
স	-	-	-	-	ত	শ্রী	অ	কা	-	-	-	-	-	-	ল

18. ফকিরা চল রে

ফিল্ম: ফকীরা (1976)	সংগীতকার: রবিন্দ্র জৈন
গীতকার: রবিন্দ্র জৈন	গাযক: মহেন্দ্র কপূর
তাল: কহরবা	কোরড: মধসা' সা=C#

হো ও একেলা চল রে, হো ও ফকীরা চল রে

হো সুন কে তেরী পুকার

সুন কে তেরী পুকার সংগ চলনে কো তেরে কোই হো ন হো তাইযার

হিম্মত না হার চল চলা চল একেলা চল চলা চল

একেলা চল চলা চল ফকীরা চল চলা চল

বচপন মে হুযা ঘর সে বেঘর আজ তলক না বস পাযা

ঘর মে লগী জো আগ ভো বুঝ গযী জলটি রহী তেরী কাযা

বীতী বাতে বীসার, ছন বীতী বাতে বীসার আইসা

কোই নহীন জো ন হো গম সে বেজার

হিম্মত না হার চল চলা চল একেলা চল চলা চল

একেলা চল চলা চল ফকীরা চল চলা চল

জিসনে লিযা সঙ্কল্প সভী কে দুঃখ অউর দরদ মিতনে কা

উসপে হঙ্সা জগ উসনে কভী না পাযা সাথ জমানে কা

লে লে অউরণ কা ভার, ছন লে লে অউরণ কা ভার

কোই জিনকা নহীন হাই উনকা জীবন স্বার

হিম্মত না হার চল চলা চল একেলা চল চলা চল

একেলা চল চলা চল ফকীরা চল চলা চল

সুরজ চন্দা তারে জুগনু সবকী অপনী হস্তী হাই

জিসমে জিতনা নীর ভরা হো বদলী উতনী দের বরসতী হাই

তেরী শক্তি অপার, হুন তেরী শক্তি অপার

তু তো লায়া রে একেলা গঙ্গা ধরতী পে উতার

হিম্মত না হার চল চলা চল একেলা চল চলা চল

একেলা চল চলা চল ফকীরা চল চলা চল

হেমলতা: happy

নন্হে নন্হে পান্ব হেন তেরে ছোতী ছোতী বাহে হেন

উন্চি উন্চি মনজিল তেরী লম্বী লম্বী রাহে হেন

সহ লে কিসমত কী মার -2

জিতনা তপতা হাই সোনা উতনা আতা হাই নিখার

হিম্মত না হার চল চলা চল একেলা চল চলা চল

একেলা চল চলা চল ফকীরা চল চলা চল

হেমলতা: sad

ভো কয়া সমঝে দরদ কিসী কা জিসনে দুঃখ না ঝেলা হো

দো অব অউর দো হাথ হোন জিসকে, ভো কাহে কো একেলা হো

আয়ে সন্কট হজ্জার -2

তেরী খাতির কোই না খোলে কোই অপনা দ্বার

হিম্মত না হার চল চলা চল একেলা চল চলা চল

একেলা চল চলা চল ফকীরা চল চলা চল

ফকিরা চল রে

ধাগে	নতি	নকে	ধিন	ধাগেনতিনকেধিন				ধাগে	নতি	নকে	ধিন	ধাগেনতিনকেধিন			
12	34	56	78	12	34	56	78	12	34	56	78	12	34	56	78

প্রিলুড:

ধম ধম **নীধ নীধ** রে'সা' রে'সা' **নীধ নীধ**

ধম ধম **নীধ নীধ** রে'সা' **নীধ** রে'সা' **নীধ**

ধম ধম **নীধ নীধ** রে'সা' রে'সা' **নীধ নীধ**

ধম ধম **নীধ নীধ** রে'সা' **নীধ**

ধ – সা' – গ' ---- ম'- প' – প' – গ' –

গ' – সা' - রে'সা'রে'গ'রে' সা'**নী**সা'রে'সা' সা'**নীধ নীধনী**রে'ধ—

ধ**নী**সা'- রে'সা'রে'গ'রে' সা'**নী**সা'রে'সা' **নীধনী**রে'সা'

রে' সা' **নী** ধ—

 গ' ম' গ'ম'প'ম' গ'গ' গ' ধ'প'ম' প'ম'গ' ম'গ'রে' গ'রে'সা'
 হো ও অকেলা চল রে ময়ুসিক

সা' রে' ----রে'গ'রে'সা'রে'- গ' রে' **নী** ধ ধ
হো ও ফকীরা চল রে

ময়ুসিক: ধ**নী**সা' রে'গ'-রে' সা'রে'-সা **নী**সা'-**নী** ধনী-ধ ধপম

ম ধ **নীধনী** ধ **নীধনী** ধ
ম ধ **নীধনী** ধ সা'**ধনী** ধ x 2

ধাগে	নতি	নকে	ধিন	ধাগে	নতি	নকে	ধিন	ধাগে	নতি	নকে	ধিন	ধাগে	নতি	নকে	ধিন
								সা'	–	–	–	–	–	সা'	সা'
								ও	–	–	–	–	–	সুন	কে
নী	সা'**নী**	–	ধ	ধ	-*	সা'	সা'	**নী**সা'	-**নী**	–	ধ	ম	ধ	**নী**	সা'
তে	-রী	–	পু	কা	-র	সন্	গ	চল	-নে	–	কো	তে	রে	কো	ঈ
নী	সা'	**নী**	ধ	সা'	–	**নী**	–	সা'	-রে'	-গ'	গ'	রে'	সা'	**নী**	–
হো	না	হো	তাই	যা	–	–	-র	হিম	-ম	-ত	না	হা	–	–	-র
ম	-ধ	ধ	**নী**	–	-ধ	ধ	ধ	ম	-ধ	ধ	ধ	–	-ধ	ধ	ধ
চল	-চ	লা	চল	–	-অ	কে	লা	চল	-চ	লা	চল	–	-অ	কে	লা

| ম | -ধ | ধ | সা' | নী | -ধ | ধ | ধ | ম | -ধ | ধ | ধ |
| চল | -চ | লা | চল | - | -ফ | কী | রা | চল | -চ | লা | চল |

ম্যুসিক: ধসা'সা'- রে'গ'গ'- রে' রে' ^{সা'}রে'- সা'

নীধপ ধ – নীরে'- সা' নীধ ধ -2

মে ধ নীধনী ধ নীধনী ধ

ম ধ নীধনী ধ সা'ধনী ধ) -2

| ধনী | -সা' | -নী | ধ | প | ধ | নী | রে' | - | রে' | - | রে' | - | রে' | সা' |
| বচ | -প | -ন | মে | - | হৃ | আ | ঘ | র | সে | - | বে | - | ঘ | র |

| - | সা' | -গ' | -রে' | সা' | সা' | ধ | নী | রে' | রে'রে' | -রে' | - | রে' | - | গ' | রে' |
| - | আ | -জ | -ত | ল | ক | না | - | - | বস | -পা | - | যা | - | - | - |

| সা' | সা'রে' | -সা' | -নী | সা' | - | সা' | - | - | সা' | -নী | ধ | নী | নী | নী | রে' |
| - | ঘর | -মে | -ল | গী | - | জো | - | - | আ | -গ | ভো | বু | ঝ | গ | য়ী |

| ম' | ম' | -রে' | -সা' | নী | - | সা' | নী | ধ | - | ধ | - | ধ | -** | সা' | সা' |
| - | জল | -তী | -র | হী | - | তে | - | রী | - | কা | - | যা | - | বী | তী |

| নী | সা'নী | - | ধ | ধ | -* | সা' | সা' | নী | সা'নী | - | ধ | ম | ধ | নী | সা' |
| বা | -তে | - | বি | সা | -র | ঐ | সা | কো | -ঈ | - | ন | হী | জো | ন | হো |

| নী | সা' | নী | ধ | সা' | - | নী | - | সা' | -রে' | -গ' | গ' | রে' | সা' | নী | - |
| গম | সে | বে | - | জা | - | - | -র | হিম | -ম | -ত | না | হা | - | - | -র |

| ম | -ধ | ধ | নী | - | -ধ | ধ | ধ | ম | -ধ | ধ | ধ | - | -ধ | ধ | ধ |
| চল | -চ | লা | চল | - | -অ | কে | লা | চল | -চ | লা | চল | - | -অ | কে | লা |

| ম | -ধ | ধ | সা' | নী | -ধ | ধ | ধ | ম | -ধ | ধ | ধ |
| চল | -চ | লা | চল | - | -ফ | কী | রা | চল | -চ | লা | চল |

ম্যুসিক: গ' রে' গ' রে' সা'- গ' প' গ' রে' সা'- রে' রে' ধ

ধ – পধ নী রে' রে' ধ- 3

ধ – পধ নী রে' রে' সা' নী ধ-

মে ধ নীধনী ধ নীধনী ধ

ম ধ নীধনী ধ সা'ধনী ধ) -2

ধনী -সা' -নী | ধ প ধ নী | রে' - রে' রে' | রে' - রে' সা'
জিস -নে -লি | যা - সন্ - | কল - প স | ভী - কে -

সা' রে' গ' রে' | সা' - ধ নী | রে' - রে' - | রে' - গ' রে'
দু খ অউ র | দর - দ মি | টা - নে - | কা - - -

সা' সা'রে' -সা' -নী | সা' - সা' সা' | - রে'সা' -নী ধ | নী - নী রে'
- উস -পে হন্ | সা - জ গ | - উস -নে -ক | ভী - না -

ম' ম' -রে' সা' | নী - সা' নী | ধ - ধ - | ধ -** সা' সা'
- পা -যা - | সা - থ জ | মা - নে - | কা - লে লে

নী সা'নী - ধ ধ | -* সা' সা' নী সা'নী | - ধ ম ধ নী সা'
অউ -রো - কা | ভা -র কো ঈ জিন | -কা - ন হী হাই উন কা

নী সা' নী ধ | সা' - নী - | সা' -রে' -গ' গ' | রে' সা' নী -
জী -ব -ন সন্ | বা - - -র | হিম -ম -ত না | হা - - -র

ম -ধ ধ নী | - -ধ ধ ধ | ম -ধ ধ ধ | - -ধ ধ ধ
চল -চ লা চল | - -অ কে লা | চল -চ লা চল | - -অ কে লা

ম -ধ ধ সা' | নী -ধ ধ ধ | ম -ধ ধ ধ
চল -চ লা চল | - -ফ কী রা | চল -চ লা চল

ময়ুসিক: ধ—রে' সা' নী ধ—গ' রে' সা' নী—ম' রে' সা' রে' সা' নী ধ
ধ—রে' সা' নী ধ—গ' রে' সা' নী—ম' রে' সা' রে'
মে ধ নীধনী ধ নীধনী ধ
ম ধ নীধনী ধ সা'ধনী ধ) -2

ধনী -রে' -নী | ধ প ধ নী | রে' - রে' - | রে' রে' রে' সা'
সু- -র -জ | চন্ - দা - | তা - রে - | জু গ নু -

- সা' গ' রে' | সা' সা' ধ নীদ | রে' রে'রে' -রে' - | রে' - গ' রে'
- স ব কী | অ প নী - | - হস -তী - | হাই - - -

সা' সা'রে' -সা' -নী | রে' সা' সা' - | - রে' সা'নী ধ | নী নী নী নী
- জিস -মে - | জি ত না - | - নী -র হো | ব দ লী -

ম'	ম'রে'	-রে'	-সা'	নী	-	সা'	নী	ধ	ধ	ধ	-	ধ	-	সা'	সা'
-	উত	-নী	-	দে	-	র	ব	র	স	তী	-	হাই	-	তে	রী
নী	সা'নী	-	ধ	ধ	-	সা'	সা'	নী	সা'নী	-	ধ	ম	ধ	নী সা'	
শ	-ক্তি	-	অ	পা	-র	তু	তো	লা	যা	রে	অ	কে লা	গ'	গা	
নী'	সা'	নী'	ধ	সা'	-	নী	-	সা'	-রে'	-গ'	গ'	রে'	সা'	নী	-
ধর	তী	পে	উ	তা	-	-	-র	হিম	-ম	-ত	না	হা	-	-	-র
ম	-ধ	ধ	নী	-	-ধ	ধ	ধ	ম	-ধ	ধ	ধ	-	-ধ	ধ	ধ
চল	-চ	লা	চল	-	-অ	কে	লা	চল	-চ	লা	চল	-	-অ	কে	লা
ম	-ধ	ধ	সা'	নী	-ধ	ধ	ধ	ম	-ধ	ধ	ধ				
চল	-চ	লা	চল	-	-ফ	কী	রা	চল	-চ	লা	চল				

* ম ধ নীধনী ম ধ

** ম ধ নী ধ ম ধ নী ধ

ফকিরা চল রে (হেমলতা)

সা=C# কোরড= গপনী

ধাগে নতি নকে ধিন				ধাগে নতি নকে ধিন				ধাগে নতি নকে ধিন				ধাগেনতিনকে ধিন			
12	34	56	78	12	34	56	78	12	34	56	78	12	34	56	78

ময়ুসিক: (গ প ধপধ প ধপধ প
গ প ধপধ প নীপধ প) -2

								নী	-	-	-	-	-	নী	নী
								ও	-	-	-	-	-	সুন	কে
ধনী	-ধ	-	প	প	-	নী	নী	ধনী	-ধ	-	প	গ	প	ধ	নী
তে-	-রী	-	পু	কা	-র	সন্	গ	চল	-নে	-	কো	তে	রে	কো	ঈ
প	নী	ধ	প	নী	-	ধ	-	নী	-সা'	-রে'	রে'	সা'	-	নী	-
হো	না	হো	তাই	যা	-	-	-র	হিম	-ম	-ত	না	হা	-	-	-র
গ	-প	প	ধ	-	-প	প	প	গ	-প	প	প	-	-প	প	প
চল	-চ	লা	চল	-	-অ	কে	লা	চল	-চ	লা	চল	-	-অ	কে	লা

বিনোদ কুমার

গ -প প নী ধ -প প প গ -প প প
চল -চ লা চল - -ফ কী রা চল -চ লা চল

ময়ুসিক: পনীরে'—গ'-- রে'সা' নী—সা'—সা'নীধপ
ম প ধ প সা' নী ধ   ম প ধ প প –

(গ প ধপধ   প ধপধ   প
গ প ধপধ   প নীপধ   প) -2

পধ -নী ধ   প ম প ধ   সা' - সা' সা'   সা' - সা' নী
ন্ন হেন্ -   ন্ন - হেন্ -   পাঁ - ব হেন তে - রে -

- নীসা'-রে' সা'   - নী -প ধ   - সা' -সা' - সা' - সা' নী
- ছো -টে -   - ছো -টে -   - বা হেন্ - হেন - - -

সা' -নী ধ   - নী -নী -   - নী -ধ প ধ   ধ সা'
- উ -চী -   - উ -চী -   - মণ -জি ল তে - রী -

গ' গ' -সা' -   ধ   - নী -   প - প -   প -** নী নী
- লম্ -বী -   লম্ - বী -   রা - হেন্ - হেন - সহ লে

ধনী -ধ -ধ প   প -* নী নী   ধনী -ধ - প   গ প ধ নী
কিস -ম -ত কী   মা -র জিত না   তপ -তা - হাই   সো না উত না

ধ নী ধ প   নী - ধ -   নী -সা' -রে' রে'   সা' নী ধ -
আ তা হাই নি   খা - - -র   হিম -ম -ত না   হা - - -র

গ -প প ধ   - -প প প   গ -প প প   - -প প প
চল -চ লা চল   - -অ কে লা   চল -চ লা চল   - -অ কে লা

গ -প প নী   ধ -প প প   গ -প প প   - -প প প
চল -চ লা চল   - -ফ কী রা   চল -চ লা চল   - -অ কে লা

*গ প ধ প গ প
** গ প ধ প গ প ধ প

পধ   নীধ পমপধ সা'সা'   সা'সা' সা'নী
ভো- কয়া সমঝে- দরদ কিসী কা-

<u>নী</u>সা'রে'সা' <u>নীনী</u> প<u>ধ</u> সা'সা' সা'
জিসনে- দুখ না- ঝেলা হো

<u>নী</u>সা' <u>নীধ</u> <u>নীনী</u> নী সা'<u>নীধ</u> প ধধধধসা'<u>গ</u>'
দো- অব অউর দো হা-থ হো জিসকে--,

<u>গ</u>' সা'<u>ধ</u> <u>নী</u> ধপপ প
ভো কাহে কো অকেলা হো

<u>নীনী</u> ধ<u>নীধ</u> পপ
আএ সন্কট হজার

<u>নীনী</u> ধ<u>নীধ</u> পপ <u>নীনী</u> ধ<u>নীধ</u> প<u>গ</u>
আএ সন্কট হজার, তেরী খাতির খোএ

প <u>ধনী</u> ধ<u>নী</u> ধপ <u>নীধ</u>
না খোলে কোঈ অপনা দ্বার

<u>নী</u>সা'রে' রে' সা'<u>নীধ</u> <u>গ</u> পপ ধ পপপ <u>গ</u> পপ প
হিম্মত ন হা-র, চল চলা চল, অকেলা চল চলা চল

পপপ <u>গ</u> পপ <u>নীধ</u> পপপ <u>গ</u> পপ প
অকেলা চল চলা চল, ফকীরা চল চলা চল

১৯. হে নীলে গগন কে তলে

ফিল্ম: হমরাজ (1967)	সংগীতকার: রবি শর্মা
গীতকার: সাহির লুধিযানবি	গাযক: মহেন্দ্র কপূর
তাল: কহরবা	কোরড: পনীরে' সা=C

হে.... নীলে গগন কে তলে ধরতী কা পযার পলে
অইসে হী জগ মে, আতী হেন সুবহে অইসে হী শাম ঢলে

শবনম কে মোতী, ফুলো পে বিখরে, দোনো কী আস ফলে
হে.... নীলে গগন কে তলে ধরতী কা পযার পলে

বলখাতী বেলেন মসতী মে খেলেন, পেডন সে মিলকে গলে
হে.... নীলে গগন কে তলে ধরতী কা পযার পলে

নদিযা কা পানী দরিযা সে মিল কে সাগর কী ওর চলে
হে.... নীলে গগন কে তলে ধরতী কা পযার পলে

হে নীলে গগন কে তলে

ধিন্	-	না	তিন্	তিন্	-	না	ধিন্	ধিন্	-	না	তিন্	তিন্	-	না	ধিন্
1	2	3	4	5	6	7	8	1	2	3	4	5	6	7	8
নী	-	-	-	-	-	-	-	-	নী	রে'	গ'	গ'	রে'	রে'	নী
হে	-	-	-	-	-	-	-	-	নী	লে	গ	গ	ন	কে	ত
নী	ধ	-	-	-	-	-	-	-	প	ধ	নী	নী	ধ	ধ	প
লে	-	-	-	-	-	-	-	-	ধর	তী	কা	প্যা	-	র	প
প	-	-	-	-	-	-	-	-	রে	রে	রে	গ	রে	প	-
লে	-	-	-	-	-	-	-	-	ঐ	সে	হী	জ	গ	মে	-
-	রে	রে	রে	গ	রে	প	-	-	রে	রে	নী	নী	ধ	ধ	প
-	আ	তী	হেন	সু	ব	হেন	-	-	ঐ	সে	হী	শা	-	ম	ঢ

```
প    | -   -   -  | -   -   -  |
লে   | -   -   -  | -   -   -  |

ইন্টরলুড: প'--- ধ' নী' ধ' – রে' প' গ'-- নী গ' রে'--

     রে' রে' রে' | রে' গ' গ' রে' | - রে' রে' রে' | রে' গ' গ' রে'
     শব  নম  কে  | মো  -   তী  - | -  ফু  লো  পে | বি  খ   রে  -

  -  রে' রে' রে' | রে' গ' গ' প' | প' গ' গ' রে' | রে' নী ধ প
  -  দো  নো  কী  | আ   -  স  ফ  | লে  -  -  -  | -   -  -  -

নী   -   -   -  | -   -   -  - | -  নী  রে' গ' | গ' রে' রে' নী
হে   -   -   -  | -   -   -  - | -  নী  লে  গ  | গ  ন   কে  ত

নী ধ -   -   -  | -   -   -  - | -  প   ধ   নী | নী ধ  ধ  প
লে   -   -   -  | -   -   -  - | -  ধর  তী  কা | প্যা -  র  প

প    -   -  | -   -   -  - | -
লে   -   -  | -   -   -  - | -

ইন্টরলুড: পপপপধ- নীধপধপ-রে- 2 নী—রে'--

     রে' রে' রে' | রে' গ' গ' রে' | - রে' রে' রে' | রে' গ' গ' রে'
     বল  খা  তী  | বে  -  লেন্ - | -  মস  তী  মে | খে  -  লেন্ -

  -  রে' রে' রে' | রে' গ' গ' প' | প' গ' গ' রে' | রে' নী ধ প
  -  পে  ড়  সে  | মি  ল  কে  গ | লে  -  -  -  | -   -  -  -

নী   -   -   -  | -   -   -  - | -  নী  রে' গ' | গ' রে' রে' নী
হে   -   -   -  | -   -   -  - | -  নী  লে  গ  | গ  ন   কে  ত

নী ধ -   -   -  | -   -   -  - | -  প   ধ   নী | নী ধ  ধ  প
লে   -   -   -  | -   -   -  - | -  ধর  তী  কা | প্যা -  র  প

প    -   -  | -   -   -  - | -
লে   -   -  | -   -   -  - | -

ইন্টরলুড: নীরে'গ'—প'মেগ'প'মেগ'রে' নী-গ'----
প'মেগ'প'মেগ'রে'নী—পধপ- ধ- প-
```

```
রে' রে' রে' | রে' গ' গ' রে' | -  রে' রে' রে' | রে' গ' গ' রে'
নদি যা  কা | পা  -  নী  -  | -  দ   রি  যা  | সে  মি ল  কে

-  রে' রে' রে' | রে' গ' গ' প' | প' গ' গ' রে' | রে' নী ধ প
-  সা  গর  কী  | ও   -  র   চ  | লে  -  -  -  | -   -  - -

নী -  -  -  | -  -  -  -  | -  নী রে' গ' | গ' রে' রে' নী
হে -  -  -  | -  -  -  -  | -  নী লে  গ  | গ  ন   কে  ত

নী ধ -  -  | -  -  -  -  | -  প  ধ  নী | নী ধ   ধ  প
লে -  -  -  | -  -  -  -  | -  ধর তী কা | প্যা -  র  প

প  -  -  -  | -  -  -  -  | -
লে -  -  -  | -  -  -  -  | -

প'---------- গ'প'মেগ'------- গ'মে—গ'------
আ---------------------------------

রে'গ'মে--গ'রে' রে'গ'—রে'---------- নীধ
আ---------------------------------
```

20. হাই প্রীত জহান কী রীত সদা

ফিল্ম: পুরব অর পশচিম (1970)	সংগীতকার: কল্যানজী আনন্দজী
গীতকার: ইন্দীবর	গায়ক: মহেন্দ্র কপূর
তাল: কহরবা	কোরড: সাগ্রপ সা=E

জব জীরো দিয়া মেরে ভারত নে

ভারত নে মেরে ভারত নে দুনিয়া কো ট্যাব গিন্টি আয়ি

তারন কি ভাষা ভারত নে দুনিয়া কো পহলে শিখলায়ি

দেতা না দশমলভ ভারত তো ইউন চাঁদ পে জানা মুশকিল থা

ধরতী অর চাঁদ কি দুরী কা অন্দাজা লাগানা মুশকিল থা

সব্যতা জাহান পহেলে আয়ী-2 পহেলে জানমি হ্যায় জাহান পে কালা

আপনা ভারত ও ভারত হ্যায় জিসকে পিছে সংসার চালা

সংসার চালা অর আগ বাধা ইউন আগ বাধা বাধতা হি গয়া

ভগবান করে ইয়ে অর বাধে বাধতা হি রাহে অর ফুলে ফলে

বধতা হি রহে অর ফুলে ফালে

হুম হুম হো হো হো হো হো হো
হ্যায় প্রীত জাহান কী রীত সদা
হ্যায় প্রীত জাহান কী রীত সদা মে গীত বহান কে গাতা হুন
ভারত কা রহনে বালা হুঁ ভারত কী বাত সুনতা হুঁ
হ্যায় প্রীত জাহান কী রীত সদা

হো হো হো হো হো হো হো হো হো
কালে গোরে কা ভেদ নহীন হার দিল সে হামারা নাতা হ্যায়
কিছু অর না আতা হো হামকো হামেন পেয়ার নিভানা আতা হ্যায়
জিসে মান চুকি শারি দুনিয়া হো জিসে মান চুকি শারি দুনিয়া
মেন বাত মেন বাত ভো হী, দোহরাতা হুঁ
ভারত কা রহনে বালা হুঁ ভারত কী বাত সুনাতা হুঁ
হ্যায় প্রীত জহান কী রীত সদা

জিতে হোন কিসি নে দেশ তো কেয়া হামনে তো দিলন কো জীতা হ্যায়
জহান রাম অভি তক হ্যায় নর মে নারি মে অভি তক সীতা হ্যায়
ইটনে পাবন হো লোগ জহান ইটনে পাবন হো লোগ জহান
মেন নিত নিত, মেন নিত নিত শীষ ঝুকাটা হুন
ভারত কা রহনে বালা হুঁ ভারত কি বাত সুনাতা হুঁ

হো হো হো হো
ইটনি মমতা নদীওঁ কো ভি জাহান মাতা কাহকে বুলাতে হ্যায়
হো হো, ইতনা আদর ইনসান তো কেয়া পাথর ভি পুজে জাতে হেন
উস ধরতি পে ম্যানে জনম লিয়া
হো উস ধরতি পে ম্যানে জনম লিয়া
যে সোচ যে সোচ কে মেন্ ইতরাতা হুন
ভারত কা রহনে বালা হুঁ ভারত কি বাত সুনাতা হুঁ
হ্যায় প্রীত জহান কী রীত সদা, হো হো হো হো

হাই প্রীত জহান কী রীত সদা

ধা	ধিন্	না	ধা	তুন্	না	ধা	ধিন্	না	ধা	তুন্	না
1	2	3	4	5	6	1	2	3	4	5	6
											সা
											জব
সা	রে	ম	গ	রে	রে	সা	সা	সা	সা	-	-
জী	রো	দি	যা	মে	রে	ভা	র	ত	নে	-	-
সা	রে	ম	গ	রে	রে	সা	সা	সা	সা	-	সা
ভা	র	ত	নে	মে	রে	ভা	র	ত	নে	-	দুনি
সা	রে	ম	গ	রে	-	সা	সা	সা	সা	-	সা
যা	কো	-	তব	গিন	-	তী	আ	-	য়ী	-	তা
সা	রে	ম	গ	রে	-	সা	সা	সা	সা	-	সা
রো	কী	-	ভা	শা	-	ভা	র	ত	নে	-	দুনি
সা	রে	ম	গ	রে	-	সা	সা	-	সা	-	সা
যা	কো	-	পহ	লে	-	সিখ	লা	-	য়ী	-	দে
সা	প	প	প	প	-	ম	ম	গ	গ	-	সা
তা	না	দ	শম	লব	-	ভা	র	ত	তো	-	যুন
সা	রে	ম	গ	রে	-	সা	সা	-	সা	-	প
চাঁ	-দ	পে	জা	না	-	মুশ	কিল	-	থা	-	ধর
প	সা'	সা'	সা'	-	সা'	নী	নী	-	ধ	প	প
তী	-	অউর	চাঁ	-দ	কী	দু	রী	-	কা	-	অঙ
প	প	নী	ধ	প	ম	ম	ম	গ	ম	-	সা
দা	জা	ল	গা	না	-	মুশ	কিল	-	থা	-	সভ
সা	রে	ম	গ	রে	রে	সা	সা	-	সা	-	সা
য	তা	জ	হ্যান	প	হ	লে	আ	-	য়ী	-	পহ

সা লে	রে জন	ম -	গ মী	রে হাই	রে জ	সা হ্যান	সা পে	সা ক	সা লা	- -	প অপ
প না	সা' -	সা' ভা	সা' রত	সা' ভো	- -	নী ভা	নী র	নী ত	ধ হাই	প -	প জিস
প কে	নী পী	- -	ধ ছে	প -	ম সন্	ম সা	- -র	গ চ	গ লা	- -	সা সন্
সা সা	রে -র	ম চ	গ লা	রে অউ	রে র	সা আ	সা গে	সা ব	সা ঢা	- -	- -
সা আ	রে গে	ম ব	গ ঢা	রে ব	রে ঢ	সা তা	সা হী	সা গ	সা যা	- -	সা ভগ
সা বা	-প -ন	প ক	প রে	প যে	- -	ম অউ	- -র	গ ব	গ ঢে	- -	সা বট
সা তা	রে হী	ম র	গ হে	রে অউ	রে র	সা ফু	সা লে	সা ফ	সা লে	- -	সা বট
সা তা	রে হী	ম র	গ হে	রে অউ	রে র	সা ফু	সা লে	সা ফ	সা লে	- -	- -

ধা	গে	ন	তি	ন	কে	ধি	ন	ধা	গে	ন	তি	ন	কে	ধি	ন
1	2	3	4	5	6	7	8	1	2	3	4	5	6	7	8
														.প উম	- -
সা হ্ন	-	-	-	-	-	গ উম	-	রে হ্ন	-	-	-	-	-	.প উম	-
সা হ্ন	-	-	-	-	-	গ উম	-	রে হ্ন	-	-	-	.প উম	-	সা হ্ন	-

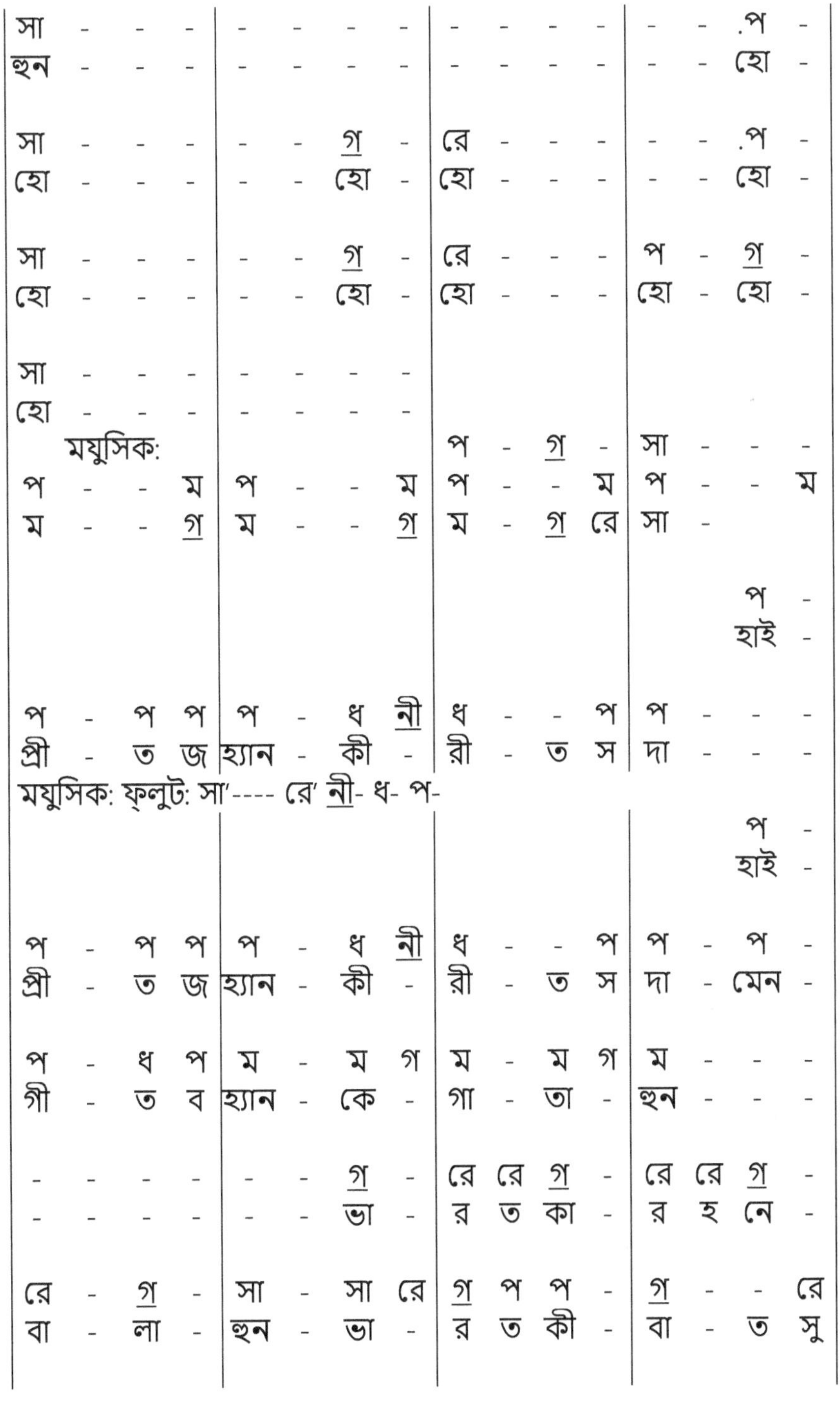

বিনোদ কুমার

সা	-	-	-	-	-	-	-	-	-	-	-	-	-	.প	-
হুন	-	-	-	-	-	-	-	-	-	-	-	-	-	হো	-
সা	-	-	-	-	-	গ	-	রে	-	-	-	-	-	.প	-
হো	-	-	-	-	-	হো	-	হো	-	-	-	-	-	হো	-
সা	-	-	-	-	-	গ	-	রে	-	-	-	প	-	গ	-
হো	-	-	-	-	-	হো	-	হো	-	-	-	হো	-	হো	-
সা	-	-	-	-	-	-	-	-	-	-	-	-	-	-	-
হো	-	-	-	-	-	-	-	-	-	-	-	-	-	-	-

ময়ূসিক:

								প	-	গ	-	সা	-	-	-
প	-	-	ম	প	-	-	ম	প	-	-	ম	প	-	-	ম
ম	-	-	গ	ম	-	-	গ	ম	-	গ	রে	সা	-	-	-
														প	-
														হাই	-
প	-	প	প	প	-	ধ	নী	ধ	-	-	প	প	-	-	-
প্রী	-	ত	জ	হ্যান	-	কী	-	রী	-	ত	স	দা	-	-	-

ময়ূসিক: ফ্লুট: সা'---- রে' নী- ধ- প-

														প	-
														হাই	-
প	-	প	প	প	-	ধ	নী	ধ	-	-	প	প	-	প	-
প্রী	-	ত	জ	হ্যান	-	কী	-	রী	-	ত	স	দা	-	মেন	-
প	-	ধ	প	ম	-	ম	গ	ম	-	ম	গ	ম	-	-	-
গী	-	ত	ব	হ্যান	-	কে	-	গা	-	তা	-	হুন	-	-	-
-	-	-	-	-	-	গ	-	রে	রে	গ	-	রে	রে	গ	-
-	-	-	-	-	-	ভা	-	র	ত	কা	-	র	হ	নে	-
রে	-	গ	-	সা	-	সা	রে	গ	প	প	-	গ	-	-	রে
বা	-	লা	-	হুন	-	ভা	-	র	ত	কী	-	বা	-	ত	সু

সা - সা - | সা - প - | প - প প | প - ধ নী
না - তা - | হ্ন - হাই - | প্রী - ত জ | হ্যান - কী -

ধ - - প | প - - - | - - - - | - - - -
রী - ত স | দা - - - | - - - - | - - - -

ময়ুসিক: সা রে গ ম প ধনীসা'--

সা' -
কা -

সা' - সা' - | সা' - সা' - | নী - - ধ | ধ - ধ -
লে - গো - | রে - কা - | ভে - দ ন | হী - হ র

ধ - ধ ধ | ধ - নী সা' | নী - নী ধ | ধ - - -
দি ল সে হ | মা - রা - | না - তা - | হাই - - -

প ধ নী ধ | প ধ নী সা' | নী - - ধ | প - - -
- - - - | - - - - | - - - - | - - - -

ময়ুসিক: রে' সা' রে' নী প ধ নী সা' নী – ধ প ---

সা' সা'
কু ছ

প সা' - সা' | সা' - সা' - | নী - নী ধ | ধ - ধ ধ
অউ - -র ন | আ - তা - | হো - হ ম | কো - হ মে

ধ - - ধ | ধ - নী সা' | নী - নী ধ | ধ - - -
প্যা - -র নি | ভা - না - | আ - তা - | হাই - - -

প ধ নী ধ | প ধ নী সা' | নী - - ধ | প - - -
- - - - | - - - - | - - - - | - - - -

ময়ুসিক: ধ নী সা' নী ধ প ম

ম ম
জি সে

ম - - ম | ম - ম - | ম - ম ম | ম ম ম ম
মা - -ন চু | কী - সা - | রী - দু নি | যা হো জি সে

ম	-	-	ম	ম	-	ম	-	ম	-	ম	ম	ম	-	ম	গ
মা	-	ন	চ্চু	কী	-	সা	-	রী	-	দু	নি	যা	-	মেন	-
ম	-	প	ম	গ	-	গ	রে	গ	-	গ	রে	গ	-	-	-
বা	-	ত	ব	হী	-	দো	হ	রা	-	তা	-	হ্ন	-	-	-
-	-	-	-	-	-	গ	-	রে	রে	গ	-	রে	রে	গ	-
-	-	-	-	-	-	ভা	-	র	ত	কা	-	র	হ	নে	-
রে	-	গ	-	সা	-	সা	রে	গ	প	প	-	গ	-	-	রে
বা	-	লা	-	হ্ন	-	ভা	-	র	ত	কী	-	বা	-	ত	সু
সা	-	সা	-	সা	-										
না	-	তা	-	হ্ন	-										

বাকী উপর কী তরহ বজাএঁ

														সা'	-
														জী	-
সা'	-	সা'	সা'	সা'	-	সা'	-	নী	-	-	ধ	ধ	-	ধ	-
তে	-	হো	কি	সী	-	নে	-	দে	-	শ	তো	কয়া	-	হম	-
ধ	-	ধ	ধ	ধ	-	নী	সা'	নী	-	নী	ধ	ধ	-	-	-
নে	-	তো	দি	লো	-	কো	-	জী	-	তা	-	হাই	-	-	-
প	ধ	নী	ধ	প	ধ	নী	সা'	নী	-	ধ	-	প	-	সা'	সা'
-	-	-	-	-	-	-	-	-	-	-	-	-	-	জ	হ্যান
প	সা'	সা'	সা'	সা'	-	সা'	সা'	সা'	নী	নী	ধ	ধ	-	ধ	-
রা	-	ম	অ	ভী	-	ত	ক	হাই	-	ন	র	মে	-	না	-
ধ	ধ	-	ধ	ধ	-	নী	সা'	নী	-	নী	ধ	ধ	-	ম	ম
রী	রী	-	মে	ভী	-	ত	ক	সী	-	তা	-	হাই	-	ই	ত
ম	-	ম	-	ম	ম	ম	-	ম	-	ম	ম	ম	-	ম	গ
নে	-	পা	-	ব	ন	হেন	-	লো	-	গ	জ	হ্যান	-	মেন	-

1	2	3	4	5	6	7	8	9	10	11	12	13	14	15	16
ম	ম	প	ম	-	-	ম	গ	ম	ম	প	ম	ম	-	গ	রে
নি	ত	নি	ত	-	-	মেন	-	নি	ত	নি	ত	শ্রী	-	শ	ঝু
গ	-	গ	রে	গ	-	-	-								
কা	-	তা	-	হুন	-	-	-								
														সা়	সা়
														ই	ত
প	সা়	সা়	সা়	সা়	-	সা়	সা়	নী	-	নী	ধ	ধ	-	ধ	ধ
নী	-	ম	ম	তা	-	ন	দি	য়ন	-	কো	-	ভী	-	জ	হ্যান
ধ	-	ধ	-	ধ	ধ	নী	সা়	নী	-	নী	ধ	ধ	-	সা়	সা়
মা	-	তা	-	ক	হ	কে	বু	লা	-	তে	-	হেন	-	ই	ত
সা়	-	সা়	-	সা়	সা়	সা়	-	নী	-	-	ধ	ধ	-	ধ	-
না	-	আ	-	দ	র	ইন	-	সা	-	ন	তো	কয়া	-	প	ত
ধ	-	ধ	-	ধ	-	নী	সা়	নী	-	নী	ধ	ধ	-	ম	ম
থ	র	ভী	-	পু	-	জে	-	জা	-	তে	-	হেন	-	উ	স
ম	-	ম	ম	ম	-	ম	-	ম	ম	ম	ম	ম	ম	ম	ম
ধ	র	তী	পে	মেন	-	নে	-	জ	ন	ম	লি	যা	হো	উ	স
ম	-	ম	ম	ম	-	ম	-	ম	ম	ম	ম	ম	-	ম	গ
ধ	র	তী	পে	মেন	-	নে	-	জ	ন	ম	লি	যা	-	যে	-
ম	-	ম	-	-	-	ম	গ	ম	-	প	ম	ম	-	গ	রে
সো	-	চ	-	-	-	যে	-	সো	-	চ	কে	মেন	-	ই	ত
গ	-	গ	রে	গ	-	-	রে	গ	-	গ	রে	-	-	গ	-
রা	-	তা	-	হুন	-	-	-	বা	-	লা	-	-	-	ভা	-
রে	রে	গ	-	রে	রে	গ	-	রে	-	গ	রে	সা়	-	সা়	রে
র	ত	কা	-	র	হ	মেন	-	বা	-	লা	-	হুন	-	ভা	-

গ়	প	প	-	গ়	-	গ়	রে	সা	-	সা	-	সা	-
র	ত	কী	-	বা	-	ত	সু	না	-	তা	-	হ্ন	-

21. ইন হাবাঁও মে

ফিল্ম: গুমরাহ (1963)	সংগীতকার: রবি শর্ম
গীতকার: সাহির লুধিয়ানবি	গায়ক: মহেন্দ্র কপূর
তাল: কহরবা দুগুন	কোরড: রেমধ সা=C#

ইন হবাঙন মে ইন ফিজাও মে
ইন হবাঙন মে ইন ফিজাও মে তুঝকো মেরা পেয়ার পুকারে
আজা আজা রে তুঝকো মেরা প্যায়ার পুকারে হো
রুক না পাউ মাই খিঁচতি আউ মাই দিল কো জব দিলদার পুকারে
আজা আজ রে তুঝকো মেরা পেয়ার পুকারে, হো

তুঝসে রংগত তুঝসে মস্তি, ইন ঝর্নে। মে ফুলেমে
তেরে দম সে মেরি হস্তি, ঝুলে চাহত কী ঝুলন মে
মচলী জাযেন শোখ উমঙ্গে, দো বাহন কা হার পুকারে
আজা আজ রে তুঝকো মেরা পেয়ার পুকারে, হো

দিল মে তেরে দিল কি ধড়কন, আঁখ মে তেরী আঁখ কা জাদু
লব পর তেরে লব কে সায়ে, সানস মে তেরী সানস কী খুশবু
জুলফোন কা হার পেঞ্চ বুলায়ে, আঁচল কা হার তার পুকারে
আজা আজা রে তুঝকো মেরা পেয়ার পুকারে, হো

লাখ বলায়িন সর পর তুতেন, অব যে সুহানা সাথ না ছুতে
তন সে চাহে জান ছুট জাযে, হাথ সে তেরা হাথ না ছুতে
মুড়কে তকনা থীক নহীন হ্যায়, অব চাহে সংসার পুকারে
আজা আজা রে তুঝকো মেরা পয়ার পুকারে, হো

ইন হাবাঁও মে

প্রিলুড:

ধ সা' রে' ----------- সা'রে'সা'---সা'রে'সা'
ও হো হো----------- ও------   ও----

ধ সা' রে' ম'----------- সা'রে'সা'ধমধ
ও হো হো হো -----------ও--------

প ম সা রে প----------- ম রে ম------
ও হো হো হো হো ---------- ও হো হো -----

ময়ুসিক: ম-ম প প ম ম ধ - ম-ম প প রে রে সা –
ম-ম প প ম ম সা'—রে' সা' ধ প ম --

ধাগে	নতি	নকে	ধিন	ধাগে	নতি	নকে	ধিন	ধাগে	নতি	নকে	ধিন	ধাগে	নতি	নকে	ধিন
12	34	56	78	12	34	56	78	12	34	56	78	12	34	56	78
	ম	প	ধ	ম	ম	ম	রে	-	ম	ম	ম	ম	প	ধ	প
	ই	ন	হ	বা	ওন	মে	-	-	ই	ন	ফি	জা	ওন	মে	-
-	প	প	প	প	-	মে	প	প	ধ	-সা'	ধ	ম	-	ম	-
-	তু	ঝ	কো	মে	-	রা	-	-	প্যা	-র	পু	কা	-	রে	-
-	ম	-	ম	ম	প	ধ	প	-	প	প	প	প	-	মে	প
-	আ	-	জা	আ	জা	রে	-	-	তু	ঝ	কো	মে	-	রা	-
-	ধ	সা'	ধ	ম	-	ম	রে	ম	-	-	-	-	-	-	-
-	প্যা	-র	পু	কা	-	রে	-	হো	-	-	-	-	-	-	-
-	ম	প	ধ	ম	ম	ম	রে	-	ম	ম	ম	ম	প	ধ	প
-	রু	ক	ন	পা	উ	মেন	-	-	খি	চ	তী	আ	উ	মেন	-
-	প	প	প	প	প	প	-	-	সা'	-	ধ	ম	-	ম	-
-	দি	ল	কো	জ	ব	দি	ল	-	দা	-র	পু	কা	-	রে	-
-	ম	-	ম	ম	প	ধ	প	-	প	প	প	প	-	মে	প
-	আ	-	জা	আ	জা	রে	-	-	তু	ঝ	কো	মে	-	রা	-

-	ধ	সা'	ধ	ম	-	ম	রে	ম	-	-	-	-	-	ধ	সা'
-	প্যা	-র	পু	কা	-	রে	-	হো	-	-	-	-	-	আ	হা
রে'	-	-	-	-	-	সা'	রে'	সা'রে'	সা'রে'	সা'রে'	সা'রে'	সা'	-	ধ	ম
হা	-	-	-	-	-	আ	হা	হা	-	-	-	-	-	ও	হো
ধ	প	পধ	পধ	প	-	রে	প	ম	-	-	-	-	-	ধ	সা'
হো	-	-	-	ও	-	ও	হো	হো	-	-	-	-	-	ও	হো
রে'	-	-	-	-	-	সা'	রে'	সা'রে'	সা'রে'	সা'	-	-	-	ধ	ম
হো	-	-	-	-	-	ও	হো	হো	-	-	-	-	-	আ	হা
ধ	প	-	-	-	-	রে	প	ম	-	-	-	-	-	-	-
হা	-	-	-	-	-	আ	হা	হা	-	-	-	-	-	-	-

-	ধ	সা'	সা'	রে'	-	ম'	ম'	-	রে'	ম'	রে'	সা'	ধ	সা'	-
-	তু	ঝ	সে	রং	-	গ	ত	-	তু	ঝ	সে	ম	-	স্তি	-
-	সা'রে'	-সা'	সা'	ধ	-	প	-	-	ধ	-প	-	ম	-	ম	-
-	ইন	-ঝ	-র	নো	-	মে	-	-	ইন	-ফু	-	লো	-	মে	-

ময়ুসিক: ধম পরে মসা রেসা ধম পরে মপ ধসা'- (to repeat above)

-	ধ	সা'	সা'	রে'	ম'	ম'	-	-	রে'	ম'	রে'	সা'	ধ	সা'	-
-	তে	-	রে	দম	-	সে	-	-	মে	-	রী	হ	-	স্তি	-
-	সা'	রে'	সা'	ধ	-	প	প	-	ধ	-	প	ম	-	ম	-
-	ঝু	-	লে	চা	-	হ	ত	-	কে	-	ঝু	লো	-	মে	-
-	ম	প	ধ	ম	-	ম	রে	-	ম	-	ম	ম	প	ধ	প
-	ম	চ	লী	জা	-	যেন	-	-	শো	-খ	উ	মন	-	গে	-
-	প	-	প	প	-	মে	প	প	ধ	সা'	ধ	ম	-	ম	রে
-	দো	-	বা	হো	-	কা	-	-	হা	-র	পু	কা	-	রে	-
-	ম	-	ম	ম	প	ধ	প	-	প	প	প	প	-	মে	প
-	আ	-	জা	আ	জা	রে	-	-	তু	ঝ	কো	মে	-	রা	-

-	পধ	সা'	ধ	ম	-	ম	রে	ম	-	-	-	-	ধ
-	প্যা	-র	পু	কা	-	রে	-	হো	-	-	-	-	-

ধ	সা'	সা'	রে'	-	ম'	-	-	রে'	ম'	রে'	সা'	ধ	সা'	-
দিল	-	মে	তে	-	রে	-	-	দিল	-	কী	ধ	ড়	কন	-

-	রে'	-সা'	সা'	ধ	-	প	-	ধ	-প	প	ম	-	ম	-
-	আঁ	-খ	মে	তে	-	রী	-	আঁ	-খ	কা	জা	-	দু	

ম্যুসিক: ধম পরে মসা রেসা ধম পরে মপ ধসা'- (to repeat above)

-	ধ	সা'	সা'	রে'	ম'	ম'	-	-	রে'	ম'	রে'	সা'	ধ	সা'	-
-	লব	-প	-র	তে	-	রে	-	-	লব	-কে	-	সা	-	যে	-

-	সা'	রে'সা'	ধ	ধ	-	প	-	-	ধ	-প	প	ম	ম	ম	-
-	সা'	-স	মে	তে	-	রী	-	-	সা'	-স	কী	খু	শ	বু	-

-	প	-	ধ	ম	-	ম	রে	-	ম	-ম	ম	ম	প	ধ	প
-	জুল	-	ফো	কা	-	হ	র	-	পেন্	-চ	বু	লা	-	যে	-

-	প	-প	-	প	-	মে	প	-	ধ	সা'	ধ	ম	-	ম	রে
-	আঁ	-চ	ল	কা	-	হ	র	-	তা	-র	পু	কা	-	রে	

-	ম	-	ম	ম	প	ধ	প	-	প	প	প	প	-	মে	প
-	আ	-	জা	আ	জা	রে	-	-	তু	ঝ	কো	মে	-	রা	-

-	ধ	সা'	ধ	ম	-	ম	রে	ম	-	-	-	-	-
-	প্যা	-র	পু	কা	-	রে	-	হো	-	-	-	-	-

ধ	-সা'	-সা'	রে'	ম'	ম'	-	-	রে'ম'	-	রে'	-সা'	ধ	-	সা'	-
লা	-খ	-ব	লা	-	যেন	-	-	সর	-প	-র	টু	-	টেন	-	

-	সা'রে'	-সা'	-ধ	ধ	-	প	-	ধ	-প	ম	ম	-	ম
-	অব	যে	সু	হা	-ন	না	-	সা	-থ	না	ছু	-	টে

ম্যুসিক: ধম পরে মসা রেসা ধম পরে মপ ধসা'- (to repeat above)

-	ধ	সা'	সা'	রে'	ম'	ম'	-	-	রে'ম'	-রে'	সা'	সা'	ধ	সা'
-	ত	ন	সে	চা	-	হে	-	-	জা	-ছু	ট	জা	-	যে	-

-	রে'	-সা'	ধ	ধ	-	প	-	-	ধ	-প	ম	ম	-	ম	-
-	হা	-থ	সে	তে	-	রা	-	-	হা	-থ	ন	ছু	-	টে	-
-	ম	প	ধ	ম	ম	ম	রে	-	ম	-ম	ম	ম	প	ধ	প
-	মু	ড়	কে	ত	ক	না	-	-	ঠি	-ক	ন	হী	-	হাই	-
-	প	প	প	প	-	প	-	-	ধ	সা'	ধ	ম	-	ম	রে
-	অ	ব	চা	হে	-	সন্	-	-	সা	-র	পু	কা	-	রে	-
-	ম	-	ম	ম	প	ধ	প	-	প	প	প	প	-	মে	প
-	আ	-	জা	আ	জা	রে	-	-	তু	ঝ	কো	মে	-	রা	-
-	ধ	সা'	ধ	ম	-	ম	রে	ম	-	-	-	-	-	ধ	সা'
-	প্যা	-র	পু	কা	-	রে	-	হো	-	-	-	-	-	আ	হা
রে'	-	-	-	-	-	সা'	রে'	সা'রে'	সা'রে'	সা'	-	-	-	ধ	ম
হা	-	-	-	-	-	আ	হা	হা	-	-	-	-	-	ও	হো
ধ	প	পধ	পধ	প	-	রে	প	ম	-	-	-	-	-	ধ	সা'
হো	-	-	-	ও	-	ও	হো	হো	-	-	-	-	-	ও	হো
রে'	-	-	-	-	-	সা'	রে'	সা'	-	-	-	-	-	ধ	ম
হো	-	-	-	-	-	ও	হো	হো	-	-	-	-	-	আ	হা
ধ	প	-	-	-	-	রে	প	ম	-	-	-	-	-	-	-
হা	-	-	-	-	-	আ	হা	হা	-	-	-	-	-	-	-

22.   জিসকে সপনে হামে রোজ

ফিল্ম: গীত (1970)	সংগীতকার: কল্যানজী আনন্দজী
গীতকার: হসরত জয়পুরী	গায়ক: মহেন্দ্র কপূর, লতা
তাল: কহরবা	কোরড: রেমধ সা=C#

জিসকে সপনে হামে রোজ আতে রাহে দিল লুভাতে রাহে

যে বতা দো বতা দো যে বতা দো কহীন তুম ভো হী তো নহীন-2

জব ভী ঝরনো সে মেইনে সুনী রাগিনী

মেন যে সমঝা তুম্হারী পায়ল বজী

ও জিসকী পায়ল পে -2 হম দিল লুটাতে রহে জান লুটাতে রহে

যে বতা দো কহীন তুম ভো হী তো নহীন-2

জিসকে রোজ রোজ গীত হম গাতে রহে গুনগুনাতে রহে

যে বতা দো কহীন তুম ভো হী তো নহীন-2

ও.........ও......ও.....

জব ভী ঠন্ডি হভা গুন্গুনাতী চলী -2

মেন যে সমঝা তুম্হারী মুরলী বজী

জিস কী মুরলী পে -2 হম লহরাতে রাহে, বল খাতে রহে

যে বতা দো কহীন তুম ভো হী তো নহীন-2

জিসকে সপনে হামে রোজ আতে রাহে দিল লুভাতে রাহে

যে বতা দো কহীন তুম ভো হী তো নহীন-2

যে ম্হকতে বহকতে হুএ রাস্তে খুল গয়ে আপ হী পয়ার কে ভাসতে

দে রহী হেন পতা মদভরী ভাদিয়ান

জিসে পহলে ভী হম তুম মিলে হো ইহান

হো কিতনে জন্ম সে-2 জিসকো বুলাতে রহে আজমাতে রহে

যে বতা দো কহীন তুম ভো হী তো নহীন-2

জিসকে সপনে হামে রোজ আতে রাহে দিল লুভাতে রাহে

যে বতা দো কহীন তুম ভো হী তো নহীন-2

বিনোদ কুমার

জিসকে সপনে হামে রোজ

ধা	গে	ন	তি	ন	কে	ধি	ন	ধা	গে	ন	তি	ন	কে	ধি	ন
1	2	3	4	5	6	7	8	1	2	3	4	5	6	7	8
ধ	ধ		ধধধ	সা'ধ	পমরে	রেমধ		ধধ		প	মরেমধ		ধধ		
জিসকে			সপনে	হমে	রো-জ		আ-তে	রহে,		দিল	লুভা-তে		রহে		
												ধ		সা'	
												যে		ব	
সা'	রে'		রে'			সা'		নী	সা'	সা'		ধ		সা'	
তা			দো			ব		তা		দো		যে		ব	
সা'	রে'		রে'			সা'		নী	রে'	সা'	নী	ধ		ধ	
তা			দো			ক		হী				তুম			
		ধধ	ধধ		ধ		নী	ধ				প			
		ব	হী		তো		ন	হী							
		ধধ	ধধ		প		ম	ম			ধ	ধ	ধ	ধ	
		ব	হী		তো		ন	হী			ও	জি	স	কে	
সধ	ধ		ধ			ধ		প	ধ			প		ম	রে
স	প		নে			হ		মে				রো			জ
রে	ম		ধ			ধধ		ধ				প		ম	
আ			তে			র		হে				দিল		লু	
রে	ম		ধ			ধধ		ধ				ধ		সা'	
ভ			তে			র		হে				যে		ব	
সা'	রে'		রে'			সা'		নী	রে'	সা'	নী	ধ		ধ	
তা			দো			ক		হী				তুম			
		ধধ	ধধ		ধ		নী	ধ				প			
		ব	হী		তো		ন	হী							x2

```
-    -    ধ   ধ  | -   প   -   ম  | ম   -   -   -  |
-    -    ব   হী | -   তো  -   ন  | হী  -   -   x2 |
```

ইন্টরলুড: ধ ধ ধ—ধ ধনী – নী ধ—প ম ম ম
          ধপধ-ম ধপধ-ম ধপধ-ম ম ম ম -

```
                                                         ধ   -   নী  -
                                                         জ   ব   ভী  -

সা'  -   -   সা' | -   -   নী  -  | সা'  -   -   ধ  | -   -   ম
ঝ    র   -   নো  | -   -   সে  -  | মেন   -   -   নে | -   -   সু

ধ নী -   -   সা' | -   -   নী  -  | সা'  -   -   -  | ধ   নী  সা'  রে'
নী   -   -   রা  | -   -   গ   -  | নী   -   -   -  |                রে'

ম'   -   -   ধ'  | -   -   প   -  | ম'   -   -   -  | রে'  -   সা'  -
-    -   -   -   | -   -   -   -  | -    -   -   -  |

সা'  -   নী  -   | ধ   -   নী  -  | ধ    -   -   -  | ধ   -   নী  -
-    -   -   -   | -   -   -   -  | -    -   -   -  | জ   ব   ভী

সা'  -   -   সা' | -   -   নী  -  | সা'  -   -   ধ  | -   -   ম
ঝ    র   -   নো  | -   -   সে  -  | মেন   -   -   নে | -   -   সু

নী ধ -   -   সা' | -   -   নী  -  | সা'  -   -   -  | ধ   -   নী  -
নী   -   -   রা  | -   -   গ   -  | নী   -   -   -  | মেন  -   যে  -

সা'  রে' -   রে' | -   -   সা' -  | নী রে' সা' নী   | ধ   -   ধ   -
স    ম   -   ঝা  | -   -   তু  -  | মহা  -   -   -  | রী  -   -   -

-    -   ধ   -   | -   প   -   ম  | ম    -   -   -  | -   -   সা'  রে'
-    -   পা  -   | -   য   ল   ব  | জী   -   -   -  |

ম'   -   রে' সা' | -   নী  ধ ধ প  | ম    -   -   ধ  | ধ   -   ধ   -
-    -   -   -   | -   -   -   -  | -    -   -   ও  | জি  স   কী

ধ    -   -   ধ   | -   তো  ধ   -  | ধ   নী  সা'  রে'| ম'  ধ'  -   প'
পা   -   -   য   | ল   ধনী  পে  -  | -   প   ম   ম ম |
```

	১	২	৩	৪	১	২	৩	৪	১	২	৩	৪	১	২	৩	৪
স্বর	ম'	গ'	রে'	সা'	গ'	রে'	সা'	নী	ধ	-	-	ধ	ধ	স	ধ	-
বাণী	-	-	-	-	-	-	-	-	-	-	-	ও	জি	স	কী	-
স্বর	ধ	-	-	ধ	-	-	ধ	-	ধ	-	-	-	প	-	ম	-
বাণী	পা	-	-	য	ল	-	পে	-	হম	-	-	-	দিল	-	লু	-
স্বর	রে	ম	-	ধ	-	-	ধধ	-	ধ	-	-	-	প	-	ম	-
বাণী	টা	-	-	তে	-	-	র	-	হে	-	-	-	জান	-	লু	-
স্বর	রে	ম	-	ধ	-	-	ধধ	-	ধ	-	-	-	ধ	-	সা'	-
বাণী	টা	-	-	তে	-	-	র	-	হে	-	-	-	যে	-	ব	-
স্বর	সা'	রে'	-	রে'	-	-	সা'	-	নী	রে'	সা'	নী	ধ	-	ধ	-
বাণী	তা	-	-	দো	-	-	ক	-	হী	-	-	-	তুম	-	-	-
স্বর	-	-	ধধ	ধধ	-	ধ	-	নী	ধ	-	-	-	ধ	স	ধ	-
বাণী	-	-	ব	হী	-	তে	-	ন	হী	-	-	-	জি	স	কে	-
স্বর	ধধ	ধ	-	ধ	ধধ	ধ	-	ধ	ধ	-	-	ধ	প	-	ম	-
বাণী	রো	-	-	জ	রো	-	-	জ	গী	-	-	ত	হম	-	ম	-
স্বর	রে	ম	-	ধ	-	-	ধধ	-	ধ	-	-	-	প	-	ম	-
বাণী	গা	-	-	তে	-	-	র	-	হে	-	-	-	গুন	-	গু	-
স্বর	রে	ম	-	ধ	-	-	ধধ	-	ধ	-	-	-	ধ	-	সা'	-
বাণী	না	-	-	তে	-	-	র	-	হে	-	-	-	যে	-	ব	-
স্বর	সা'	রে'	-	রে'	-	-	সা'	-	নী	রে'	সা'	নী	ধ	-	ধ	-
বাণী	তা	-	-	দো	-	-	কি	-	হী	-	-	-	তুম	-	-	-
স্বর	-	-	ধধ	ধধ	-	ধ	-	নী	ধ	-	-	ধ	প	-	ধ	-
বাণী	-	-	ব	হী	-	তে	-	ন	হী	-	-	-	-	-	-	x2

```
-   -   ধ  ধ  ধ | -  প  -  ম | ম  -  -  - |
-   -   ব  হ্ী | -  তো -  ন | হ্ী -  -  x2 |
```

ইন্টরলুড: রে' রে' প--- সা' রে'   রে'রে' প সা'
　　　　　 হো হো হো--- ও ও   হোহো হো ও -2

ফ্লুট: ম ম প ধ প ধ--- ধ--- পম ম—প ম—প ম—
　　　 ধ--- পম- রে-ম রে-ম রে--- মপধপম------

```
                                          ধ  -  নী  -
                                          যে  -  ম  -

সা' সা'  -  সা' | -  -  নী  - | সা' নী  -  ধ | -  -  ম  -
 হ   ক   -  তে | -  -  ব   - |  হ   ক  -  তে| -  -  হৃ  -

 ধ   -   -  সা' | -  -  নী  - | সা'  -  -  - | ধ  -  নী  -
 এ   -   -  রা | -  -  স   - |  তে  -  -  - | খু ল  গ  -

সা' রে'  -  রে' | -  -  রে' - | গ়'  রে'  -  সা' | -  -  নী  -
 যে  -   -  আ  | -  -  প   - | হ্ী  -   -  প্যা| -  -  র  -

সা'  -   -  ধ  | -  -  ধ্‌ধ - | ধ   -   -  - | ধ  -  নী  -
 কে  -   -  বা | -  -  স   - | তে  -   -  - | দে  -  র  -

সা'  -   -  সা' | -  -  নী  - | সা'  -  -  - | ম  ধ  -  ভ
 হ্ী  -  -  হেন | -  -  প   - | তা   -  -  - | ম  দ  ভ  -

 ধ   -   -  সা' | -  -  নী  - | সা'  -  -  - | ধ  -  নী  -
 রী  -   -  বা | -  -  দি  - | য়ান  -  -  - | জে  -  সে  -

সা' রে'  -  রে' | -  -  সা' - | নী রে' সা' নী | ধ  -  ধ  -
 প   হ   -  লে | -  -  ভী  - | হম  -   -  - | তুম -  -  -

 -   -   ধ  ধ  | -  প  -  ম | ম   -   -  - | ধ ধ  ধ  -
 -   -   মি লে | -  হো -  য | হ্যান -  -  - | কি ত  নে  -

ধ্‌ধ ধ  -  ধ্‌ধ | -  -  ধ  - | -   -   -  - | ধ ধ  ধ  -
 জন  -   -  মো | -  -  সে - | রে'  -  -  - | কি ত  নে  -
```

বিনোদ কুমার

ধধ / জন	ধ / -	- / -	ধ / মো	- / -	- / -	ধ / সে	- / -	ধ / জি	- / -	ধ / স	- / -	প / কো	- / -	ম / বু	- / -
রে / লা	ম / -	- / -	ধ / তে	- / -	- / -	ধধ / র	- / -	ধ / হে	- / -	- / -	- / -	প / আ	- / -	ম / জ	- / -
রে / মা	ম / -	- / -	ধ / তে	- / -	- / -	ধধ / র	- / -	ধ / হে	- / -	- / -	- / -	ধ / যে	- / -	সা় / ব	- / -
সা় / তা	রে় / -	- / -	রে় / দো	- / -	- / -	সা় / ব	- / -	নী / তা	- / -	সা় / দো	ধ / -	ধ / যে	- / -	সা় / ব	- / -
সা় / তা	রে় / -	- / -	রে় / দো	- / -	- / -	সা় / ক	- / -	নী / হী	রে় / -	সা় / -	নী / -	ধ / তুম	- / -	ধ / -	- / -
- / -	- / -	ধধ / ব	ধধী / হী	- / -	ধ / তো	- / -	নী / ন	ধ / হী	- / -	- / -	- / -	প / -	- / -	- / -	- / -
- / -	- / -	ধধ / ব	ধধী / হী	- / -	প / তো	- / -	ম / ন	ম / হী	- / -	- / -	x2	- / -	- / -	- / -	x2

23. জীবন চলনে কা নাম

ফিল্ম: শর(1972)	সংগীতকার: লক্ষ্মীকান্ত প্যারেলাল
গীতকার: ইন্দরজীত সিংহ তুলসী	গায়ক: মহেন্দ্র কপূর, মন্না ডে
তাল: কহরবা	কোরড: সাগপ সা=F

জীভন চলনে কা নাম চলতে রহো সুবহ শাম

কে রস্তা কত জায়েগা মিতরা কে বাদল ছঁত জায়েগা মিতরা

কে দুঃখ সে ঝুকনা না মিতরা কে ইক পল রুকনা না মিতরা

জীভন চলনে কা নাম চলতে রহো সুবহ শাম

জো জীভন সে হার মানতা উসকী হো গয়ী ছুট্টি

নাক চধা কর কহে জিন্দগী তেরী মেরী হো গয়ী কুট্টি

কে রুঠা যার মনা মিতরা কে যার কোযার বনা মিতরা

ন খুদ সে রহো খফা মিতরা খুদী সে বনে খুদা মিতরা

জীভন চলনে কা নাম চলতে রহো সুবহ শাম

হো হো হো

উজলী উজলী ভোর সুনাতি তুতলে তুতলে বোল

অন্ধকার মে সুরজ বৈঠা অপনী গঠরী খোল

কে উসসে আঁখ লডা মিতরা, সময সে হাথ মিলা মিতরা

কে হো জা কিরণ কিরণ মিতরা কে চলতা রহে চরণ মিতরা

জীভন চলনে কা নাম চলতে রহো সুবহ শাম

মেন চলী শাম কে রং মহল মে তপতী হুই দুপহরী

মিলী গগন সে সাজ কী লালী লেকর রুপ সুনহরী

কে রাত বিখর জায়েগী মিতরা কে বাত নিখর জায়েগী মিতরা

কে সুরজ চধ জায়েগা মিতরা কাফিলা বধ জায়েগা মিতরা

জীভন চলনে কা নাম চলতে রহো সুবহ শাম

হিম্মত অপনা দীন ধরম হাই হিম্মত হাই ইমান

হিম্মত অল্লা হিম্মত বাহেগুরু হিম্মত হাই ইমান

কে ইস পে মরতা জা মিতরা কে সজদা করতা জা মিতরা

কে শীশ ঝুকাতা চল মিতরা কে জগ পর ছাতা জা মিতরা
জীভন চলনে কা নাম চলতে রহো সুবহ শাম

জীবন চলনে কা নাম

ধা	গে	ন	তি	ন	কে	ধি	ন	ধা	গে	ন	তি	ন	কে	ধি	ন
1	2	3	4	5	6	7	8	1	2	3	4	5	6	7	8

প্রিলুড: ম ------ রে ম গ –

নী --- সা' নী ধ, নী নী নী নী—সা' নী ধ

নী নী ধ নী সা'-------

সা	-	প	-	-	-	ম	-	গ	-	গ	-	গ	-	-	-
জী	-	বন	-	-	-	চ	ল	নে	-	কা	-	না	-	-	ম
সা	-	প	-	-	-	ম	-	গ	-	গ	-	গ	-	-	-
চ	ল	তে	-	-	-	র	হো	সু	ব	হো	-	শা	-	-	ম
-	-	-	সা'	সা'	-	সা'	-	প	-	প	সা'	নী	-	ধ	প
-	-	-	কে	র	স	তা	-	ক	ট	জা	যে	গা	-	মি	ত
ধ	-	-	নী	নী	-	নী	-	গ	-	গ	নী	ধ	-	প	মে
রা	-	-	কে	বা	-	দ	ল	ছ	ট	জা	যে	গা	-	মি	ত
প	-	-	ধ	ধ	-	ধ	-	রে	রে	রে	ধ	প	-	ম	গ
রা	-	-	কে	দু	খ	সে	-	ঝু	ক	না	-	না	-	মি	ত
ম	-	-	প	প	প	প	-	রে	রে	রে	প	ম	-	গ	গ
রা	-	-	কে	ই	ক	প	ল	রু	ক	না	-	না	-	মি	ত
গ	-	-	-	-	-	-	-								
রা	-	-	-	-	-	-	-								

ইন্টারলুড: সা গ গ ম প – মগরে

সা গ গ গ ম- গরেগ

ম'	গ'	প'	ম'	ম'	গ'	প'	ম'	ম'	গ'	প'	ম'				
ম'	গ'	প'	ম'	ম'	গ'	প'	ম'	ম'	গ'	প'	ম'	ম'	গ'	প'	ম'

Bar 1	Bar 2	Bar 3	Bar 4
রে - গ -	গ - ম -	প - প ম	- ম গ -
জো - জী -	ব ন সে -	হা - র মা	- ন তা -
রে - গ -	গ - ম -	প - প -	ম - - -
উ স কী -	হো - গ য়ী	ছু - টি -	- - - -
ম - ম ধ	ধ - ধ -	প প - সা'	- সা' সা' -
না - ক চ	ঢা - ক র	ক হে - জিন্	- দ গী -
প প প প	ম - ম গ	গ - গ সা'	সা' - সা' -
তে রী মে রী	হো - গ য়ী	কু - টি কে	রু - ঠা -
প - প সা'	নী - ধ প	ধ - - নী	নী - নী নী
যা - র ম	না - মি ত	রা - - কে	যা - র কো
গ - গ নী	ধ - প মে	প - - ধ	ধ ধ ধ -
যা - র ব	না - মি ত	রা - - ন	খু দ সে -
রে রে - ধ	প - ম গ	ম - - প	প - প -
র হো - খ	ফা - মি ত	রা - - খু	দী - সে -
রে রে - প	ম - গ গ	গ - - -	- - - -
ব নে - খু	দা - মি ত	রা - - -	- - - -
সা - প -	- - ম -	গ - গ -	গ - - -
জী - বন -	- - চ ল	নে - কা -	না - - ম

ইন্টরলুড:

গ ম গ --- ম প ম ---

ধধ ধধ ধধ ধনীধ   রেগরে গমগ

ধধ ধধ ধধ ধনীগ

গ' ম' গ' রে' গ' নী—সা'ধ—

নীসা'নীধ নী-ধ- মধপমগ

Bar 1	Bar 2	Bar 3	Bar 4
প		ম	গ
ও		ও	ও

বিনোদ কুমার

রে	রে	গ	-	গ	গ	ম	-	প	-	প	ম	ম	-	গ	-
উ	জ	লী	-	উ	জ	লী	-	ভো	-	র	সু	না	-	তী	-
রে	রে	গ	-	গ	গ	ম	-	প	-	-	-	ম	-	-	-
তু	ত	লে	-	তু	ত	লে	-	বো	-	-	-	-	-	-	ল
ম	-	ম	ধ	-	ধ	ধ	-	প	-	প	প	প	সা′	সা′	-
অঙ্	-	ধ	কা	-	র	মে	-	সু	-	র	জ	বই	-	ঠা	-
প	প	প	-	ম	ম	ম	-	গ	-	গ	সা′	সা′	-	সা′	-
অ	প	নী	-	গ	ঠ	রী	-	খো	-	ল	কে	উ	স	সে	-
প	-	প	সা′	নী	-	ধ	প	ধ	-	-	নী	নী	-	নী	নী
আঁ	-	খ	ল	ড়া	-	মি	ত	রা	-	-	স	ম	য	সে	-
গ	-	গ	নী	ধ	-	প	মে	প	-	-	ধ	ধ	ধ	ধ	ধ
হা	-	থ	মি	লা	-	মি	ত	রা	-	-	কে	হো	-	জা	-
রে	রে	-	ধ	প	-	ম	গ	ম	-	-	প	প	-	প	-
কি	র	ন	কি	র	ন	মি	ত	রা	-	-	কে	চ	ল	তা	-
রে	রে	-	প	ম	-	গ	গ	গ	-	-	-	-	-	-	-
র	হে	-	চ	রন	-	মি	ত	রা	-	-	-	-	-	-	-
সা	-	প	-	-	-	ম	-	গ	-	গ	-	গ	-	-	-
জী	-	বন	-	-	-	চ	ল	নে	-	কা	-	না	-	-	ম

ইন্টরলুড: গ গ ম প - ম গমরে

গ ম ধ – পম প- মগ গ-গ গ-গ গ—

গ- গ′- রে′- সা′- নী- ধ-

প- সা′- নী- ধ- প- ম- গ-

গ-গ ম প- ম গমরে   গ ম ধ – পম

প- মগ গ-গ গ-গ গ—

ধ	ধধ	নীধ	প	মরেমগ	গগ	গ়গ়সা
মেন	চলী	শ্যাম	কে	রং----গ	মহল	মে----

নীসা'সা' নীসা' নীরে'সা'নীধ্ধনীধ
তপতী হৃঈ দুপ—হ রী ---

ধ্‌ধ ধ্নীধ ধ নীধ ম রেমম
মিলী গগন সে সাজ কী লা-লী

ম	ম	-	ধ	ধ	-	ধ	-	প	-	প	সা'	সা'	-	সা'	-
মি	লী	-	গ	গ	ন	সে	-	সা	-	জ	কী	লা	-	লী	-
প	-	প	-	ম	-	ম	ম	গ	-	গ	সা'	সা'	-	সা'	সা'-
লে	-	ক	র	রু	-	প	সু	ন	হ	রী	কে	রা	-	ত	বি
প	-	প	সা'	নী	-	ধ	প	ধ	-	-	নী	নী	-	নী	নী
খ	র	জা	যে	গী	-	মি	ত	রা	-	-	কে	বা	-	ত	নি
গ	-	গ	নী	ধ	-	প	মে	প	-	-	ধ	ধ	-	ধ	ধ
খ	র	জা	যে	গী	-	মি	ত	রা	-	-	কে	সু	-	র	জ
রে	রে	রে	ধ	প	-	ম	গ	ম	-	-	প	-	প	প	-
চ	ঢ	জা	যে	গা	-	মি	ত	রা	-	-	কা	-	ফি	লা	-
রে	-	রে	প	ম	-	গ	গ	গ	-	-	-	-	-	-	-
ব	ঢ	জা	যে	গা	-	মি	ত	রা	-	-	-	-	-	-	-
সা	-	প	-	-	-	ম	-	গ	-	গ	-	গ	-	-	-
জী	-	বন	-	-	-	চ	ল	নে	-	কা	-	না	-	-	ম
রে	-	গ	গ	গ	গ	ম	-	প	-	প	ম	ম	-	গ	-
হি	ম	ম	ত	অ	প	না	-	দী	-	ন	ধ	র	ম	হাই	-
রে	-	গ	গ	গ	-	ম	-	প	-	-	-	ম	-	-	-
হি	ম	ম	ত	হাই	-	ঈ	-	মা	-	-	-	-	-	-	ন
ম	-	ম	ধ	ধ	-	ধ	-	প	-	প	প	প	সা'	সা'	সা'
হি	ম	ম	ত	অ	ল	লা	হ	হি	ম	ম	ত	বা	হে	গু	রু

প	প	প	প	ম	-	ম	-	গ	-	-	সা'	সা'	-	সা'	-
হি	ম	ম	ত	হাই	-	ভ	গ	বা	-	ন	কে	ই	স	পে	-
প	-	প	সা'	নী	-	ধ	প	ধ	-	-	নী	নী	-	নী	-
ম	র	তা	-	জা	-	মি	ত	রা	-	-	কে	স	জ	দা	-
গ	-	গ	নী	ধ	-	প	মে	প	-	-	ধ	ধ	-	ধ	ধ
ক	র	তা	-	জা	-	মি	ত	রা	-	-	কে	সী	-	স	ঝু
রে	-	রে	ধ	প	-	ম	গ	ম	-	-	প	প	-	প	-
কা	-	তা	-	চ	ল	মি	ত	রা	-	-	কে	জ	গ	প	র
রে	-	রে	প	ম	-	গ	গ	গ	-	-	-	-	-	-	-
ছা	-	তা	-	জা	-	মি	ত	রা	-	-	-	-	-	-	-
সা	-	প	-	-	-	ম	-	গ	-	গ	-	গ	-	-	-
জী	-	বন	-	-	-	চ	ল	নে	-	কা	-	না	-	-	ম

24. ঝুকে জো তেরে নাইনা

ফিল্ম: কন্যগন (1971)	সংগীতকার: কল্যানজী আনন্দজী
গীতকার: অনজান	গায়ক: মহেন্দ্র কপূর, উশা খন্না
তাল: কহরবা	কোরড: পনীরে' সা=C

ঝুকে জো তেরে নাইনা
তো চুডি তেরী খনকী যে পাযল তেরী ছনকী
যে তেরী মেরী প্রীত গোরী হাই বাল পন কী

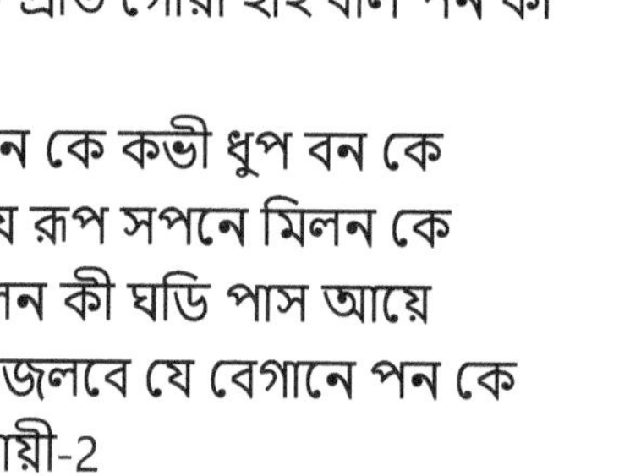

কলী জো খিলেগী তো খুশবু উডেগী
ছুপে ফুল ফির ভী না খুশবু ছুপেগী
ছুপা লে যে ফুলোন সা মুখডা কহীন হু
লগন তেরে মন কী তো ছুপ না সকেগী
উডা জো তেরা আনচল-2
তো চুডি তেরী খনকী যে পাযল তেরী ছনকী
যে তেরী মেরী প্রীত গোরী হাই বাল পন কী

কভী ছান্ভ বন কে কভী ধুপ বন কে
দিখাতা হাই যে রূপ সপনে মিলন কে
মগর জব মিলন কী ঘডি পাস আযে
তো দিখলাযে জলবে যে বেগানে পন কে
জো লত লহরায়ী-2
তো চুডি তেরী খনকী যে পাযল তেরী ছনকী
যে তেরী মেরী প্রীত গোরী হাই বাল পন কী

বিনোদ কুমার

ঝুকে জো তেরে নাইনা

পপ ধ নীরে' নীরে' নীপ
ঝুকে জো তেরে নাই- না--

প্রিলুড: প'--- রে' গ' ম' গ' রে' নীনীনীনীনীনীনী ------
নী রে' গ' ম' গ' রে' রে' গ' রে' নী প---

ধা	গে	ন	তি	ন	কে	ধি	ন	ধা	গে	ন	তি	ন	কে	ধি	ন
1	2	3	4	5	6	7	8	1	2	3	4	5	6	7	8
														প	-
														ঝু	-
প	-	ধ	-	নী	-	রে'	-	নী	রে'	-	-	-	-	-	-
কে	-	জো	-	তে	-	রে	-	নাই	-	-	-	-	-	-	-
নী	-	প	-	-	-	প	-	প	-	ধ	-	নী	-	রে'	-
না	-	-	-	-	-	হ্ন	-	হ্ন	-	হ্ন	-	হ্ন	-	হ্ন	-
নী	রে'	-	-	-	-	-	-	নী	-	প	-	-	-	প	-
হ্ন	-	-	-	-	-	-	-	হ্ন	-	-	-	-	-	ঝু	-
প	-	ধ	-	নী	-	রে'	-	নী	রে'	-	রে'	-	-	রে'	-
কে	-	জো	-	তে	-	রে	-	নাই	-	-	না	-	-	তো	-
নী	-	নী	গ'	-	গ'	-	রে'	নী	-	-	নী	-	-	নী	-
চু	-	ডি	-	-	তে	-	রী	খ	ন	-	কী	-	-	যে	-
নী	-	নী	গ'	-	গ'	-	রে'	নী	-	-	নী	-	-	ধ	-
পা	-	য	ল	-	তে	-	রী	ছ	ন	-	কী	-	-	যে	-
ধ	-	ধ	-	ধ	-	ধ	-	-	-	-	-	-	-	ধ	-
তে	-	রী	-	মে	-	রী	-	ধি	তা	-	ধি	তা	-	যে	-
গ	-	গ	-	ধ	-	ধ	-	ধ	-	-	ধ	ধ	-	ধ	-
তে	-	রী	-	মে	-	রী	-	ধ্রী	-	-	তা	গো	-	রী	-

```
নী   ধ    নী   -   | -    ধ    -    প   | প    -    -    প   | -    -    প    -
হাই  -    -    -   | -    বা   -    ল   | প    ন    -    কী  | -    -    যে   -

গ    -    গ    -   | ধ    -    ধ    -   | ধ    -    -    ধ   | ধ    -    ধ    -
তে   -    রী   -   | মে   -    রী   -   | প্রী  -    -    ত   | গো   -    রী   -

রে'  সা'  নী   রে' | -    ধ    -    প   | প    -    -    প   | -    -    প    -
হাই  -    -    -   | -    বা   -    ল   | প    ন    -    কী  | -    -    ঝু   -

প    -    ধ    -   | নী   -    রে'  -   | নী   রে'  -    -   | -    -    -    -
কে   -    জো   -   | তে   -    রে   -   | নাই  -    -    -   | -    -    -    -

নী   -    প    -   | -    -    প    -   | প    -    ধ    -   | নী   -    রে'  -
না   -    -    -   | -    -    হুন  -   | হুন  -    হুন  -   | হুন  -    হুন  -

নী   রে'  -    -   | -    -    -    -   | নী   -    প    -   | -    -    -    -
হুন  -    -    -   | -    -    -    -   | হুন  -    -    -   | -    -    -    -
```

ইন্টরলুড:
ফ্লুট: প প প – ধনীধ ধ-নীসা'নী
          নী- সা'রে' সা' - নী----- ধ- প-
          প প প – ধনীধ ধ-নীসা'নী
          নী- সা'রে' সা' - নী-----
বায়লিন: রে' রে' ধ--- প---   নীরে'রে'রে' ধ--- প----

```
                                                               রে'  -
                                                               ক    -

রে'  -    -    -   | -    -    -    -   | -    -    -    নী  | -    -    প    -
লী   -    -    -   | -    -    -    -   | -    -    -    জো  | -    -    খি   -

ধ    -    -    প   | -    -    -    -   | -    -    -    -   | -    -    নী   -
লে   -    -    গী  | -    -    -    -   | -    -    -    -   | ক    -

নী   -    -    নী  | -    -    নী   -   | নী   রে'  -    রে' | -    -    রে'  -
লী   -    -    জো  | -    -    খি   -   | লে   -    -    গী  | -    -    তো   -
```

নী	নী	-	নী	-	-	নী	-	নী	রে'	-	রে'	-	-	রে'	-
খু	শ	-	বু	-	-	উ	-	ড়ে	-	-	গী	-	-	ছু	-
রে'	নী	-	নী	-	-	নী	-	নী	রে'	-	রে'	-	-	রে'	-
পে	-	-	ফু	-	-	ল	-	ফি	র	-	ভী	-	-	ন	-
রে'	গ'	-	রে'	-	-	রে'	-	রে'	-	-	রে'	-	-	-	-
খু	শ	-	বু	-	-	ছু	-	পে	-	-	গী	-	-	-	-

ফ্লুট: রে'গ'গ' রে'- রে'- রে'- নীরে' নীরে' - রে'গ'গ' রে'- রে'- রে'--

														রে'	-
														ছু	-
নী	-	-	নী	-	-	নী	-	নী	রে'	-	রে'	-	-	রে'	-
পা	-	-	লে	-	-	যে	-	ফু	-	-	লো	-	-	সা	-
নী	নী	-	নী	-	-	নী	-	নী	রে'	-	রে'	-	-	রে'	-
মু	খ	-	ড়া	-	-	ক	-	হী	-	-	তু	-	-	ল	-
রে'	গ'	-	গ'	-	-	গ'	-	ম'	ম'	-	রে'	-	-	রে'	-
গ	ন	-	তে	-	-	রে		ম	ন	-	কী	-	-	তো	-
-	-	রে'	গ'	-	রে'	-	রে'	রে'	-	-	রে'	-	-	-	-
-	-	ছু	প	-	না	-	স	কে	-	-	গী	-	-	-	-
নী	রে'	নী	গ'	গ'	-	গ'	-	রে'	-	-	-	প	-	ধ	-
ও	-	-	-	ও	-	ও	-	ও	-	-	-	আ	-	হা	-
নী	-	-	-	ধ	-	ধ	-	প	-	-	-	-	-	প	-
হা	-	-	-	হা	-	হা	-	হা	-	-	-	-	-	উ	-
প	-	ধ	-	নী	-	রে'	-	নী	রে'	-	-	-	-	-	-
ড়া	-	জো	-	তে	-	রা	-	আঁ	-	-	-	-	-	-	-
নী	-	প	-	-	-	প	-	প	রে'	ধ	রে'	নী	-	রে'	-
চল	-	-	-	-	-	হুন	-	হুন	-	হুন	-	হুন	-	হুন	-

Block 1

Type	1	2	3	4
স্বর	নী	রে'	-	-
বোল	হুন	-	-	-
স্বর	প	-	ধ	-
বোল	ড়া	-	জো	-
স্বর	নী	-	নী	গ'
বোল	চ্চ	-	ডি	-
স্বর	নী	-	নী	গ'
বোল	পা	-	য	ল
স্বর	ধ	-	ধ	-
বোল	তে	-	রী	-
স্বর	গ	-	গ	-
বোল	তে	-	রী	-
স্বর	নী	ধ	নী	-
বোল	হাই	-	-	-
স্বর	গ	-	গ	-
বোল	তে	-	রী	-
স্বর	রে'	সা'	নী	রে'
বোল	হাই	-	-	-
স্বর	প	-	ধ	-
বোল	কে	-	জো	-
স্বর	নী	-	প	-
বোল	না	-	-	-
স্বর	নী	রে'	-	-
বোল	হুন	-	-	-

Block 2

Type	1	2	3	4
স্বর	-	-	-	-
বোল	-	-	-	-
স্বর	নী	-	রে'	-
বোল	তে	-	রা	-
স্বর	-	গ'	-	রে'
বোল	-	তে	-	রী
স্বর	-	গ'	-	রে'
বোল	-	তে	-	রী
স্বর	ধ	-	ধ	-
বোল	মে	-	রী	-
স্বর	ধ	-	ধ	-
বোল	মে	-	রী	-
স্বর	-	ধ	-	প
বোল	-	বা	-	ল
স্বর	ধ	-	ধ	-
বোল	মে	-	রী	-
স্বর	-	ধ	-	প
বোল	-	বা	-	ল
স্বর	নী	-	রে'	-
বোল	তে	-	রে	-
স্বর	-	-	প	-
বোল	-	-	হুন	কে
স্বর	-	-	-	-
বোল	-	-	-	-

Block 3

Type	1	2	3	4
স্বর	নী	-	প	-
বোল	হুন	-	-	-
স্বর	নী	রে'	-	রে'
বোল	আঁ	-	-	চ
স্বর	নী	খ	নী	-
বোল	ছ	ন	-	কী
স্বর	নী	-	নী	-
বোল	ছ	ন	-	কী
স্বর	-	-	-	-
বোল	-	-	-	-
স্বর	শ্রী	ধ	-	ধ
বোল	প	ন	-	কী
স্বর	শ্রী	ধ	-	ধ
বোল	প	ন	-	কী
স্বর	প	-	-	প
বোল	প	ন	-	কী
স্বর	নী	রে'	-	-
বোল	নাই	-	-	-
স্বর	নী	রে'	-	-
বোল	হুন	কী	হুন	-
স্বর	নী	-	প	-
বোল	হুন	-	-	-

Block 4

Type	1	2	3	4
স্বর	-	-	প	-
বোল	-	-	উ	-
স্বর	-	-	রে'	-
বোল	ল	-	তো	-
স্বর	-	-	নী	-
বোল	-	-	যে	-
স্বর	-	-	ধ	-
বোল	-	-	যে	-
স্বর	-	-	ধ	-
বোল	-	-	যে	-
স্বর	ধ	-	ধ	-
বোল	গো	-	রী	-
স্বর	-	-	প	-
বোল	-	-	যে	-
স্বর	ধ	-	ধ	-
বোল	গো	-	রী	-
স্বর	-	-	প	-
বোল	-	-	ঝু	-
স্বর	নী	-	রে'	-
বোল	হুন	-	হুন	-
স্বর	নী	-	রে'	-
বোল	হুন	-	হুন	-
স্বর	-	-	-	-
বোল	-	-	-	-

বিনোদ কুমার

ইন্টরলুড: নী রে' ধ নী--- নী রে' ধ নী
নীরে রে'রে' রে'গ' গ'ম' ম'গ' গ'রে' -x2
প' প' প' রে'- গ' ম' প'ম'গ' ম'গ'রে' গ'রে'রে' -2
রে' নী নী প---

```
রে'  -   -   -   |  -   -   -   -   |  -   -   -   -   |  -   -   রে'  =
ভী   -   -   -   |  -   -   -   -   |  -   -   -   -   |  -   -   ক    -

ব    ধ   -   প   |  -   প   -   -   |  -   -   -   -   |  -   -   প    -
ব    -   ন   -   |  কে  -   -   -   |  -   -   -   -   |  -   -   ব    -

নী   -   -   নী  |  -   -   নী  -   |  নী  রে'  -   রে' |  -   -   নী   -
ভী   -   -   ছান্ |  -   -   ব   -   |  ব   ন   -   কে  |  -   -   ক    -

নী   -   -   নী  |  -   -   নী  -   |  নী  রে'  -   রে' |  -   -   রে'  -
ভী   -   ধু  ধু  |  -   -   প   -   |  ব   ন   -   কে  |  -   -   দি   -

নী   -   -   নী  |  -   -   নী  -   |  নী  রে'  -   রে' |  -   -   রে'  -
খা   -   -   তা  |  -   -   হাই -   |  যে  -   -   রু  |  -   -   প    -

রে'  গ'  -   রে' |  -   -   রে'  -  |  রে'  -   রে'  -  |  রে'  -   -    -
স    প   -   নে  |  -   -   মি   -  |  ল   -   ন    -  |  কে   -   -    -
```

ফ্লুট: রে'গ'গ' রে'- রে'- রে'- নীরে' নীরে' রে'গ'গ' রে'- রে'- রে'—

```
                                                            রে'  -
                                                            ম    -

নী   -   -   নী  |  -   নী  নী  -   |  নী  রে'  -   রে' |  -   -   রে'  -
গর   -   জ   -   |  ব   মি  -   ল   |  ন   -   কী  -    |  -   ঘ   -    -

নী   -   -   নী  |  -   -   নী  -   |  নী  রে'  -   রে' |  -   -   রে'  -
ডি   -   -   পা  |  -   -   সি  -   |  আ   -   -   যে   |  -   -   তো   -

রে'  গ'  -   গ'  |  ধ   -   নী  -   |  গ'  ধ   -   ম'  |  ম'  -   রে'  -
দি   খ   -   লা  |  -   রে'  রে'  যে |  -   জ   ল   -   |  বে  -   যে   -
```

মহেন্দ্র কপুর কে 51গীতন কী সরগম

–	–	রে'	গ'	–	রে'	–	রে'	রে'	–	রে'	–	রে'	–	–	–
–	–	বে	–	–	গা	–	নে-	প	–	ন	–	কে	–	–	–
নী	–	গ'	–	গ'	–	গ'	–	রে'	–	–	–	প	–	ধ	–
ও	–	ও	–	ও	–	ও	–	ও	–	–	–	আ	–	হা	–
নী	–	–	–	ধ	–	ধ	–	প	–	–	–	–	–	প	–
হা	–	–	–	হা	–	হা	–	হা	–	–	–	–	–	জো	–
প	–	ধ	–	নী	–	রে'	–	নী	রে'	–	–	নী	–	রে'	–
ল	–	ট	–	ল	–	হ	–	রা	–	–	–	হন	–	হন	–
নী	–	প	–	–	–	প	–	প	–	ধ	–	নী	–	রে'	–
ঈ	–	–	–	–	–	হন	–	হন	–	হন	–	হন	–	হন	–
নী	রে'	–	–	–	–	–	–	নী	–	প	–	–	–	প	–
হন	–	–	–	–	–	–	–	হন	–	–	–	–	–	জো	–
প	–	ধ	–	নী	–	রে'	–	নী	রে'	–	রে'	–	–	রে'	–
ল	–	ট	–	ল	–	হ	–	রা	–	–	ঈ	–	–	তো	–
নী	–	নী	গ'	–	গ'	–	রে'	নী	ন	–	নী	–	–	নী	–
চু	–	ডি	–	–	তে	–	রী	খ	–	–	কী	–	–	যো	যে
নী	–	নী	গ'	–	গ'	–	রে'	নী	ন	–	নী	–	–	নী	–
পা	–	য	ল	–	তে	–	রী	ছ	–	–	কী	–	–	যে	–
ধ	–	ধ	–	ধ	–	ধ	–	ধি	তা	–	ধি	তা	–	ধ	–
তে	–	রী	–	মে	–	রী	–	–	–	–	–	–	–	যে	–
গ	–	গ	–	ধ	–	ধ	–	ধ	–	–	ধ	ধ	–	ধ	–
তে	–	রী	–	মে	–	রী	–	প্রী	–	–	ত	গো	–	রী	–
নী	ধ	নী	–	–	ধ	–	প	প	ন	–	প	রে'	–	–	–
হাই	–	–	–	–	বা	–	ল	প	ন	–	কী	কে	–	–	–

বাকী উপর কী তরহ বজাএঁ

25. কব তলক সম্মা জলী

ফিল্ম: পেন্টর বাবু (1983)	সংগীতকার: জগদীশ খন্না,উত্তম সিংহ
গীতকার: কতীল শিফাই	গাযক: মহেন্দ্র কপূর, লতা
তাল: কহরবা	কোরড: সাগপ সাগধ় গপনী সা=D#

গজল

কব তলক শম্মা জলী যাদ নহীন
শাম এ গম কইসে ধলী যাদ নহীন

ইস কদর যাদ হাই অপনে থে সভী
কিসনে কয়া চাল চলী যাদ নহীন

হম জমানে মে কুছ অইসে ভতকে
অব তো উনকী ভী গলী যাদ নহীন

অব্র থা জাম থা পর আপ ন থে
ভো ঘড়ি কইসে তলী যাদ নহীন

কত গয়ী উম্র কিসী তরহা কতী
ভো বুরী থী কে ভলী যাদ নহীন

কব তলক সম্মা জলী

ধা	গে	ন	তি	ন	কে	ধি	ন	ধা	গে	ন	তি	ন	কে	ধি	ন
1	2	3	4	5	6	7	8	1	2	3	4	5	6	7	8

প্রিলুড: .রে.গ.ম.প.ধ.নী সা রে গ ম প ধ নী সা' রে' গ'
প'ম'গ'প' সা'নীধনী মগ রেগ

সাগ সাগ গপনী-- সা'নীসা'নীধ- নীধনীধ- ধনীধপ
উঁ উঁ আআআ-- আ-আ-আ- ও-----

পমগ রে সারেগ-
ও-ও ও- ও- ও----

ময়ুসিক: সা সা গ গ ম ম ম প ম গ সা' সা' ধধ প মম পমগ--

1	2	3	4	5	6	7	8	1	2	3	4	5	6	7	8
				গ	গ	ম	গ	-	-	-	গ	-	ম	গ	ম
				কব	ত	ল	ক	-	-	-	শম্	-	মা	-	জ
প	-	ম	গ	-	-	-	প	-	ম	-	গ	গ	-	রে	সা
লী	-	-	-	-	-	-	যা	-	দ	-	ন	হী	-	-	-2
গ	প	নী	-	ধ	-	-	-	সা'	সা'	নী	ধ	নী	ধ	-	-
শা	মে	গম	-	কই	-	-	-	সে	ঢ	লী	-	-	-	-	-
গ	প	নী	-	ধ	-	-	-	সা'	সা'	নী	ধ	নী	ধ	-	রে'
শা	মে	গম	-	কই	-	-	-	সে	ঢ	লী	-	-	-	-	যা
-	সা'	-	নী	সা'	-	নী	ধ	সা'	সা'	সা'	-	সা'	-	-	-
-	দ	-	ন	হী	-	-	-	শা	মে	গম	-	কই	-	-	-
সা'	সা'	নী	ধ	নী	নী	ধ	প	ধ	ধ	প	মে	প	-	-	-
সে	ঢ	লী	-	যা	-	-	-	-	-	দ	ন	হী	-	-	-
				গ	গ	ম	গ	-	-	-	গ	-	ম	গ	ম
				কব	ত	ল	ক	-	-	-	শম্	-	মা	-	জ
প	-	ম	গ	-	-	-	প	-	ম	-	গ	গ	-	রে	সা
লী	-	-	-	-	-	-	যা	-	দ	-	ন	হী	-	-	-

1	2	3	4	5	6	7	8	9	10	11	12	13	14	15	16
গ	গ	ম	গ	-	-	-	গ	-	ম	গ	ম	প	-	ম	গ
শা	মে	গম	-	-	-	-	কই	-	সে	-	ট	লী	-	-	-
-	-	-	সা'	-	প	-	ম	গ	-	-	-				
-	-	-	যা	-	দ	-	ন	হী	-	-	-				
ধ	ধ	ধ	ধ	-	-	ধ	-	ধ	ধ	ধ	ধ	প	ম	প	-
ইস	ক	দ	র	-	-	যা	-	দ	হাই	অ	প	নে	-	-	-
ম	গ	গ	-	ধ	-	-	-	ধ	ধ	ধ	ধ	ধধ	নী	ধ	ধ
থে	স	ভী	-	-	-	-	-	ইস	ক	দ	র	যা	-	-	-
ধ	ধ	প	প	মপ	ম	প	-	-	-	ম	গ	গ	-	-	-
দ	হাই	অ	প	নে	-	-	-	-	-	থে	স	ভী	-	-	-
ধ	ধ	ধ	ধ	ধ	ধ	-	নী	নী	-	সা'	সা'	নীসা'	-	নী	-
ইস	ক	দ	র	যা	-	-	দ	হাই	-	অ	প	নে	-	-	-
সা'	-	নী	ধ	ধ	ম	প	গ	গ	প	নী	-	ধ	-	-	-
-	-	থে	স	ভী	-	-	-	কিস	নে	কয়া	-	চা	-	-	-
সা'	সা'	নী	ধ	নী	ধ	-	-	গ	প	নী	-	ধ	-	-	-
ল	চ	লী	-	-	-	-	-	কিস	নে	কয়া	-	চা	-	-	-
সা'	সা'	নী	ধ	নী	ধ	-	রে'	-	সা'	-	নী	সা'	-	নী	ধ
ল	চ	লী	-	-	-	-	যা	-	দ	-	ন	হী	-	-	-
সা'	সা'	সা'	-	সা'	-	-	-	সা'	সা'	নী	ধ	নী	নী	ধ	প
কিস	নে	কয়া	-	চা	-	-	-	ল	চ	লী	-	যা	-	-	-
ধ	ধ	প	মে	প	-	-	-	গ	গ	ম	গ	-	-	-	গ
-	-	দ	ন	হী	-	-	-	কুব	ত	ল	ক	-	-	-	শম্
-	ম	গ	ম	প	-	ম	গ	-	-	-	প	-	ম	-	গ
-	মা	-	জ	লী	-	-	-	-	-	-	যা	-	দ	-	ন

গ	-	রে	সা	গ	গ	ম	গ	-	-	-	গ	-	ম	গ	ম
হী	-	-	-	শা	মে	গম	-	-	-	-	কই	-	সে	-	ঢ
প	-	ম	গ	-	-	-	সা'	-	প	-	ম	গ	-	-	-
লী	-	-	-	-	-	-	যা	-	দ	-	ন	হী	-	-	-

গ   পসা'ধ ধ ধ ধধ‑ধ   মমগ
হম জমানে মে কুছ ঐসে‑‑ ভটকে

ধ ধধসা'সা' সা' সা' সা'নীনীসা'রে' নীধধসা'‑ নীধ
হম জমা‑নে মে কুছ ঐ‑সে‑‑‑‑‑   ভটকে‑‑‑‑‑‑‑‑

ধ ধনীরে'সা' সা' সা' সা'নীনীসা'রে' নীধধ পগ
হম জমানে মে কুছ ঐ‑সে‑‑   ভটকে‑‑‑

গ প নীনীধ প প মপগ   গ গ প নীনীধ
অব তো উনকী অব তো উনকী হ্যান অব তো উনকী

সা' সা' সা'সা'সা' নী সা'নীধ নীনীধপধধপ মেপ
অব তো উনকী ভী গলী‑ যা‑‑‑‑‑‑‑‑দ নহী

গ   গমগ গমগ মপ‑ মগ পম গগ‑রেসা
কব তলক শম্মা‑ জলী‑‑‑‑ যাদ নহী

গ গ ম‑গ গ ম‑গ মপ‑মগ সা'প মগ
শাম এ গম‑ কইসে‑‑ ঢলী‑‑‑ যাদ নহী

গ ‑‑‑গ‑ মপমপগ‑‑‑‑ ধ‑‑‑‑ নীসা'নীসা'ধ
আ‑‑‑‑‑‑‑‑‑‑‑‑‑‑‑‑‑‑‑‑‑‑‑‑‑‑‑

গ'‑‑সা'নী গ' সা'নী সা' প‑‑‑

সা'নীসা'ধসা'‑‑‑‑ নীধ ধপধপ গ‑‑
ও‑‑‑‑‑‑‑‑‑‑‑‑‑‑‑‑‑

ধধ   ধ সা ধ ধ সা ধ ধপধপ ম গ
অবর থা জাম থা পর আ--প ন থে

  ধধ   ধ ধধ   ধ
অবর থা জাম থা

সা রে নী নীসা -ধ ধনীপ পধম মপগ---ধ
ও------------------------------

ধধ   ধ ধধধনী নী সা সা সা নীনীসা নী   ধ ধ ধ ধনী ধ ধ ধ
অবর থা জাম থা পর   আ-------প ন থে---------

ধধ   ধ ধধধধনী নী সা সা   নীনীসা -----নী   ধ ধ পগ
অবর থা জা---ম থা পর   আ---------প ন থে-----

গ পনী ধসা সা নী ধনীপ
ভো ঘডি কইসে টলী-------

গ   পনী ধরে সা সা নীধনীধ রে সা নীসা
ভো ঘডি কই-সে টলী------ যাদ   নহী

সা সাসা সা -সা সা নীধ নীনীধপধধপ মেপ
ভো ঘডি কই-সে টলী- যা--------দ নহী

গ   গমগ   গমগ মপ- মগ পম গগ-রেসা
কব তলক শম্মা- জলী---- যাদ নহী

 গ   গ ম-গ গম-গ   মপ-মগ সা প মগ
শাম এ গম- কইসে-- ঢলী--- যাদ নহী

নী নী নীসা নী সা নী   ধ ধ ধ ধ নী ধ ধনী ধ
লা লা লা লা লা লা লা   লা লা লা লা লা লা লা

সারংগী: প সা ------ প- মগ-

গ   পসা' ধধ ধধধ ধপ   মগ
কট গঙ্ঈ উম্ব কিসী তরহ কটে

ধ   ধসা' সা'সা' নীনীধনী-সা' নীনী ধধনী-ধ
কট গঙ্ঈ   উম্ব   কিসী-----   তরহ কটে---

ধ   নীরে' সা'সা' নীনীধনী-সা' নীনী   ধধ-পগ
কট গঙ্ঈ উম্ব কিসী-----   তরহ কটে---

গ পনী ধ প পমপ মগ গ   গ পনী ধ
ভো বুরী থী ভো বুরী- থী- হ্যান ভো বুরী থী

সা' সা'সা' সা' সা' সা'নীধ নীনীধপধধপ মেপ
ভো বুরী   থী কে ভলী- যা--------দ   নহী

গ   গমগ   গমগ   মপ- মগ পম গগ-রেসা
কব তলক শম্মা- জলী----   যাদ নহী

গ   গ   ম-গ   গম-গ   মপ-মগ
শাম এ গম- কইসে-- ঢলী---   -5

নীসা'---- নীসা'নীধ ধনীরে'----- নীসা'ধপ সা'- ধ--- মপমগ
আ-------------   আ--------------   আ-------------

সা'মপ   মগ
যা--দ   নহী

26. কানহাইয়া কানহাইয়া তুঝে আনা পদেগা

ফিল্ম: মালিক (1972)	সংগীতকার: কল্যানজী আনন্দজী
গীতকার: রাজেন্দ্র কৃষন	গায়ক: মহেন্দ্র কপূর
তাল: কহরবা	কোরড: নীরে'ম' সা=C#

কনহাইয়া কনহাইয়া তুঝে আনা পডেগা
বচন গীতা বালা নিভানা পডেগা

গোকুল মে আয়া মথুরা মে আ
ছাভি প্যারী প্যারী কহীন তো দিখা
অরে সানবরে দেখ আ কে জরা
সুনী সুনী পডি হাই তেরী দ্বারিকা

জমুনা কে পানী মে হলচল নহীন
মধুবন মে পহলা সা জলথল নহীন
বহীন কুঞ্জ গলিয়ান বহী গোপিযান
ছলকতী মগর কোই গাগর নহীন

কোই তেরী গঞ্যা কা বালী নহীন
অমানত তেরী যে সমভালী নহীন
কই কনস ভারত মে পইদা হুএ
কপত সে কোই ঘর ভী খালী নহীন

কানহাইয়া কানহাইয়া তুঝে আনা পদেগা

ধা	গে	ন	তি	ন	কে	ধি	ন	ধা	গে	ন	তি	ন	কে	ধি	ন
1	2	3	4	5	6	7	8	1	2	3	4	5	6	7	8

প্রিলুড:

সা'রে'সা' ম'----------- প' ম' গ'----

সা'গ' গ' রে'-----------নীসা' সা' নী ধ নী---- সা' নী---

ধা	গে	ন	তি	ন	কে	ধি	ন	ধা	গে	ন	তি	ন	কে	ধি	ন
1	2	3	4	5	6	7	8	1	2	3	4	5	6	7	8
														নী	-
														ক্র	-
নী	-	-	নী	-	-	নী	-	নী	-	নী	-	নী	-	নী	-
হাই	-	-	যা	-	-	ক্র	-	হাই	-	যা	-	তু	-	ঝে	-
ধ	নী	-	সা'	-	-	নী	-	ধ	-	-	-	ধ	-	-	-
আ	-	-	না	-	-	প	-	ড়ে	-	-	-	গা	-	-	-
ধ	নী	-	সা'	-	-	নী	-	ধ	-	-	-	ধ	-	ধ	-
আ	-	-	না	-	-	প	-	ড়ে	-	-	-	গা	-	ব	-
ধ	নী	-	সা'	-	-	সা'	-	সা'	-	-	নী	-	-	সা'	-
চ	ন	-	গী	-	-	তা	-	বা	-	-	লা	-	-	নি	-
রে'	-	-	সা'	-	-	নী	-	নী	-	-	-	নী	-	-	-
ভা	-	-	না	-	-	প	-	ড়ে	-	-	-	গা	-	-	-

ইন্টরলুড:

ম নী নী নী নী- নী-

ধনীসা'—নী ধ-- ধনীসা'—নী ধ—

ধ নী সা' সা' সা'- নী- সা'-

রে'- সা' নী নী—সা'

রে'- সা' নী নী—

ধা	গে	ন	তি	ন	কে	ধি	ন	ধা	গে	ন	তি	ন	কে	ধি	ন
1	2	3	4	5	6	7	8	1	2	3	4	5	6	7	8
রে'	-	-	রে'	-	রে'	রে'	-	রে'	-	-	-	সা'	-	-	-
গো	-	-	কু	-	ল	মে	-	আ	-	-	-	যো	-	-	-
রে'	রে'	-	সা'	-	-	নী	-	নী	-	-	-	-	-	রে'	-
ম	থু	-	রা	-	-	মে	-	আ	-	-	-	-	-	ছ	-

রে' - - রে' | - - রে' - | রে' - - সা' | - - সা' -
বী - - প্যা | - - রী - | প্যা - - রী | - - ক -

রে' - - সা' | - - নী - | নী - - - | - - - -
হী - - তো | - - দি - | খা - - - | - - - -

গ'গ' গ'গ'গ'------------------- রে'গ'ম'—গ' রে' সা' নী
অরে সা'বরে

অ -
গ'

গ' - - গ' | - - গ' - | গ' - - - | গ' - - গ'
রে - - সা' | - - ব - | রে - - - | দে - - খ

রে' গ' - ম' | - - গ' - | রে' - - - | ম' - ম' -
আ - - কে | - - জ - | রা - - - | সু - নী -

ম' প' - ম' | - - গ' - | ম' - - রে' | - - সা' -
সু - - নী | - - প - | ডি - - হাই | - - তে -

রে' - - সা' | - - নী - | নী - - - | - - নী -
রী - - দ্বা | - - রি - | কা - - - | - - ক্ল -

নী - - নী | - - নী - | নী - নী - | - - - -
হাই - - যা | - - ক্ল - | হাই - যা - | - - - -

ইন্টরলুড:
সা'রে'সা' ম'------------ প' ম' গ'----
সা'গ' গ' রে'----------নীসা' সা' নী ধ নী---- সা' নী---

ধ নী - সা' | - - সা' - | সা' - - সা' | - - নী -
জ মু - না | - - কে - | পা - - নী | - - মে -

ধ নী - সা' | - - সা' - | সা' - - রে' সা' - নী -
হ ল - চ | ল - ন - | হী - - - | - - - -

ধ নী - সা' | - - সা' - | সা' - - - | - - - -
হ ল - চ | ল - ন - | হী - - - | - - - -

ধ নী - সা' | - - সা' - | সা' - - সা' | - - নী -
ম ধু - ব | - ন মে - | প হ - লা | - - সা -

ধ নী - সা' | - - সা' - | সা' - - রে' | সা' - নী -
জ ল - থ | - ল ন - | হী - - - | - - - -

ধ নী - সা' | - - সা' - | সা' - - - | - - - -
জ ল - থ | - ল ন - | হী - - - | - - - -

গ'গ' গ'গ' গ'গ'গ'---------------------- রে'গ'ম'—গ' রে' সা' নী
বহী কুঞ্জ গলিয়ান

গ' - ব -

গ' - - গ' | - - গ' - | গ' - - গ' | - - গ' -
হী - - কুন্ | - - জ - | গ লি - য়ান | - - ব -

রে' গ' - ম' | - - গ' - | রে' - - - | - - ম' -
হী - - গো | - - পি - | য়ান - - - | - - ছ -

ম' প' - ম' | - - গ' - | রে' - - সা' | - - সা' -
ল ক - টে | - - ম - | গ র - কো | - - ঈ -

রে' - - সা' | - - নী - | নী - - - | - - - -
গা - - গ | - র ন - | হী - - - | - - - -

ইন্টরলুড:
ম নী নী নী নী- নী-
ধনীসা'—নী ধ-- ধনীসা'—নী ধ—
ধ নী সা' সা' সা'- নী- সা'-
রে'- সা' নী নী—সা'
রে'- সা' নী নী—

রে' -
কো -

রে' - - রে' | - - রে' - | রে' - - সা' | - - সা' -
ঈ - - তে | - - রী - | গাই - - য়া | - - কা -

রে' বা	–	–	সা' লী	–	–	নী ন	–	নী হী	–	–	–	নী	–	রে' অ	–
রে' মা	–	–	রে' ন	–	রে' ত	রে' যে	–	রে' তে	–	–	সা' রী	–	–	সা' সন্	–
রে' ভা	–	–	সা' লী	–	–	নী ন	–	নী হী	–	–	–	–	–	গ' ক	–
গ' ঙ্গ	–	–	গ' ক্র	–	–	গ' স	–	গ' ভা	–	–	গ' র	–	গ' ত	গ' মে	–
রে' পে	গ'	–	ম' দা	–	–	গ' হৃ	–	রে' যে	–	–	–	–	–	ম' ক	–
ম' প	প' ট	–	ম' সে	–	–	গ' কো	–	ম' ঙ্গ	–	–	রে' ঘ	–	রে' র	সা' ভী	–
রে' খা	–	–	সা' লী	–	–	নী ন	–	নী হী	–	–	–	–	–	নী ক্র	–
নী হাই	–	–	নী যা	–	–	নী ক্র	–	নী হাই	–	নী যা	–	নী তু	–	নী ঝে	–
ধ আ	নী	–	সা' ন	–	–	নী প	–	ধ ডে	–	–	–	ধ গা	–	–	–
ধ আ	নী	–	সা' ন	–	–	নী প	–	ধ ডে	–	–	–	ধ গা	–	ধ ব	–
চ ধ ন ন	নী	–	সা' গী	–	–	সা' তি	–	সা' বা	–	–	নী লা	–	–	সা' নি	–
রে' ভা	–	–	সা' ন	–	–	নী প	–	নী ডে	–	–	–	নী গা	–	–	–

27. করো হরী দর্শ ন

ফিল্ম: হরি দর্শ ন (1972) গীতকার: কবি প্রদীপ তাল: কহরবা	সংগীতকার: কল্যানজী আনন্দজী গাযক: মহেন্দ্র কপূর কোরড: রেমেধ সা=C#

কিতনী হী বার দ্যানিধি নে -2 সংসার কো আ কে উবার লিয়া
জব জব ধরতী পর ধর্ম ঘটা তব তব প্রভু নে অভতার লিয়া
করো হরি দর্শ ন, হরি্দর্শ ন, করো হরি দর্শ ন

যে কহানি ভয়ঙ্কর কাল কী হাই প্রাচীন করোদো সাল কী হাই
শ্ন্খাসুর নাম কা থা দানভ, উসসে ডরতে থে সুর মানব
রাক্ষস থা বডা বিকট বল মে বেদন কো চুরা কে ঘুসা জল মে
ফির প্রভু নে মত্স্য রূপ ধারা পাপী শনখাসুর কো মারা
যে অমৃত মন্থন কী হাই কথা সুর অসুরণ নে সাগর কো মথা
ড়ুবনে লগা পর্ব ত জল মে খলবলী মচী ভু মন্ডল মে
তব হরি নে কুর্ম অভতার লিয়া মন্দরাচল পীঠ পে ধার লিয়া
হরি কী লীলা হাই অজব লোগো দেখো অব দৃশ্য গজব লোগো
ও ধ্ন্ভন্তরি জন্মে সমন্দর সে অমৃত লে আয়ে ভো অন্দর সে
অমৃত কে লিয়ে দানভ ঝগড়ে পর প্রভু নিকলে সব সে তগড়ে
তব প্রভু বনে সুন্দর নারী মোহিনী নাম কী সুকুমারী
জব মতক মতক মোহিনী ডলী দায়ত্যন কী বন্দ হুই বোলী
অসুর কা আসন হিলা দিয়া দেভো কো অমৃত পিলা দিয়া
ফির প্রভু কা প্রিথু অবতার হুআ উনসে ধরতী কা সুধার হুআ
সব নিয়ম ধর্ম কো ঠিইক কিয়া জন জন কা মন নির্ভিক কিয়া

অব সুনো ভক্ত ধ্রুভ কী গাথা ভগবন কো ঝুকা লো সব মাথা
জব ধ্রুভ নে হরি দর্শ ন পায়ে তব উসকে লোচন ভর আয়ে
এক বাল ভাগত নে নিরাকার নারায়ন কো সাকার কিয়া
জব জব ধরতী পর ধরম ঘটা তব তব প্রভু নে অভতার লিয়া
করো হরি দর্শ ন, হরি দর্শ ন, করো হরি দর্শ ন

ও

জব গ্রাহ নে গজ কো পকড় লিয়া উসকে পাইরো কো জকড় লিয়া
তব চক্রপানী পায়দল দোড়ে আ কর উসকে বন্ধন তোড়ে
অউর চক্র সে গ্রাহ কো স্নহারা পল মে গজরাজ কো উদ্ধার
ফির প্রকট হুএ নর নারায়ন থে মহা তাপাস্ভি জগ তারন
উর্ভাসী ভী দেখ বিরক্ত হুই অপ্সরা ভী হরি কী ভক্ত হুই
তব কাম ভী রস্তা নাপ গয়া অউর ক্রোধ ভী মন মে কাঁপ গয়া

হয়গ্রীভ তপস্যা করতা থা হোনে কো অমর ভো মরতা থা
তব মহামায়া সাকার হুই বর দেনে কো তৈয়ার হুই
দানভ নে বচন যে উচ্ছহারে কেভল হয়গ্রীভ মুঝে মারে
হয় শীষ রূপ হরি নে ধারা অর পাপী রাক্ষস কো মারা

ফির হন্স রূপ মে হরি প্রগতে কল্যান হেতু শ্রী হরি প্রগতে
ভগবান নে সব কো শিক্ষা দী, পাবন ভক্তি কী দীক্ষা দী
ফির জগ মে য়গ্য ভগবন আয়ে প্রিথ্ভি পর পারিভার্তন লায়ে
সব ডেভ হভন সে পুষ্ট হুএ প্রাণী সমস্ত সন্তুষ্ট হুএ
ফির প্রভু কপিল অভতার বনে সৃষ্টি কে তারনহার বনে
অপনি মাতা কো জ্ঞান দিয়া জনতা কো সংখ্য প্রদান কিয়া

ফির সনকাদিক অভতার হুএ ভাস্তাভ মে বালক চার হুএ
মত সোচো ভো কেবল বালক থে বড়ে ধরম করম কে পালক থে
জয় বিজয় কো দেকর শ্রাপ বাল ভগবান নে জগ কো তার দিয়া
জব জব ধরতী পর ধরম ঘটা তব তব প্রভু নে অভতার লিয়া
করো হরি দর্শ ন, হরি দর্শ ন, করো হরি দর্শ ন

এক ভক্ত কী ভক্তি নে দেখো প্রিথ্ভি পর স্বর্গ উতার লিয়া
ভগবান বহী করতে হেন ইহান জো মন মে উন্হনে ধার লিয়া
কিতনী হী বার দ্যানিধি নে -2 সংসার কো আ কে উবার লিয়া
জব জব ধরতী পর ধর্ম ঘটা তব তব প্রভু নে অভতার লিয়া
করো হরি দর্শ ন, হরি দর্শ ন, করো হরি দর্শ ন

অব ইক লীলা বাকী দেখো প্রভু বামন কী ঝাঁকি দেখো
বামন নে বলী কী পরীক্ষা লী ভগবন হোকর ভী ভিক্ষা লী
ফির দত্তাত্রেয় অভতার হুআ সারে জগ কা উদ্ধার হুআ
মাতা অনুসূয়া ধন্য হুই সতিয়ন মে সতী অননয় হুই
জব জগ মে পাপ প্রচন্ড বধা অন্যায় বধা পাখনড বধা
তব করনে কো লীলা ললাম প্রগতে প্রিথ্‌ভি পর পরশু রাম
প্রভু পরশু রাম
ইক্কিস বার ক্ষত্রিয় মারে কর দিয়ে নষ্ট পাপী সারে
ফির ত্রেতা মে প্রভু রাম হুএ উনকে দ্বারা কই কাম হুএ
হনুমান উনপে আসক্ত হুএ রঘুপতি কে অনুপম ভক্ত হুএ
সীতা অপমান কা বদলা রাম নে জাকর সাগর পার লিয়া
জব জব ধরতী পর ধর্ম   ঘটা তব তব প্রভু নে অভতার লিয়া
করো হরি দর্শ ন, হরি দর্শ ন, করো হরি দর্শ ন

ফির রিশভ ডেভ অভতার হুএ যে মুক্তি কে আধার হুএ
ইনক তুম তীর্থ ক্কর জানো ত্রিভুভন কে মঙ্গলকর জানো
ফির দ্বাপর মে নন্দলাল জন্মে বস গয়ে ভো জন জন কে মন মে
দুনিয়া কো ইন্হী নে গীতা দী অর কর্ম   যোগ সে জগ জীতা
ফির জগ মে বেদ ব্যাস আয়ে ভন্ডার জ্ঞান কা মুনিভর লায়ে
মহাভারত অর ভাগবত রচি জন সাধারন কো বহুত জ্ন্‌চি
ফির শুদ্ধ বুদ্ধ অভতার হুআ দর্শ ন সে মুগ্ধ সন্সার হুয়া
ভো শান্তি দুত বনকর আয়ে অর মন্ত্র অহিংসা কা লায়ে
অব অন্ত মে কল্কি জান্মেন্‌গে দুশ্টন সে ভো বদলা লেঙ্গে
কলযুগ বদলেগা সতযুগ মে সন্সার জিয়েগা নভযুগ মে
মানভ কে লিয় নিজ মাথে পে হর যুগ মে হরি নে ভার লিয়া
জব জব ধরতী পর ধর্ম   ঘটা তব তব প্রভু নে অভতার লিয়া
করো হরি দর্শ ন, হরি দর্শ ন, করো হরি দর্শ ন

বিনোদ কুমার

করো হরী দর্শ ন

ধা	গে	ন	তি	ন	কে	ধি	ন	ধা	গে	ন	তি	ন	কে	ধি	ন
1	2	3	4	5	6	7	8	1	2	3	4	5	6	7	8
প্রিলুড: পধধ মে- প- ধ- পধধ মে- পমে---- -2															
														মে	মে
														কি	ত
রে	মে	মে	-	মে		মে	মে	প	ধ	ধ	ধ	ধ	-	রে'	=
নী	-	হী	-	বা	-	র	দ	যা	-	নি	ধি	নে	-	সন্	-
রে'	রে'	রে'	ধ	প	-	ধ	ধ	প	ধ	প	মে	মে	-	রে'	রে'
সা	-	র	কো	আ	-	কে	উ	বা	-	র	লি	যা	-	জ	ব
রে'	রে'	রে'	রে'	রে'	-	রে'	রে'	গ'	গ'	রে'	রে'	রে'	-	রে'	রে'
জ	ব	ধ	র	তী	-	প	র	ধ	র	ম	ঘ	টা	-	ত	ব
রে'	রে'	রে'	ধ	ধ	-	ধ	ধ	প	ধ	প	মে	ধ	-	-	-
ত	ব	প্র	ভু	নে	-	অ	ব	তা	-	র	লি	যা	-	-	-
-	-	-	-	-	-	-	-	-	-	-	-	-	-	ধ	ধ
-	-	-	-	-	-	-	-	-	-	-	-	-	-	ক	রো
প	ধ	প	মে	ধ	-	-	-	প	ধ	প	মে	ধ	-	-	ধ
হ	রি	দ	র	শ	ন	-	-	হ	রি	দ	র	শ	ন	-	ক
ধ	রে'	-	-	রে'	-	-	রে'	রে'	-	-	-	ধ	-	-	-
রো	-	-	-	-	-	-	-	-	-	-	-	-	-	-	-

| - | - | প | ধ | - | প | মে | - | মে | - | - | - | - | - | - |
| - | - | হ | রি | - | দ | র | - | শ | ন | - | - | - | - | - |

ইন্টরলুড: গ মে গ ধ ----- প-- গ মে গ মে -2

মে মেরেমে মেমেমেপ পধধ ধ ধ
যে কহানী ভয়নকর কাল কী হাই,

ধপমে মেমেমে পধধ ধ ধ
প্রাচীন করোড় সাল কী হাই

নীনীনীনী নীনী সা' রে' নীধ
শম্খাসুর নাম কা থা দানব,

নীনী নীনীনী নীসা' রে' নীধ
উসসে ডরতে থে সুর মানব

মেমে মে মেমে মেপধ ধধ ধ
রাক্ষস থা বড়া বকিট বল মে,

ধমে মে মেমে মে মেপধ ধধ ধ
বেদো কো চুরা কে ঘুসা- জল মে

গ' গ'গ' গ' গ'গ' ম'গ' গ'রে'
ফির প্রভু নে মত্স্য রুপ ধারা,

গ'রে'গ' রে'ধপধ ধ পমে
পাপী- শম্খাসুর কো মারা-2

নী নীনীনী নীনীনী নী নী নীনীনীরে'- নী-
যে অমৃত ম'থন কী হাই কথা-----,

ধ ধধধ ধ ধপধ প মেমে
সুর অসুরো নে সাগর কো মথা-2

রে'রে'রে' রে'রে' রে'রে'গ'রে' রে'রে' রে'
ড়ুবনে লগা পর্ভত জল মে,

রে'রে'রে'রে' রে'রে' রে'রে' গ'গ'রে' রে'
খলবলী মচী ভু ম'ডল মে

ধধ ধধ ধ ধধ ধধধপ মেধ
তব হরি নে কুর্ম অবতার লিযা,

ধধধধধ ধধ ধ ধপ মেধ
ম'দরাচল পীঠ পে ধার লিযা

পমে মে মেপধ ধ ধপধ পমেমে
হরি কী লীলা হাই অজব লোগোন,

মেমে মেমে পধ ধপধ পমে
দেখো অব দৃশ্য গজব লোগোন

ইন্টরলুড: গ মে গ ধ ----- প-- গ মে গ মে -2

রে'রে'রে'রে'রে'ধপ পমেমেমেমে মেমে মেপধধ ধ
ও------ ধন্ভানরী জনমে সমন্দর সে,

ধপধ প মেমে মে পধধধ ধ
অমৃত লে আযে ভো অঙ্-দর সে

রে'রে'রে' রে' রে'রে' রে'গ'রে' রে'রে'রে'
অমৃত কে লিএ দানব ঝগড়ে,

রে' রে'রে' রে'রে'রে' রে'রে' গ' রে'রে'রে'
পর প্রভু নিকলে সব সে তগড়ে

সা'সা' সা'সা' সা'সা' সা'নীরে'সা' সা'সা'
তব প্রভু বনে সুন্দর নারী,

সা'রে'রে'   সা'সা' সা'নী রে'রে'সা'সা'
মোহিনী   নাম কী সুকুমারী

সা'সা' নীসা'সা' নীধধ পমেমে মেপনী
জব   মটক   মটক মোহিনি ড-লী,

সা'নীসা' নী ধধ পমে মেমে
 দয়ত্যন- কী বন্দ হুঙ্ই বোলী

গ'গ'গ' গ'   গ'গ'   রে'ম'   গ'গ'
অসুরো কা   আসন   হিলা দিযা,

গ'গ' গ' গ'গ'গ' রে'ম' গ'রে'
দেবোঁ কো অমৃত পিলা দিযা

মে   পধ ধ ধধ ধধপধপ মেধ
ফির প্রভু কা পৃথু অবতার হূআ,

পমেপধ ধধধ   ধ ধপধপ মেধ
উনসে- ধরতী কা সুধার হূআ

পপ মেমেমে মেপধ ধ ধপ মেমে
সব   নিযম   ধরম কো ঠিক কিযা,

প মে মে পধ ধধপধপ মেমে
জন জন কা মন নিরভী-ক কিযা-2

পপ মেমে মেমে মেমে পধ ধধ
অব সুনো   ভক্ত   ধ্রুব কী গাথা,

মেমেমেমে মে মেমে মে নীধ ধধ
ভগবন   কো ঝুকা লো সব মাথা

নীনী নী নী নীনী নীনীরে'নী নীনী
জব ধ্রুব নে হরি দরশন পাযে,

নীনী নীনীনী নীনীনী রে'নী নীনী
তব উসকে লোচন ভর আয়ে

পমে মেমে মেমেমে মেপ পধধধ ধপধধ ধ ধপপ মেমে
এক বাল ভগত নে নিরাকার নারায়ণ কো সাকার কিযা

রে'রে' রে'রে' রে'রে'রে' রে'রে' গ'গ'রে' রে'রে'
জব জব ধরতী পর ধরম ঘটা,

রে'রে' রে'রে' রে'ধ ধ ধধপধপ মেধ
তব তব প্রভু নে অবতা-র লিযা

ধধ পধ পমেধ পধ পমেধ ধধ পধ পমেধ
করো হরী দরশন, হরী দরশন, করো হরী দরশন,

ধধরে'-রে'রে'রে'ধ পধ পমেমে
করো........... হরী দরশন

বাকী ঐসে হী বজাএঁ.

28. কিসী পাথর কী মুরত সে

ফিল্ম: হমরাজ (1967)	সংগীতকার: রবি শর্মা
গীতকার: সাহির লুধিয়ানবি	গায়ক: মহেন্দ্র কপূর
তাল: কহরবা	কোরড: মধসা', গপনী, সা=C#

কিসী পাথর কী মুরত সে মোহোবত কা ইরাদা হাই
প্রীন্তিশ কী তমন্না হাই ইবাদত কা ইরাদা হাই

জো দিল কী ধাদকানে সমঝে ন অন্‌খন কী জুবান সমঝে
নজর কী গুফতগু সমঝে ন জ্জ্বন কা বয়ান সমঝে
উসী কে সামনে উসকী শিকায়ত কা ইরাদা হাই

সুনা হাই হর জ্‌ভান পতথর কে দিল মে আগ হতি হাই
মগর জব তক ন ছেড শরমগী পর্দে মে সতী হাই
যে সোচা হাই কি দিল কী বাত উসকে রুবরু কহ দেন
নতীজা কুছ ভী নিকলে আজ আপনিই আরজু কহ দেন
হর এক বেজা তৃকাল্লুফ সে বগাবত কা ইরাদা হাই

মোহোবত বেরুখী সে অর ভাদকেগী ভো কয়া জানে
তবীযত ইস অদা সে অর ফড়কেগী ভো কয়া জানে
ভো কয়া জানে কি অপনা কিস ক্যাম্‌ত কা ইরাদা হাই

কিসী পথ্থর কী মুরত সে

ধা	গে	ন	তি	ন	কে	ধি	ন	ধা	গে	ন	তি	ন	কে	ধি	ন
1	2	3	4	5	6	7	8	1	2	3	4	5	6	7	8

প্রিলুড: ম'ম'রে' সা'নীরে' সা'নীরে' সা'নীরে'
গ'গ'রে' সা'নীসা' নীধসা' নীধসা'
নীসা' ধনী পধ ম--

1	2	3	4	5	6	7	8	1	2	3	4	5	6	7	8
											ম	ধ	-	নী	-
											কি	সী	-	প	-
সা'	-	সা'	-	সা'	-	সা'	সা'	সা'	-	-	সা'	সা'	রে'	সা'	রে'
থ	র	কী	-	মু	-	র	ত	সে	-	-	মু	হ	-	ব্ব	ত
নী	-	-	নী	ধ	প	ধ	নী	নী	-	-	নী	নী	ধ	নী	সা'
কা	-	-	ই	রা	-	দা	-	হাই	-	-	প	র	-	স্তি	শ
নী	ধ	-	ধ	ধ	প	ধ	নী	ধ	প	-	প	ম	প	ম	গ
কী	-	-	ত	ম	-	ন্না	-	হাই	-	-	ই	বা	-	দ	ত
প	-	-	ধ	নী	ধ	প	ম	ম	-	-	ম	ধ	-	নী	-
কা	-	-	ই	রা	-	দা	-	হাই	-	-	কি	সী	-	প	-
সা'	-	সা'	-	সা'	-	সা'	সা'	সা'	-						
থ	র	কী	-	মু	-	র	ত	সে	-						

ইন্টরলুড: ম'ম'রে' সা'নীরে' সা'নীরে' সা'নীরে'
গ'গ'রে' সা'নীসা' নীধসা' নীধসা'
নীসা' ধনী পধ ম—

1	2	3	4	5	6	7	8	1	2	3	4	5	6	7	8
											গ	গ	-	গ	-
											জো	দি	ল	কী	-
-	ম	-	ম	ম	-	ম	ম	ম	ধ	-	ধ	ধ	নী	নী	-
-	ধ	ড়	ক	নে	-	স	ম	ঝে	-	-	ন	আঁ	-	খন	-
ধ	-	-	প	প	ম	ম	ম	ম	প	-	ম	গ	-	গ	-
কী	-	-	জু	বা	-	স	ম	ঝে	-	-	জো	দি	ল	কী	-

স্বর	-	ধ	ম	-	ম	-	ম	-	ম	ধ	-	ধ	ধ	নী	নী	-
শব্দ	-	ধ	ড	ক	নে	-	স	ম	ঝে	-	-	ন	আঁ	-	খন	-
স্বর	ধ	-	-	প	প	ম	ম	ম	ম	-	-	ধ	ধ	-	নী	ধ
শব্দ	কী	-	-	জু	বা	-	স	ম	ঝে	-	-	ন	জ	র	কী	-
স্বর	-	সা'	-	সা'	সা'	-	নী	নী	সা'রে'	গ'	-	গ'	গ'	গ'	রে'	গ'
শব্দ	-	গু	ফ	ত	গু	-	স	ম	ঝে-	-	-	ন	জ	জ	বোন্	-
স্বর	রে'	-	-	সা'	সা'	-	সা'	সা'	নী	সা'	-	ধ	ধ	-	নী	ধ
শব্দ	কা	-	-	ব	য়ান	-	স	ম	ঝে	-	-	ন	জ	র	কী	-
স্বর	-	সা'	-	সা'	সা'	-	নী	নী	সা'রে'	গ'	-	গ'	গ'	গ'	রে'	গ'
শব্দ	-	গু	ফ	ত	গু	-	স	ম	ঝে	-	-	ন	জ	জ	বোন্	-
স্বর	রে'	-	-	সা'	সা'	-	সা'	সা'	সা'	-	-	সা'	সা'	ম'	ম'	-
শব্দ	কা	-	-	ব	য়ান	-	স	ম	ঝে	-	-	উ	সী	-	কে	-
স্বর	ম'	-	-	গ'	গ'	রে'	রে'	সা'	সা'	-	-	সা'	সা'	গ'	রে'	সা'
শব্দ	সা	-	-	ম	নে	-	উ	স	কী	-	-	শি	কা	-	য	ত
স্বর	নী	-	-	ধ	ধ	নী	নী	সা'	সা'	-	-	সা'	সা'	ম'	ম'	-
শব্দ	কা	-	-	ই	রা	-	দা	-	হাই	-	-	উ	সী	-	কে	-
স্বর	ম'	-	-	গ'	গ'	রে'	রে'	সা'	সা'	-	-	সা'	সা'	গ'	রে'	সা'
শব্দ	সা	-	-	ম	নে	-	উ	স	কী	-	-	শি	কা	-	য	ত
স্বর	নী	-	-	প	নী	ধ	প	ম	ম	-	-					
শব্দ	কা	-	-	ই	রা	-	দা	-	হাই	-	-					

ইন্টরলুড: ম'ম'রে' সা'নীরে' সা'নীরে' সা'নীরে'
গ'গ'রে' সা'নীসা' নীধসা' নীধসা'
নীসা' ধনী পধ ম--

গ'	গ	-	গ	-
সু	না	-	হাই	-

-	ম	-	ম	ম	-	প	-	ধ	-	-	ধ	ধ	নী	নী	-
-	হ	র	জ	বা	-	প	-	থ	র	-	কে	দি	ল	মে	-
-	ধ	-	ধ	প	-	প	ম	ম	-	ধ	ধ	ধ	ধ	ধ	ধ
-	আ	-	গ	হো	-	তী	-	হাই	-	ম	গ	র	জ	ব	-
ধ	নী	নী	-	নী	-	নী	-	-	সা'	-	র্ম	নী	নী	-	নী
ত	ক	না	-	ছে	-	ড়	-	-	শ	-	র্ম	গী	প	-	র
ধ	-	ধ	-	প	-	নী	-	ধ	-	ধ	-	ধ	ধ	নী	ধ
দে	-	মে	-	সো	-	তী	নী	হাই	-	যে	-	সো	চা	-	-
সা'	-	-	সা'	সা'	-	সা'	-	-	গ'	-	গ'	গ'	রে'	গ'	-
হাই	-	-	কি	দি	ল	কী	-	-	বা	-	ত	উ	স	কে	-
-	রে'	-	রে'	সা'	-	নী	রে'	সা'	-	-	ধ	ধ	-	নী	ধ
-	রু	-	ব	রু	-	ক	হ	দেন্	-	-	ন	তী	-	জা	-
-	সা'	সা'	সা'	সা'	সা'	সা'	নী	-	গ'	-	গ'	গ'	রে'	গ'	নী
-	কু	ছ	ভী	নি	ক	লে	-	-	আ	-	জ	অ	প	নী	-
-	রে'	-	রে'	সা'	-	নী	রে'	সা'	-	-	সা'	সা'	ম'	ম'	-
-	আ	-	র	জু	-	ক	হ	দেন্	-	-	হর	ই	ক	বে	-
ম'	-	-	গ'	গ'	-	রে'	রে'	সা'	-	-	সা'	সা'	গ'	রে'	সা'
জা	-	-	ত	ক	-	লু	ফ	সে	-	-	ব	গা	-	ব	ত
নী	-	-	ধ	ধ	নী	নী	সা'	সা'	-	-	সা'	সা'	ম'	ম'	-
কা	-	-	ই	রা	-	দা	-	হাই	-	-	হর	ই	ক	বে	-
ম'	-	-	গ'	গ'	-	রে'	রে'	সা'	-	-	সা'	সা'	গ'	রে'	সা'
জা	-	-	ত	ক	ল	লু	ফ	সে	-	-	ব	গা	-	ব	ত
নী	-	-	প	নী	ধ	প	ম	ম	-	-					
কা	-	-	ই	রা	-	দা	-	হাই	-	-					

ইন্টরলুড: ম'ম'রে' সা'নীরে' সা'নীরে' সা'নীরে'
গ'গ'রে' সা'নীসা' নীধসা' নীধসা'
নীসা' ধনী পধ ম--

1	2	3	4	5	6	7	8	9	10	11	12	13	14	15	16
											গ	গ	-	গ	গ
											মো	হো	-	ব্ব	ত
-	ম	-	ম	ম	-	ম	-	ধ	-	-	ধ	ধ	নী	নী	-
-	বে	-	রু	খী	-	সে	-	অউ	-	-	র	ভ	ড়	কে	-
ধ	-	-	ধ	প	-	ম	-	ম	প	-	ধ	ধ	-	নী	ধ
গী	-	-	ভো	কয়া	-	জা	-	নে	-	-	ত	বী	-	য	ত
-	সা'	সা'	সা'	সা'	-	সা'	নী	-	গ'	-	গ'	গ'	রে'	রে'	গ'
-	ই	স	অ	দা	-	সে	-	-	অউ	-	র	ফ	ড়	কে	-
রে'	-	সা'	-	সা'	নী	নী	রে'	সা'	-	-	সা'	সা'	ম'	ম'	-
গী	-	ভো	-	কয়া	-	জা	-	নে	-	-	ভো	কয়া	-	জা	-
গ'	ম'	-	গ'	গ'	রে'	রে'	সা'	-	সা'	গ'	রে'	সা'	-	নী	নী
নে	-	-	কি	অ	প	না	-	-	কি	স	ক	যা	-	ম	ত
ধ	-	-	ধ	ধ	নী	নী	সা'	সা'	-	-	সা'	সা'	ম'	ম'	-
কা	-	-	ই	রা	-	দা	-	হাই	-	-	ভো	কয়া	-	জা	-
গ'	ম'	-	গ'	গ'	রে'	রে'	সা'	-	সা'	গ'	রে'	সা'	-	নী	নী
নে	-	-	কি	অ	প	না	-	-	কি	স	ক	যা	-	ম	ত
ধধ	-	-	প	নী	ধ	প	ম	ম	-	-					
কা	-	-	ই	রা	-	দা	-	হাই	-	-					

২9. খো গয়া হাই মেরা পয়ার

ফিল্ম: হরিযালী অর রাস্তা (1962)	সংগীতকার: শনকর জয়কিশন
গীতকার: হসরত জয়পুরী	গায়ক: মহেন্দ্র কপূর
তাল: দাদরা	কোরড: প নী গ' প নী রে' সা=C#

খো গয়া হাই মেরা পয়ার ধুন্ধ্তা হুন মেন মেরা পয়ার

অইসে তুফান মে ছোড়কর চল দিয়া দিল কো টডকর
গম কী মোজোন মে হায় কোই ছুপ গয়া মুহ কো মোডকর

জিন্দগানী উদাস হাই ভো কহান কিসকে পাস হাই
গহরী নদিয়া বতা দে তু মুঝকো মিলনে কী আস হাই

চলতী সান্সন মে শোর হাই তেরী যাদন কা জোর হাই
ভতকে দিল কো করার নহীন জানে কায়সা যে দাউর হাই

খো গয়া হাই মেরা পয়ার

ধা	ধী	না	ধা	তুন্	না	ধা	ধী	না	ধা	তুন্	না
1	2	3	4	5	6	1	2	3	4	5	6

প্রিলুড: পনী------- পসা' পনী---   পনী------- পসা' পনী---

ধা	ধী	না	ধা	তুন্	না	ধা	ধী	না	ধা	তুন্	না
রে'----											
হো											
		মে	-	মে	-	প	-	ধ	নী	ধ	-
		খো	-	গ	-	যা	-	হাই	মে	রা	-
প	-	-	-	-	-	-	-	-	-	-	-2
প্যা	-	-	-	-	-	-	-	-	-	-	র
-	-	নী	-	নী	-	নী	-	নী	ধ	সা'	-
-	-	খো	-	গ	-	যা	-	হাই	মে	রা	-
নী	-	ধ	প	নী	-	ধ	-	-	-	-	-
প্যা	-	র	মে	রা	-	প্যা	-	-	-	-	র
-	-	মে	মে	মে	-	প	-	ধ	নী	ধ	-
-	-	ধুন্	ঢ	তা	-	হন	-	মেন	মে	রা	-
প	-	-	-	-	-	-	-	নীরে'	-	গ'	-
প্যা	-	-	-	-	র	-	-	খো	-	গ	-
রে'	-	সা'	নী	রে'	-	সা'	-	নী	ধ	প	-
যা	-	হাই	মে	রা	-	প্যা	-	র	মে	রা	-
ধ	-	-	-	-	-	-	-	মে	-	মে	-
প্যা	-	-	-	-	-র	-	-	খো	-	গ	-
প	-	ধ	নী	ধ	-	প	-	-	-	-	-
যা	-	হাই	মে	রা	-	প্যা	-	-	-	-	র

ইন্টরলুড: গ' --- ম' প' ধ' নী' ধ' প' ম'প'গ'
গ'ম'রে' রংগ'সা' সা'রে'নী নীসা'ধ

বিনোদ কুমার

সানী সানী সানী রে'সা' রে'সা' রে'সা'
গ'রে' গ'রে' গ'রে়   রে'গ'ম'প'গ'---

		গ'	-	গ'	-	গ'	-	ম'	-	ম'	-
		ঐ	-	সে	-	তু	-	ফা	-	মে	-
গ'	-	রে'	রে'	সা'	-	-	-	গ'	-	গ'	-
ছো	-	ড়	কর	-	-	-	-	চ	ল	দি	-
গ'	-	ম'	-	ম'	-	গ'	-	রে'	রে'	সা'	-
যা	-	দি	ল	কো	-	তো	-	ড়	কর	-	-
-	-	গ'	-	গ'	-	গ'	-	ম'	-	ম'	-
-	-	গ	ম	কী	-	মাউ	-	জোন	-	মে	-
গ'	-	রে'	রে'	সা'	-	-	-	নী	নী	নী	-
হা	-	য	কো	ঈ	-	-	-	ছু	প	গ	-
নী	-	সা'	-	রে'	-	নী	-	ধ	প	-	রে'
যা	-	মুন্	হ	কো	-	মো	-	ড়	কর	হ	কো
-	-	নী	নী	নী	-	নী	-	সা'	-	রে'	-
-	-	ছু	প	গ	-	যা	-	মুন্	হ	কো	-
নী	-	ধ	প	-	-	ধ	-	মে	-	-	-
মো	-	ড়	কর	-	-	-	-	-	-	-	-
-	-	মে	-	মে	-	প	-	ধ	নী	ধ	-
-	-	খো	-	গ	-	যা	-	হাই	মে	রা	-

পনী------- পসা' পনী---
হোহো   হোহো হোহো

-	-	গ'	-	গ'	-	গ'	-	ম'	-	ম'	-
-	-	জিন্	-	দ	-	গা	-	নী	-	উ	-
গ'	-	রে'	রে'	সা'	-	-	-	গ'	-	গ'	-
দা	-	স	হাই	-	-	-	-	ভো	-	ক	-

A1	A2	A3	B1	B2	B3	C1	C2	C3	D1	D2	D3
গ'	-	ম'	ম'	ম'	-	গ'	-	রে'	রে'	সা'	-
হ্যান	-	কি	স	কে	-	পা	-	স	হাই	-	-
-	-	গ'	-	গ'	-	গ'	-	ম'	-	ম'	-
-	-	গ	হ	রী	-	ন	দি	যা	-	ব	-
গ'	-	রে'	রে'	সা'	-	-	-	নী	নী	নী	-
তা	-	দে	তু	-	-	-	-	মু	ঝ	কো	-
নী	-	সা'	-	রে'	-	নী	-	ধ	প	-	-
মি	ল	নে	-	কী	-	আ	-	স	হাই	-	-
-	-	নী	নী	নী	-	নী	-	নী	-	রে'	-
-	-	মু	ঝ	কো	-	মি	ল	নে	-	কী	-
নী	-	ধ	প	-	-	ধ	-	মে	নী	ধ	-
আ	-	স	হাই	-	-	যা	-	হাই	মে	রা	-
-	-	মে	-	মে	-	প	-	-	-	-	-2
-	-	খো	-	গ	-	যা	-	-	-	-	র
প	-	-	-	-	-	-	-	-	-	-	-
প্যা	-	-	-	-	-	-	-	-	-	-	-
-	-	নী	-	নী	-	নী	-	নী	ধ	সা'	-
-	-	খো	-	গ	-	যা	-	হাই	মে	রা	-
নী	-	ধ	প	নী	-	ধ	-	-	-	-	-
প্যা	-	র	মে	রা	-	প্যা	-	-	-	-	র
-	-	মে	মে	মে	-	প	-	ধ	নী	ধ	-
-	-	ধুন্	ঢ	তা	কে	গুন	-	মেন	মে	রা	-
প	-	-	-	-	-	-	-	-	নী	ধ	-
প্যা	-	কি	-	-	র	পা	-	-	মে	রা	-

30. লাখন হেন ইহান দিলবালে

ফিল্ম: কিসমত (1968)	সংগীতকার: ও. পী. নয়য্যার
গীতকার: এস.এচ. বিহারী	গায়ক: মহেন্দ্র কপূর
তাল: কহরবা	কোরড: রেপনী সা=C#

লাখন হেন ইহান দিলবালে অর পয়ার নহীন মিলতা
আন্‌খন মে কিসী কী বফা কা ইকরার নহীন মিলতা

মহফিল মহফিল জা দেখা হর দিল মে সমাকর দেখা
হর সাজ পে গাকর দেখা দিল কো কহীন চেন ন মিলা
মেন তো দুনিয়া মে পয়ারে একেলা হী রহা

ইস দিল কো কহান লে জায়েন কুছ আপ অগর ফরমায়েন
তো আপকে হম হো জায়েন কহ দো হমে হম্স কে জরা
অজী জা কুছ ভী দিল নে তুমহারে হাই কহা

লাখন হেন ইহান দিলবালে

ঝিন্	চক	ঝিন্	চক	ঝিন্	চক	ঝিন্	চক	ঝিন্	চক	ঝিন্	চক	ঝিন্	চক	ঝিন্	চক
1	2	3	4	5	6	7	8	1	2	3	4	5	6	7	8
														রে	প
														লা	-
নী	-	নী	সা'	নী	প	ধ	প	গ	প	-	-	-	-	ধ	প
খন	-	হেন	য	হ্যান	-	দি	ল	বা	লে	-	-	-	-	অউ	র
রে	-	প	নী	ধ	প	মে	প	ধ	-	-	-	-	-	নী	সা'
প্যা	-	র	ন	হী	-	মি	ল	তা	-	-	-	-	-	আঁ	-
রে'	-	রে'	গ'	রে'	নী	ধ	প	গ	প	সা	-	-	-	সা	সা
খন	-	মে	কি	সী	-	কী	ব	ফা	-	কা	-	-	-	ই	ক

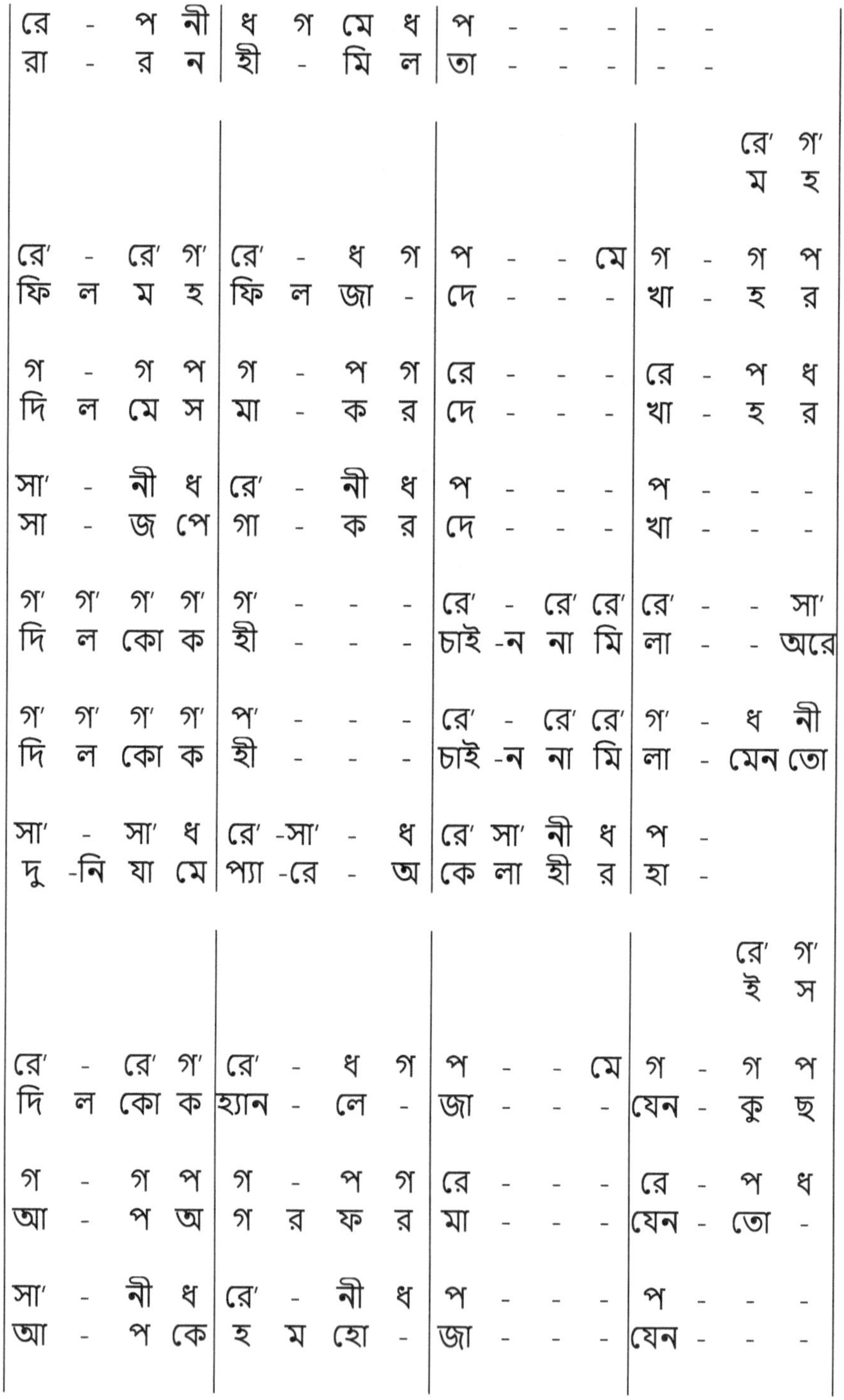

রে	-	প	নী	ধ	গ	মে	ধ	প	-	-	-	-	-		
রা	-	র	ন	হী	-	মি	ল	তা	-	-	-	-	-		
														রে'	গ'
														ম	হ
রে'	-	রে'	গ'	রে'	-	ধ	গ	প	-	-	মে	গ	-	গ	প
ফি	ল	ম	হ	ফি	ল	জা	-	দে	-	-	-	খা	-	হ	র
গ	-	গ	প	গ	-	প	গ	রে	-	-	-	রে	-	প	ধ
দি	ল	মে	স	মা	-	ক	র	দে	-	-	-	খা	-	হ	র
সা'	-	নী	ধ	রে'	-	নী	ধ	প	-	-	-	প	-	-	-
সা	-	জ	পে	গা	-	ক	র	দে	-	-	-	খা	-	-	-
গ'	গ'	গ'	গ'	গ'	-	-	-	রে'	-	রে'	রে'	রে'	-	-	সা'
দি	ল	কো	কে	হী	-	-	-	চাই	-ন	না	মি	লা	-	-	অরে
গ'	গ'	গ'	গ'	প'	-	-	-	রে'	-	রে'	রে'	গ'	-	ধ	নী
দি	ল	কো	কে	হী	-	-	-	চাই	-ন	না	মি	লা	-	মেন	তো
সা'	-	সা'	ধ	রে'	-সা'	-	ধ	রে'	সা'	নী	ধ	প	-		
দু	-নি	যা	মে	প্যা	-রে	-	অ	কে	লা	হী	র	হা	-		
														রে'	গ'
														ই	স
রে'	-	রে'	গ'	রে'	-	ধ	গ	প	-	-	মে	গ	-	গ	প
দি	ল	কো	ক	হ্যান	-	লে	-	জা	-	-	-	যেন	-	কু	ছ
গ	-	গ	প	গ	-	প	গ	রে	-	-	-	রে	-	প	ধ
আ	-	প	অ	গ	র	ফ	র	মা	-	-	-	যেন	-	তো	-
সা'	-	নী	ধ	রে'	-	নী	ধ	প	-	-	-	প	-	-	-
আ	-	প	কে	হ	ম	হো	-	জা	-	-	-	যেন	-	-	-

বিনোদ কুমার

গ'	গ'	গ'	গ'	গ'	–	–	–	রে'	–	রে'	রে'	রে'	–	–	সা'
ক	হ	দো	হ	মে	–	–	–	হ্ন্‌	স	কে	জ	রা	–	–	অরে
গ'	গ'	গ'	গ'	প'	–	–	–	রে'	–	রে'	রে'	রে'	–	ধ	নী
ক	হ	দো	হ	মে	–	–	–	হ্ন্‌	স	কে	জ	রা	–	অ	জী
সা'	-সা'	–	ধ	রে'	-সা'	–	ধ	রে'	সা'	নী	ধ	প	–		
জো	-কু	-ছ	ভী	দিল	-নে	–	তুম	হা	রে	হাই	ক	হা	–		

31. মন তেরা মন্দির

ফিল্ম: ভক্তি মে শক্তি (1979)	সংগীতকার: সোনিক ওমী
গীতকার: ইন্দের্জিত সিংহ তুলসী	গায়ক: মহেন্দ্র কপূর
তাল: কহরবা	কোরড: পন্নীরে' সা=C#

মন তেরা মন্দির আন্খেন দীযা বাতী
হোটন কী হেন থালিয়ান বোল ফুল পাতী
রোম রোম জিহ্ভা তেরা নাম পুকারতী
আরতী ও মাইয়া তেরী আরতী
ও জয়তা ভালিয়ে মা তেরী আরতী

হে মহা লক্ষ্মী মা গুরি তু অপনী আপ হাই জহরী

তেরী কীমত তু হী জানে তু বুরা ভলা পহচানে

যহ কহতে দিন অউর রাতে তেরী লিখী না জায়ে বাতেন

কোই মানে যা না মানে হম ভক্ত তেরে দীবানে

তেরে পান্ভ সারী দুনিয়া পখারতী

হে গুণবনতী সতবনতী হে পতবনতী রসবনতী

মেরী সুননা যে বিন্নতী মেরা চোলা রং দে বসনতী

হে দুঃখ ভঞ্জন সুখ দাতী হমে সুখ দেনা দিন রাতী

জো তেরী মহিমা গায়ে মুন্হ মান্গী মুরাদেন পায়ে

হর আঁখ তেরী ওর নিহারতী

হে মহাকাল মহাশক্তি হমে দে দে অএসী ভক্তি

হে জগজননী মহামায়া হাই তু হী ধুপ অর ছায়া

তু অমর অজর অভিনাশি তু অনমিট পুরনমাসী

সব করকে দূর অন্ধেরে হমে বক্সও নয়ে সবেরে

তু তো ভগতো কী বিগডি স্নভারতী

মন তেরা মন্দির

ধা	গে	ন	তি	ন	কে	ধি	ন	ধা	গে	ন	তি	ন	কে	ধি	ন
1	2	3	4	5	6	7	8	1	2	3	4	5	6	7	8
প্রিলুড: পধনী ধ – পপ – 2															
প	-	-	-	প	-	প	-	প	-	-	-	প	-	প	-
মন	-	-	-	তে	-	রা	-	ম'	-	-	-	দি	-	র	-
প	-	ধ	-	প	-	মে	-	প	-	ধ	-	নী	-	-	-
আঁ	-	খে	-	দি	-	যা	-	বা	-	-	-	তী	-	-	-
সা'	-	সা'	-	সা'	-	সা'	-	নী	-	-	নী	ধ	-	-	-
হো	-	টোন	-	কী	-	হেন	-	থ	-	-	লি	য়ান	-	-	-
সা'	-	-	নী	ধ	-	-	ধ	প	-	-	-	প	-	-	-
বো	-	-	ল	ফু	-	-	ল	পা	-	-	-	তী	-	-	-
সা'	-	-	নী	সা'	-	-	নী	প	-	প	-	প	-	প	-
রো	-	-	ম	রো	-	-	ম	জি	-	হ্বা	-	তে	-	রা	-
নী	-	ধ	-	প	-	মে	-	প	-	-	ধ	নী	-	-	-
না	-	-	-	ম	-	পু	-	কা	-	-	র	তী	-	-	-
ধ	-	নী	-	ধ	-	প	-	প	-	নী	-	নী	-	নী	-
আ	-	-	-	-	-	র	-	তী	-	ও	-	মেন	-	যা	-
ধ	-	নী	-	ধ	-	প	-	প	-	সা'	-	সা'	-	সা'	-
আ	-	-	-	-	-	র	-	তী	-	ও	-	জো	-	তা	-
-	-	নী	-	-	সা'	রে'	-	সা'	-	-	-	নী	-	নী	-
-	-	বা	-	-	লি	যে	-	ম.	-	-	-	তে	-	রী	-
নী	-	ধ	-	-	-	প	-	প	-	-	-	-	-	-	-
আ	-	-	-	-	-	র	-	তী	-	-	-	-	-	-	-
ইন্টরলুড: পধনী ধ – পপ – 2															
-	-	-	-	-	-	-	-	-	-	-	-	-	-	নী	-
-	-	-	-	-	-	-	-	-	-	-	-	-	-	হে	-

নী	নী	-	নী	-	নী	নীনী	-	ধ	-	নী	-	প	-	ধ	-
ম	হা	-	ল	-	ক্ষ	মীম়া	-	গু	-	রী	-	-	-	তু	-
সা'	সা'	সা'	-	নী	-	ধ	প	ধ	ধ	প	-	-	-	নী	নী
অ	প	নী	-	আ	-	প	হাই	জাউ	হ	রী	-	-	-	তে	রী
নী	-	নী	নী	নী	-	নী	-	ধ	-	নী	-	ধ	প	ধ	-
কী	-	ম	ত	তু	-	হী	-	জা	-	নে	-	প	-	তু	-
সা'	সা'	-	সা'	নী	-	ধ	প	ধ	-	নী	-	ধ	প	ধ	-
বু	রা	-	ভ	লা	-	প	হ	জা	-	নে	-	বা	-	নে	-
রে'	রে'	রে'	-	রে'	রে'	রে'	রে'	রে'	-	গ়ে	রে'	সা'	-	সা'	সা'
ক	হ	তী	-	দি	ন	অউ	র	রা	-	তে	-	-	-	তে	রী
সা'	সা'	-	নী	রে'	-	সা'	-	সা'	-	সা'	-	-	-	নী	নী
লি	খী	-	ন	জা	-	যে	-	বা	-	তে	-	-	-	কো	ঈ
নী	-	নী	-	নী	-	নী	-	ধ	-	নী	ধ	প	-	ধ	-
মা	-	নে	-	যা	-	না	-	মা	-	নে	হ	-	-	হ	ম
সা'	-	সা'	সা'	নী	-	ধ	প	ধ	-	প	-	-	-	সা'	সা'
ভ	-	ন্তু	তে	রে	-	দী	-	বা	-	নে	-	-	-	তে	রে
-	-	নী	নী	নী	সা'	রে'	-	নী	-	সা'	-	-	নী	-	নী
-	-	.পা	ব	সা	-	রী	-	দু	-	নি	-	-	যা	-	প
ধ	-	-	-	-	প	-	প	-	-	-	-	-	-	-	-
খা	-	-	-	-	র	-	তী	-	-	-	-	-	-	-	-

ইন্টরলুড: পধনী ধ – পপ – 2

														হে	
														নী	
নী	নী	নী	-	নী	-	নীনী	নী	ধ	-	নী	-	প	-	ধ	-
গু	ণ	বন	-	তী	-	মীস	তত	বন	-	তী	-	-	-	হেহে	-

বিনোদ কুমার

```
স্বর:  সা'  সা'  সা'  -   | নী  -   ধ   প   | ধ   -   প   -   | -   -   নী  নী
গান:   প    ত    বন   -   | তী  -   র   স   | বন  -   তী  -   | -   -   মে  রী

স্বর:  নী   নী   নী   -   | নী  -   -   নী  | ধ   -   নী  -   | ধ   প   ধ   ধ
গান:   সু   ন    না   -   | যে  -   -   বি  | ন্ন -   তী  -   | -   -   মে  রা

স্বর:  সা'  -   সা'  -   | নী  নী  ধ   প   | ধ   -   প   -   | -   -   রে' -
গান:   চো   -   লা   -   | রং  গ   দে  ব   | সন্ -   তী  -   | -   -   হে  -

স্বর:  রে'  রে'  রে'  -   | রে' রে' রে' রে' | রে' -   গ'  রে' | সা' -   সা' সা'
গান:   দু   খ    ভন্  -   | জ   ন   সু  খ   | দা  -   তী  -   | -   -   হ   মে

স্বর:  সা'  সা'  সা'  নী  | রে' -   সা' সা' | সা' -   সা' -   | -   -   নী  -
গান:   সু   খ    দে   -   | না  -   দি  ন   | রা  -   তী  -   | -   -   জো  -

স্বর:  নী   -   নী   -   | নী  নী  নী  -   | ধ   -   নী  ধ   | প   -   ধ   -
গান:   তে   -   রী   -   | ম   হি  মা  -   | গা  -   যে  -   | -   -   মুন্ হ

স্বর:  সা'  -   সা'  সা' | নী  -   ধ   প   | ধ   -   প   -   | -   -   সা' সা'
গান:   ম.া  -   গী   মু  | রা  -   দেন্ -  | পা  -   যে  -   | -   -   হ   র

স্বর:  -    -   নী   -   | নী  সা' -   রে' | সা' নী  সা' -   | -   নী  -   নী
গান:   -    -   আঁ   -   | খ   তে  -   রী  | ও   -   -   -   | -   র   -   নি

স্বর:  নী   -   ধ    -   | -   -   প   -   | প   -   -   -   | -   -   -   -
গান:   হা   -   -    -   | -   -   র   -   | তী  -   -   -   | -   -   -   -
```

ইন্টারলুড: পধনী ধ – পপ – 2

```
                                                             স্বর:  নী
                                                             গান:   হে

স্বর:  নী   নী   -   নী  | -   নী  নী  নী  | ধ   -   ধনী তী? | প   -   ধ   ধ
গান:   ম    হা   -   কা  | -   ল   ম   হা  | শ   ক   তী  -   | -   -   হ   মে

স্বর:  সা'  -   সা'  -   | নী  -   ধ   প   | ধ   -   প   -   | -   -   নী  -
গান:   দে   -   দে   -   | ত্রী -   সী  -   | ভ   ক   তী  -   | -   -   হে  -
```

মহেন্দ্র কপুর কে 51গীতন কী সরগম

নী জ	নী গ	নী জ	নী ন	নী নী	- -	নী ম	নী হা	ধ মা	- -	নী যা	ধ -	প -	- -	ধ হাই	- -
সা' তু	- -	সা' হী	- -	নী ধু	- -প	ধ অউ	প র	ধ ছা	- -	প যা	- -	- -	- -	রে' তু	- -
রে' অ	রে' ম	রে' র	রে' অ	রে' জ	রে' র	রে' অ	রে' বি	রে' না	- -	গ়' শ্রী	রে' -	সা' -	- -	সা' তু	- -
সা' অ	সা' ন	সা' মি	নী ট	রে' পু	- -	সা' র	সা' ন	সা' মা	- -	সা' সী	- -	- -	- -	নী স	নী ব
নী ক	নী র	নী কে	- -	নী দু	- -	নী র	নী অঙ্	ধ ধে	- -	নী রে	ধ -	প -	- -	ধ হ	ধ মে
সা' ব	সা' ক	সা' শো	- -	নী ন	ধ যে	- -	প স	ধ বে	- -	প রে	- -	- -	- -	সা' তু	সা' তো
- -	- -	নী ভ	নী গ	- -	সা' তন	- -	রে' কী	নী বি	- -	সা' গ	- -	নী ডি	- -	- -	নী সন্
ধ বা	- -	- -	- -	- -	- -	প র	- -	প তী	- -	- -	- -	- -	- -	- -	- -

32. মান্গী থী ইক দুআ

ফিল্ম: শক্তি (1982)	সংগীতকার: রাহুল্দেভ বরমন
গীতকার: আনন্দ বকশিই	গায়ক: মহেন্দ্র কপূর
তাল: কহরবা	কোরড: পনীরে' সা=C#

মান্গী থী ইক দুয়া জো কুবূল হো গয়ী
উম্মীদ কী কলী খিল কে ফুল হো গই

হম সচতে থে যে দিল মুফ্‌ত মে দিয়া
কিতনা হসীন মগর তোহফা হমে মিলা
কীমত হমারে পয়ার কী বসুল হো গই
মান্গী থী ইক দুয়া জো কুবূল হো গয়ী

অব কে বহার মে দিল মেরা খিল গয়া
জিসকী থী আরজু ভো মুঝকো মিল গয়া
জন্নত মেরে লিয়ে অব ফিজুল হো গই
মান্গী থী ইক দুয়া জো কুবূল হো গয়ী

মান্‌গী থী ইক দুআ

ধা	গে	ন	তি	ন	কে	ধি	ন	ধা	গে	ন	তি	ন	কে	ধি	ন
1	2	3	4	5	6	7	8	1	2	3	4	5	6	7	8
-	-	-	-	-	-	-	-	-	-	-	-	-	-	প	-
-	-	-	-	-	-	-	-	-	-	-	-	-	-	মা	-
ধ	নী	নী	-	-	ধ	প	প	ধ	নী	-	-	-	ধ	-	প
গী	-	থী	-	-	ই	ক	দু	আ	-	-	-	-	জো	-	কু
ধ	নী	-	-	নী	ধ	-	প	প	-	-	-	-	-	নী	-
বু	-	-	-	ল	হো	-	গ	য়ী	-	-	-	-	-	উম	-
রে'	-	-	-	রে'	রে'	-	রে'	সা'	-	-	-	নী	-	ধ	-
মী	-	-	-	দ	কী	-	ক	লী	-	-	-	খি	ল	কে	-
সা'	-	-	-	সা'	সা'	-	সা'	নী	-	-	-	-	ধ	-	-
ফু	-	-	-	ল	হো	-	গ	য়ী	-	-	-	-	-	-	-
-	-	-	-	-	-	-	-	-	-	-	-	-	-	প	-
-	-	-	-	-	-	-	-	-	-	-	-	-	-	হ	ম
-	-	প	-	প	ধ	-	প	মে	গ	মে	-	ধ	-	-	-
-	-	সো	-	চ	তে	-	থে	যে	-	-	-	দি	ল	-	-
-	-	ধ	ধ	প	নী	-	ধ	প	-	-	-	ধ	-	-	-
-	-	মু	ফ	ত	মে	-	দি	যা	-	-	-	মি	-	-	-
প	প	প	-	প	ধ	নী	ধ	প	মে	গ	-	-	-	ধ	-
কি	ত	না	-	হন্	সী	-	ম	গর	-	-	-	-	-	তো	হ
-	-	ধ	ধ	ধ	রে'	-	ধ	প	-	-	-	-	-	ধ	-
-	-	ফা	-	হ	মে	-	মি	লা	-	-	-	-	-	-	হ
নী	রে'	রে'	রে'	রে'	রে'	-	রে'	সা'	-	-	সা'	নী	-	-	ধ
কী	-	ম	তি	হ	মা	-	রে	প্যা	-	-	র	কী	-	-	ব

	১	২	৩	৪	১	২	৩	৪	১	২	৩	৪	১	২	৩	৪
স্বর	সা'	-	-	-	সা'	সা'	-	সা'	নী	-	-	ধ	-	-	প	-
সাহিত্য	সু	-	-	-	ল	হো	-	গ	য়ী	-	-	-	-	-	মা	-
স্বর	ধ	নী	নী	-	-	-	-	-	-	-	-	-	-	-	-	-
সাহিত্য	গী	-	থী	-	-	-	-	-	-	-	-	-	-	-	-	-
স্বর	প	প	প	-	প	ধ	-	প	মে	গ	মে	-	-	-	ধ	-
সাহিত্য	অ	ব	কে	-	ব	হা	-	র	মে	-	-	-	-	দি	ল	-
স্বর	-	-	ধ	-	ধ	নী	-	ধ	প	-	-	-	-	-	ধ	-
সাহিত্য	-	-	মে	-	রা	খি	ল	গ	যা	-	-	-	-	-	ভো	-
স্বর	প	প	প	-	প	প	ধ	প	মে	গ	-	-	নী	ধ	-	ধ
সাহিত্য	জি	স	কী	-	থী	আ	-	র	জু	-	-	-	অ	ব	-	ফি
স্বর	-	-	ধ	ধ	ধ	ধ	রে'	ধ	প	-	-	-	-	-	-	-
সাহিত্য	-	-	মু	ঝ	কো	মি	ল	গ	যা	-	-	-	-	-	-	-
স্বর	নী	রে'	রে'	রে'	রে'	রে'	-	রে'	সা'	নী	-	-	নী	ধ	-	ধ
সাহিত্য	জ	ন	ন	ত	মে	রে	-	লি	যে	-	-	-	অ	ব	-	ফি
স্বর	সা'	-	-	-	-	সা'	-	সা'	নী	-	-	-	-	-	প	-
সাহিত্য	জু	-	-	-	ল	হো	-	গ	আ	-	-	-	-	-	মা	-
স্বর	ধ	নী	নী	-	-	ধ	প	প	প	-	-	-	-	ধ	-	প
সাহিত্য	গী	-	থী	-	-	ই	ক	দু	য়ী	-	-	-	-	জো	-	কু
স্বর	ধ	ধ	নী	-	নী	ধ	-	প	প	-	-	-	-	নী	-	-
সাহিত্য	বু	-	-	-	ল	হো	-	গ	য়ী	-	-	-	-	উম	-	-
স্বর	রে'	-	-	-	রে'	রে'	-	রে'	সা'	নী	-	-	নী	-	ধ	-
সাহিত্য	ম্মী	-	-	-	দ	কী	-	ক	লী	-	-	-	খি	ল	কে	-
স্বর	সা'	-	-	-	সা'	সা'	-	সা'	নী	-	-	-	ধ	-	প	-
সাহিত্য	ফু	-	-	-	ল	হো	-	গ	য়ী	-	-	-	-	-	মা	-

ধ	নী	নী	-	-	ধ	প	প	ধ	নী	-	-	-	ধ	-	প
গী	-	থী	-	-	ই	ক	দু	আ	-	-	-	-	জো	-	কু
ধ	নী	-	-	নী	ধ	-	প	প	-	-	-	-	-	-	-
বু	-	-	-	ল	হো	-	গ	য়ী	-	-	-	-	-	-	-

33. মেরা পয়ার ভো হাই

ফিল্ম: যে রাত ফির ন আয়েগী (1966)	সংগীতকার: ও. পী. নয়্যার
গীতকার: এস. এচ. বিহারী	গায়ক: মহেন্দ্র কপূর
তাল: কহরবা	কোরড: রেমেধ গপনী
	সা=C#

মেরা পয়ার ভো হাই কে মর কর ভী তুম কো

জুদা অপনী বাহন সে হোনে ন দেগা

মিলী মুঝকো জন্নত তো জন্নত কে বদলে

খুদা সে মেরী জান তুম্হেন মাং লেগা

জমানা তো করবট বদলতা রহেগা নয়ে জিন্দগী কে তরানে বনেন্গে

মিটেগী ন লেকিন মুহাব্বাত হমারী মিটানে কে সৌ সৌ বহানে মিলেন্গে

হকিকত হমেশা হকিকত রহেগী কভী ভী ন ইসকা ফসানা বনেগা

মেরা পয়ার ভো হাই কে মর কর ভী তুম কো

তুম্হে ছীন লে মেরী বাহন সে কোই মেরা পয়ার য়ুন বেসহারা নহীন হাই

তুমহারা বদন চাঁদনী আ কে ছু লে মেরে দিল কো যে ভী গবারা নহীন হাই

খুদা ভী অগর তুমসে আকে মিলে তো

তুমহারী কসম হাই মেরা দিল জলেগা

মেরা পয়ার ভো হাই কে মর কর ভী তুম কো

মেরা পয়ার ভো হাই

ধা	গে	ন	তি	ন	কে	ধি	ন	ধা	গে	ন	তি	ন	কে	ধি	ন
1	2	3	4	5	6	7	8	1	2	3	4	5	6	7	8
										.নী	রে	-	গ	প	মে
										মে	রা	-	প্যা	-	র
গ	-	-	-	গ	-	গ	-	-	-	গ	প	-	প	-	প
ভো	-	-	-	হাই	-	কে	-	-	-	ম	র	-	ক	র	ভী
প	ধ	-	প	ধ	নী	-	-	প	-	প	প	ধ	ধ	নী	নী
তুম	-	-	-	কো	-	-	-	-	-	জু	দা	-	অ	প	নী
প	-	-	ধ	নী	-	নী	-	ধ	-	-	-	প	-	-	মে
বা	-	-	-	হো	-	সে	-	হো	-	-	-	নে	-	-	ন
গ	-	-	-	রে	-	-	-	-	-	.নী	রে	-	গ	প	মে
দে	-	-	-	গা	-	-	-	-	-	মি	লী	-	মু	ঝ	কো
গ	-	-	-	গ	গ	গ	-	-	-	গ	প	-	প	প	প
জন	-	-	-	ন	ত	তো	-	-	-	জন	-	-	ন	ত	কে
প	ধ	ধ	প	ধ	নী	নী	-	-	-	প	প	ধ	ধ	নী	নী
ব	-	দ	-	লে	-	-	-	-	-	খু	দা	-	সে	-	মে
প	-	-	ধ	নী	-	নী	-	ধ	-	-	-	প	-	-	মে
রী	-	-	-	জান	-	তুম	-	হেন্	-	-	-	মা	-	-	গ
গ	-	-	-	রে	-	-	-	-	-	.নী	রে	-	গ	প	মে
লে	-	-	-	গা	-	-	-	-	-	মে	রা	-	প্যা	-	র
গ	-	-	-	গ	-	-	-								
ভো	-	-	-	হাই											

ইন্টরলুড:
সিতার: রে' রে' রে' রে' রে' রে' রে' রে'---   রে' রে' রে' রে' রে' রে' রে'---
নী নী নী রে'—ধ--- রে' রে' ধ--- প—গ---
রে গ প ধ নী রে' রে' নী
গ'----নী ধ ধ ধ --- নী---- ধ---
সন্তুর: গ-- নী রে' নী ধ—গ নী রে' নী ধ
গ ধ ধ ধ গ ধ ধ ধ মে ধ প মে গ—
সিতার: প ধ নী রে' রে' নী---

S1				S2				S3				S4			
-	-	-	-	-	-	-	-	-	-	নী	রে'	-	নী	-	ধ
-	-	-	-	-	-	-	-	-	-	জ	মা	-	না	-	তো
নী	-	নী	-	নী	-	নী	-	-	-	নী	রে'	-	নী	-	ধ
ক	-	র	-	ব	-	ট	-	-	-	ব	দ	ল	তা	-	র
নী	রে'	-	নী	রে'	গ'	-	-	রে'	-	রে'	গ'	-	রে'	-	নী
হে	-	-	-	গা	-	-	-	-	-	ন	যে	-	জিন্	-	দ
রে'	ধ	-	-	নী	-	মে	-	-	-	মে	ধ	-	রে'	-	রে'
গী	-	-	-	কে	-	-	-	-	-	ত	রা	-	নে	-	ব
নী	-	-	-	নী	-	-	-	-	-	নী	রে'	-	নী	-	ধ
নে	-	-	-	গে	-	-	-	-	-	মি	টৌ	-	গী	-	ন
নী	-	-	-	নী	-	-	-	-	-	নী	রে'	-	নী	ধ	ধ
লে	-	-	-	কি	ন	-	-	-	-	মু	হ	ব	ব	ত	হ
নী	রে'	-	নী	রে'	গ'	-	-	রে'	-	রে'	গ'	-	রে'	-	নী
মা	-	-	-	রী	-	-	-	-	-	মি	টা	-	নে	-	কে
রে'	-	নী	-	রে'	-	নী	-	মে	-	মে	ধ	-	রে'	-	রে'
সৌ	-	-	-	সৌ	-	-	-	-	-	ব	হা	-	নে	-	ব
নী	-	-	-	নী	-	-	-	-	-	নী	রে'	-	গ	প	মে
নে	-	-	-	গে	-	-	-	-	-	হ	কী	-	ক	ত	হ

গ – – – | মে গ রে – | – – গ প | – প প প
মে – – – | শা – – – | – – হ কী | – ক ত র

প ধ – প | ধ নী নীধ – | – – প ধ | – নী – ধ
হে – – – | গী – – – | – – ক ভী | – ভী – ন

প – ধ – | নী – নী – | ধ – – – | প – – মে
ই – স – | কা – ফ – | সা – – – | না – – ব

গ – – – | রে – – – | – – ·নী রে | – গ প মে
নে – – – | গা – – – | – – মে রা | – প্যা – র

গ – – – | গ –
ভো – – – | হাই –

ইন্টরলুড:
সিতার: রে' রে' রে' রে' রে' রে' রে' রে'--- রে' রে' রে' রে' রে' রে' রে'---
       নী নী নী রে'—ধ--- রে' রে' ধ--- প—গ---
রে গ প ধ নী রে' রে' নী
গ'----নী ধ ধ ধ --- নী---- ধ---
সন্তুর: গ -- নী রে' নী ধ—গ নী রে' নী ধ
        গ ধ ধ ধ   গ ধ ধ ধ   মে ধ প মে গ—
সিতার: প ধ নী রে' রে' নী---

                        | – – নী রে' | – নী – ধ
                        | – – তু মহে | – ছী – ন

নী – – – | মে – রী – | – – নী রে' | – নী – ধ
ল – – – | মে – রী – | – – বা রে' | – হো – সে

নী রে' – নী | রে' গ' – – | রে' – রে' গ' | – রে' – নী
কো – – – | ঈ – – – | মে – রা – | – প্যা – র

রে' ধ – – | নী – মে – | – – মে ধ | – রে' – রে'
যুন – – – | বে – – – | – – স হা | – রা – ন

নী – – – | নী – – – | – – নী রে' | – নী – ধ
হী – – – | হাই – – – | – – তু মহা | – রা – ব

নী	-	-	-
দন	-	-	-
নী	রে'	-	নী
ছু	-	-	-
রে'	-	নী	-
যে	-	-	-
নী	-	-	-
হী	-	-	-
গ	-	-	-
গর	-	-	-
প	ধ	-	প
লে	-	-	-
প	-	ধ	-
সম	-	-	-
গ	-	-	-
লে	-	-	-
গ	-	-	-
ভো	-	-	-

-	নী	-	নী
-	চাঁ	-	দ
রে'	গ'	-	-
লে	-	-	-
রে'	-	নী	-
ভী	-	-	-
নী	-	-	-
হাই	-	-	-
মে	গ	রে	-
তু	ম	সে	-
ধ	নী	নীধ	-
তো	-	-	-
নী	-	নী	-
হাই	-	মে	-
রে	-	-	-
গা	-	-	-
গ	-	-	-
হাই	-	-	-

রে'	-	-	=
নী	-	-	=
রে'	-	রে'	গ'
-	-	মে	রে
মে	-	মে	ধ
-	-	গ	বা
-	-	·নী	রে
-	-	খু	দা
-	-	গ	প
-	-	আ	-
-	-	প	ধ
-	-	তু	মহা
ধ	-	-	-
রা	-	-	-
-	-	·নী	রে
-	-	মে	রা

-	নী	ধ	ধ
-	আ	-	কে
-	রে'	-	নী
-	দি	ল	কো
-	রে'	-	রে'
-	রা	-	ন
-	প	-	মে
-	ভী	-	অ
-	প	-	প
-	কে	-	মি
-	নী	-	নী
-	রী	-	ক
প	-	-	মে
দিল	-	-	জ
-	গ	প	মে
-	প্যা	-	র

৩৪. মেরা রংগ দে বসন্তী চলা

ফিল্ম: শহীদ (1965)	সংগীতকার: প্রেম ধবন
গীতকার: রাম প্রসাদ বিসমিল	গায়ক: মহেন্দ্র কপূর
তাল: কহরবা	কোরড: গপনী সা=C#

মেরা রং দে বসন্তী চোলা মাএ রং দে বসন্তী চোলা

জিস চোলে কো পহন শিবা জী খেলে অপনি জান পে
জিসে পহন ঝাঁসী কী রানী মিট গই অপনি আন পে

আজ উসী কো পহন কে নিকলা পহন কে নিকলা
আজ উসী কো পহন কে নিকলা হম মস্তন কা টোলা

মেরা রং দে বসন্তী চোলা মাএ রং দে বসন্তী চোলা

মেরা রংগ দে বসন্তী চলা

ধা	গে	ন	তি	ন	কে	ধি	ন	ধা	গে	ন	তি	ন	কে	ধি	ন
1	2	3	4	5	6	7	8	1	2	3	4	5	6	7	8
													গ	গ	গ
													ও	মে	রা
ম	প	প	প	ম	প	ম	গ	গ	-	-	-	ম	প	প	প
রং	গ	দে	ব	সন্	-	তী	-	চো	-	-	-	লা	-	মে	রা
ম	প	প	গ	-	গ	গ	গ	ম	প	প	প	ম	প	ম	গ
রং	গ	দে	-	-	ও	মে	রা	রং	গ	দে	ব	সন্	-	তী	-
গ	-	-	-	ম	প	প	প	-	-	ম	প	-	ম	-	গ
চো	-	-	-	লা	-	ও	যে	-	-	রং	গ	-	দে	-	ব
গ	-	-	-	প	-	ম	গ	গ	-	-	-	-	-	-	-
সন্	-	-	-	তী	-	-	-	চো	-	-	-	-	-	-	-
প	ম	-	-	ম	-	ম	-	-	-	প	ধ	-	প	-	ম
লা	-	-	-	মা	-	যে	-	-	-	রং	গ	-	দে	-	ব
ম	-	-	-	প	-	ম	-	গ	-	-	-	-	-	-	-
সন্	-	-	-	তী	-	-	-	চো	-	-	-	-	-	-	-
গ	-	-	-	-	-	-	-	-	-	-	-	-	-	-	-
লা	-	-	-	-	-	-	-	-	-	-	-	-	-	-	-
ধ	-	ধ	-	ধ	-	প	-	ধ	নী	-	নী	ধ	-	প	-
জি	স	চো	-	লে	-	কো	-	প	হ	ন	শি	বা	-	জী	-
সা়	-	সা়	-	নী	ধ	ধ	-	প	ম	-	প	ধ	-	-	-
খে	-	লে	-	অ	প	নী	-	জা	-	-	ন	পে	-	-	-
ধ	ধ	-	ধ	ধ	-	ধ	প	ধ	নী	নী	-	ধ	-	প	-
জি	সে	-	প	হ	ন	ঝাঁ	-	সী	-	কী	-	রা	-	নী	-

সা' মি	সা' ট	সা' গ	- য়ী	নী অ	ধ প	ধ নী	- -	প আ	ম -	- -	প ন	ধ পে	- -	- -	- -
গ' আ	- -	গ' জ	গ' উ	গ' সী	- -	গ' কো	- -	রে' প	রে' হ	- ন	সা' কে	সা' নি	নী ক	নী লা	- -
নী প	নী হ	- ন	নী কে	সা' নি	সা' ক	গ' লা	- -	রে' আ	- -	সা' আ	- -	নী আ	- -	- -	- -
সা' আ	গ' -	- জ	গ' উ	গ' সী	- -	গ' কো	- -	রে' প	রে' হ	- ন	সা' কে	সা' নি	নী ক	নী লা	- -
সা' হ	- ম	সা' ম	- স	নী তন	- -	ধ কা	- -	প ট	ধ -	ধ লা	- -	গ মে	- -	ম রা	- -
- -	- -	প রং	ধ গ	- -	প দে	- -	ম ব	ম সন্	- -	- -	- -	প তী	- -	ম -	- -
গ চো	- -	- -	- -	- -	- -	- -	- -	গ লা	- -	- -	- -	- -	গ ও	গ মে	গ রা
ম রং	প গ	প দে	প ব	ম সন্	প -	ম তী	গ -	গ চো	- -	- -	- -	ম লা	প -	প ও	- যে
- -	- -	ম রং	প গ	- -	ম দে	- -	গ ব	গ সন্	- -	- -	- -	প তী	- -	ম -	- -
গ চো	- -	- -	- -	- -	- -	- -	- -	গ লা	- -	- -	- -	- -	- -	- -	- -

35. মেরে দেশ কী ধরতী সোনা উগলে

ফিল্ম: উপকার (1967)	সংগীতকার: কল্যানজী আনন্দজী
গীতকার: গুলশন বাবরা	গায়ক: মহেন্দ্র কপূর
তাল: কহরবা	কোরড: মধসা' সা=C#

মেরে দেশ কী ধরতী সোনা উগলে উগলে হীরে মোতী
মেরে দেশ কী ধরতী....

বইলো কে গলে মে জব ঘুন্ঘরু জীভন কা রাগ সুনাতে হেন
গম কোস দূর হো জাতা হাই খুশিয়ন কে কন্ভল মুস্কাতে হেন
সুন কে রহত কী আবাজেন যুন লগে কহীন শহনাই বজে
আতে হী মস্ত বহারণ কে দুল্হন কীতরহ হর খেত সজে
মেরে দেশ কী ধরতী....

জব চলতে হেন ইস ধরতী পে হল মমতা অংডাইযান লেতী হেন
কযুন না পুজে ইস মাটি কো জো জীবন কা সুখ দেতী হাই
ইস ধরতী পে জিসনে জনম লিযা উসনে হী পাযা পযার তেরা
যহান অপনা পরাযা কৈই নহীন হাই সবপে মা উপকার তেরা
মেরে দেশ কী ধরতী

যে ব্যাগ হাই গুতম নানক কা খিলতে হেন চমন কে ফুল যহান
গান্ধী সুভাষ টাইগোর তিলক এইসে হেন এমন কে ফুল ইহান
রং হরা হরী সিংহ নলবে সে রং লাল হাই লাল বহাদুর সে
রং বনা বসনতী ভগত সিংহ রং অমন কা ভীর জবাহরসে
মেরে দেশ কী ধরতী

বিনোদ কুমার

মেরে দেশ কী ধরতী সোনা উগলে

ধা	গে	ন	তি	ন	কে	ধি	ন	ধা	গে	ন	তি	ন	কে	ধি	ন
1	2	3	4	5	6	7	8	1	2	3	4	5	6	7	8

প্রিলুড:

পধপমপ- ম পনীধমপ-   মপমগম- গ মধপগম- 2
আ.........   আ..........   ও.........   ও............

ফ্লুট: সা' সা' প ম –প মপ মম- 2

মপ   পনী নী নীনী--------------   সা'রে'সা'নীধ- পম প ম
মেরে দেশ কী ধরতী--------------   ঈ--------------------

														ম	প
														মে	রে

প	নী	নী	নী	নী	-	নী	-	নী	-	নী	-	নী	নী	নী	-
দে	-	শ	কী	ধ	র	তী	-	সো	-	না	-	উ	গ	লে	-

ধ	ধ	ধ	-	প	-	ম	-	প	-	প	-	গ	-	গ	ম
উ	গ	লে	-	হী	-	রে	-	মো	-	তী	-	-	-	মে	রে

ধ	-	ধ	ধ	প	-	ম	-								
দে	-	শ	কী	ধ	র	তী	-								

ইন্টরলুড: ম'---- গ'প'ম'গ'রে'সা', রে'- সা'রে'—সা'রে'-
সা'—প—সা'—ম—
সা'—প—সা'—ম—
গ'ম'প'ম' x 4
ম-- মধমম, মধমম, মধমম, ধনীসা'

													বই	ধ	-

নী	সা'	সা'	সা'	সা'	-	নী	ধ	নী	সা'	সা'	সা'	সা'	-	নী	ধ
লো	-	কে	গ	লে	-	মে	-	জ	ব	ঘুন	গ	রু	-	জী	-

নী	সা'	সা'	-	সা'	-	সা'	রে'	গ'	-	রে'	সা'	সা'	-	নী	ধ
ব	ন	কা	-	রা	-	গ	সু	না	-	তে	-	হেন	-	জী	-

নী সা' সা' - | সা' - সা' রে' | গ' - রে' সা' | সা' - ধ ধ
ব ন কা - | রা - গ সু | না - তে - | হেন - গ ম

নী সা' সা' সা' | - সা' নী ধ | নী সা' সা' - | সা' - নী ধ
কো - স দু | - র হো - | জা - তা - | হাই - খু শি

নী সা' সা' সা' | সা' সা' সা' রে' | গ' - রে' সা' | সা' -
য়ন - কে ক্ল | ব ল মু স | কা - তে - | হেন -

সা' রে' ম'----------- গ'প'ম', গ'প'ম', গ'প'ম', গ' রে'সা' রে' সা'
ও--

নী সু / - ন

সা' রে' - রে' | রে' রে' রে' - | সা' - সা' নী | নী - নী -
কে - - র | হ ট কী - | আ - বা - | জেন -2 য়ুন -

সা' রে' - রে' | রে' - সা' রে' | গ' - রে' সা' | সা' - নী -
ল গে - ক | হী - শ হ | না - ঈ ব | জে - আ -

সা' রে' রে' - | রে' - রে' রে' | সা' - সা' নী | নী - নী নী
তে - হী - | ম - স্ত ব | হা - রো - | কে - দু ল

সা' রে' সা' নী | ধ - প ম | প - ম ম | ম -
হ ন কী ত | র হ হ র | খে - ত স | জে -

ইন্টরলুড; গ-ম-ধম- গ-ম-গরে- সা-গ-মধ- গনী পম
ম সা' ধ- x4 সা—ম ম—রে সা—ম ধ—নী রে' সা'-

ধ ধ / জ ব

নী সা' সা' সা' | সা' সা' নী ধ | নী সা' সা' - | সা' সা' নী ধ
চল তে হেন | ই স ধ র | তী - পে - | হ ল ম ম

নী সা' সা' সা' | সা' সা' রে' - | গ' - রে' সা' | সা' - ধ -
ত - অঙ্ গ | ড়া ই য়ান - | লে - তী - | হেন - ক্যা -

নী সা' সা' - | সা' -   নী ধ | নী সা' সা' - | সা' -   নী ধ
না -   পু   - | জেন -   ইস | মা -   টে - | কো -   জো -

নী সা' সা' সা' | সা' -   সা' রে' | গ' -   রে' সা' | সা' -
জী -   ব   ন | কা   -   সু   খ | দে -   তী   - | হেন -

সা' রে' ম'------------- গ'প'ম', গ'প'ম', গ'প'ম', গ' রে'সা' রে' সা'
ও--

                                               রে' -
                                               ই   স

রে' -   রে' রে' | রে' রে' রে' - | সা' গ' -   রে' | সা' -   সা' রে'
ধধ র   তী   পে | জি   স   নে   - | জ   ন   ম   লি | যা   -   উ   স

রে' -   রে' - | রে' -   সা' - | রে' -   -   নী | নী -   সা' রে'
নে -   হী   - | পা   -   যা   - | প্যা -   র   তে | রা -   য   হ্যান

রে' ম' ম' ম' | ম' -   ম' গ' | প' -   ম' ম' | ম' -   রে' -
অ   প   না প | রা -   যা - | কো -   ঈ   ন | হী -   হাই -

রে' -   রে' - | রে' -   রে' সা' | গ' -   রে' সা' | সা' -   সা' -
স   ব   পে   - | ম়া   -   উ   প | কা -   র   তে | রা   -   হাই -

সা' -   সা' - | ধ   -   প   প | ধ   প   প   ম | ম   -
স   ব   পে   - | ম়া -   উ   প | কা -   র   তে | রা -

ইন্টরলুড: সা গ় গ় ম -- গ় ম গ় রে -- রে মে মে প –
          ধ সা' – সা' ধ সা' – সা' ধ সা' – সা' সা'—2
          মপধ ধ ধ সা' সা' রে'   রে'গ়'ম' গ়' রে' সা' - -
          সা' সা' সা'রে' সা'রে' সা', নীসা' নীসা' নী
          গ়' রে' সা' নী ধ প ম -

                                               যে   ধ   -

নী সা' সা' সা' | সা' -   নী ধ- | নী সা' সা' সা' | সা' -   নী ধ
বা -   গ   হাই | গু   -   ত   ম | না -   ন   ক | কা   -   খি ল

নী	সা'	সা'	সা'	সা'	-	সা'	রে'	গ'	-	রে'	সা'	সা'	-	সা'	-
তে	-	হেন	অ	ম	ন	কে	-	ফু	-	ল	য	হ্যান	-	গান্	-
গ'	-	রে'	গ'	-	গ'	রে'	সা'	গ'	-	গ'	গ'	গ'	গ'	রে'	-
ধ্বী	-	সু	ভা	-	শ	তৈ	-	গো	-	র	তি	ল	ক	ঐ	-
রে'	-	রে'	রে'	রে'	-	রে'	গ'	ম'	-	গ'	রে'	সা'	-	সা'	সা'
সে	-	হেন	চ	ম	ন	কে	-	ফু	-	ল	য	হ্যান	-	রং	গ
রে'	ম'	-	ম'	ম'	-	গ'	রে'	গ'	ম'	ম'	-	ম'	-	সা'	সা'
হ	রা	-	হ	রী	-	সিন্	হ	ন	ল	বে	-	সে	-	রং	গ
রে'	ম'	ম'	ম'	ম'	-	গ'	রে'	গ'	ম'	ম'	ম'	ম'	-	সা'	-
লা	-	ল	হাই	লা	-	ল	ব	হা	-	দু	র	সে	-	রং	গ
সা'	রে'	-	রে'	রে'	-	রে'	-	রে'	গ'	রে'	সা'	-	সা'	সা'	সা'
ব	না	-	ব	সন্	-	তী	-	ভ	গ	ত	সিন্	-	হ	রং	গ
সা'	রে'	সা'	নী	ধ	-	প	প	ধ	-	প	ম	ম	-	ম	প
অ	ম	ন	কা	বী	-	র	জ	বা	-	হ	র	সে	-	মে	রে
প	-	নী	নী	নী	-	নী	-	নী	-	নী	-	নী	নী	নী	-
দে	-	শ	কী	ধ	র	তী	-	সো	-	না	-	উ	গ	লে	-
ধ	ধ	ধ	-	প	-	ম	-	প	-	প	ম	গ'	-	গ'	ম
উ	গ	লে	-	হী	-	রে	-	মো	-	তী	-	-	-	মে	রে
ম	ধ	ধ	ধ	প	-	ম	-								
দে	-	শ	কী	ধ	ধ	রে	-								

36. ন মুন্‌হ ছুপা কে জিও

ফিল্ম: হমরাজ (1967)	সংগীতকার: রবি শর্মা
গীতকার: সাহির লুধিয়ানবি	গায়ক: মহেন্দ্র কপূর
তাল: কহরবা	কোরড: মধসা' সা=C#

আ--------

ন মুন্‌হ ছুপা কে জিও উর ন সর ঝুকা কে জিও
গমো কা দাউর ভী আয়ে তো মুস্কুরা কে জিও

ঘটা মে ছুপকে সিতারে ফনা নহীন হোতে
অন্ধেরী রাত কে দিল মে দিয়ে জলা কে জিও

ন জানে কাউন সা পল মাউত কী অমানত হো
হর এক পল কী খুশী কো গলে লগা কে জিও

যে জিন্দগী কিসী মঞ্জিল পে রুক নহীন সকতী
হর ইক মকাম সে আগে কদম বধা কে জিও

ন মুন্‌হ ছুপা কে জিও

ধা	গে	ন	তি	ন	কে	ধি	ন	ধা	গে	ন	তি	ন	কে	ধি	ন
1	2	3	4	5	6	7	8	1	2	3	4	5	6	7	8

প্রিলুড:

ম'-------------গ'প'ম'গ'--------রে'ধ ধসা'রে'গ'----সা'রে'----
নীসা'রে'—ধনী—ধ প ম
আ----------------------- হা-------------------------------

												ম	ম	-	ম
												ন	মুন্	হ	ছু
ম	প	-	ধ	ধ	ধ	ধ	-	-	-	প	প	ধ	প	ম	ম
পা	-	-	-	কে	জি	যো	-	-	-	অউ	র	ন	স	র	ঝু
প	ধ	প	ম	ম	ম	ম	-	-	-	-	-	সা'	সা'	-	সা'
কা	-	-	-	কে	জি	যো	-	-	-	-	-	গ	মো	-	কা
সা'	রে'	-	রে'	সা'	নী	নী	-	নী	সা'	সা'	ধ	-	ধ	-	প
দাউ	-	-	র	ভী	-	আ	-	যে	-	তো	-	-	মু	-	স্কু
প	-	ম	-	প	ধ	ধ	-	প	-	-	-				
রা	-	-	-	কে	জি	যো	-	-	-	-	-				

ইন্টরলুড: ম'ম'ম'প' ম'গ'রে'সা'   রে'রে'রে'গ' রে'সা'নীধ
সা'সা'সা'রে' সানীধপ ম---

												সা'	সা'	ধ	নী
												ঘ	টা	-	মে
সা'	সা'	সা'	-	-	ধ	ধ	নী	রে'	-	-	-	রে'	রে'	সা'	রে'
ছ	প	কে	-	-	সি	তা	-	রে	-	-	-	ফ	না	-	ন
রে'	ম'	গ'	ম'	সা'	রে'	রে'	-	সা'	-	-	-	গ'	গ'	-	গ'
হী	-	-	-	হো	-	তে	-					অঙ	ধে	-	রী
গ'	ম'	-	গ'	ম'	-	-	-					-	-	ম'	প'
রা	-	-	তি	কে	-	-	-							ম'	প'

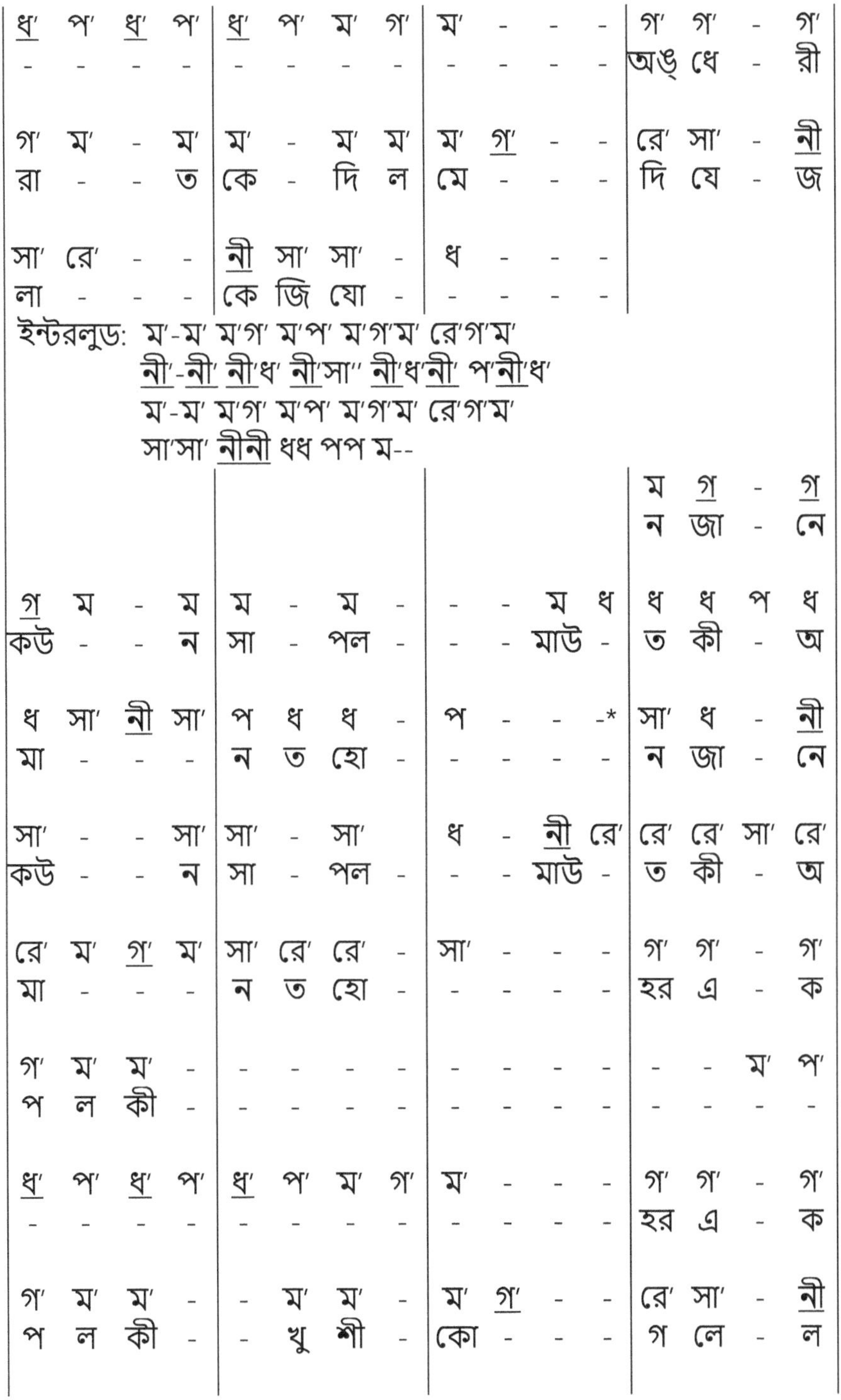

বিনোদ কুমার

ধ'	প'	ধ'	প'	ধ'	প'	ম'	গ'	ম'	-	-	-	গ'	গ'	-	গ'
-	-	-	-	-	-	-	-	-	-	-	-	অঙ্	ধে	-	রী
গ'	ম'	-	ম'	ম'	-	ম'	ম'	ম'	গ'	-	-	রে'	সা'	-	নী
রা	-	-	ত	কে	-	দি	ল	মে	-	-	-	দি	যে	-	জ
সা'	রে'	-	-	নী	সা'	সা'	-	ধ	-	-	-				
লা	-	-	-	কে	জি	যো	-	-	-	-	-				

ইন্টরলুড: ম'-ম' ম'গ' ম'প' ম'গ'ম' রে'গ'ম'
নী'-নী' নী'ধ' নী'সা'' নী'ধ'নী' প'নী'ধ'
ম'-ম' ম'গ' ম'প' ম'গ'ম' রে'গ'ম'
সা'সা' নীনী ধধ পপ ম--

												ম	গ	-	গ
												ন	জা	-	নে
গ	ম	-	ম	ম	-	ম	-	-	-	ম	ধ	ধ	ধ	প	ধ
কউ	-	-	ন	সা	-	পল	-	-	-	মাউ	-	ত	কী	-	অ
ধ	সা'	নী	সা'	প	ধ	ধ	-	প	-	-	-*	সা'	ধ	-	নী
মা	-	-	-	ন	ত	হো	-	-	-	-	-	ন	জা	-	নে
সা'	-	-	সা'	সা'	-	সা'	-	ধ	-	নী	রে'	রে'	রে'	সা'	রে'
কউ	-	-	ন	সা	-	পল	-	-	-	মাউ	-	ত	কী	-	অ
রে'	ম'	গ'	ম'	সা'	রে'	রে'	-	সা'	-	-	-	গ'	গ'	-	গ'
মা	-	-	-	ন	ত	হো	-	-	-	-	-	হর	এ	-	ক
গ'	ম'	ম'		-	-	-	-	-	-	-	-	-	-	ম'	প'
প	ল	কী		-	-	-	-	-	-	-	-	-	-		
ধ'	প'	ধ'	প'	ধ'	প'	ম'	গ'	ম'	-	-	-	গ'	গ'	-	গ'
-	-	-	-	-	-	-	-	-	-	-	-	হর	এ	-	ক
গ'	ম'	ম'	-	-	ম'	ম'	-	ম'	গ'	-	-	রে'	সা'	-	নী
প	ল	কী	-	-	খু	শী	-	কো	-	-	-	গ	লে	-	ল

| সা' | রে' | - | - | নী | সা' | সা' | - | ধ | - | - | - | |
| গা | - | - | - | কে | জি | যো | - | - | - | - | - | |

ইন্টরলুড: নীসা'রে' ম' ম' নীসা'রে' ম' ম'

নীসা'রে' ম' ম' ম'রে'সা' নীধপ ম—

মপপপ-ম- মপপধধ-প- মপপপ- ম- গ-গম ম-

| | | | | | | | | সা' | সা' | ধ | নী |
| | | | | | | | | যে | জিন্ | - | দ |

| সা' | - | - | - | সা' | সা' | ধ | নী | রে' | - | - | - | রে' | রে' | সা' | রে' |
| গী | - | - | - | কি | সী | ম' | - | জিল | - | - | - | পে | রু | ক | ন |

| রে' | ম' | গ' | ম' | সা' | রে' | রে' | - | সা' | - | - | - | গ' | গ' | গ' | গ' |
| হী | - | - | - | স | ক | তী | - | - | - | - | - | হর | ই | ক | ম |

| গ' | ম' | - | গ' | ম' | - | - | - | | | | | | - | ম' | প' |
| কা | - | - | ম | সে | - | - | - | | | | | | | | |

| ধ' | প' | ধ' | প' | ধ' | প' | ম' | গ' | ম' | - | - | - | গ' | গ' | গ' | গ' |
| - | - | - | - | | | | | | | | | হর | ই | ক | ম |

| গ' | ম' | - | ম' | ম' | - | ম' | - | ম' | গ' | - | - | রে' | সা' | - | নী |
| ক্রা | - | - | ম | সে | - | আ | - | গে | - | - | - | ক | দ | ম | ব |

| সা' | রে' | - | - | নী | সা' | সা' | - | ধ | - | - | - | |
| ঢা | - | - | - | কে | জি | যো | - | - | - | - | - | |

* ফ্লুট: সা' রে' গ' ম' প' ধ'-- প' ম' গ' রে' গ' রে' সা'--

37. নীলে পার্ব াতন কী ধারা

ফিল্ম: আদমী অর ইনসান (1969)	সংগীতকার: রবি শর্মা
গীতকার: সাহির লুধিয়ানবি	গায়ক: মহেন্দ্র কপূর, আশা
তাল: কহরবা	কোরড: রেমধ সা=C#

ও নীলে পর্ব তো কীধারা আয়ী ধুনধনে কিনারা বডি দূর সে
সব কো সহারা চাহিয়ে, কোই হমারা চাহিয়ে

ফুল মে জেসে ফুল কী খুশবু দিল মে হাই যুন তেরা বসেরা
ধরতী সে অম্বর তক ফাইলা চাহত কী বাহন কা ঘেরা

সুরজ পিছে ঘুমে ধরতী সাঁঝ কে পিছে ঘুমে সাবেরা
জিস নাতে নে ইন কো ভান্ধা ভো নাতা হাই তেরা মেরা

নীলে পার্ব াতন কী ধারা

ধা	গে	ন	তি	ন	কে	ধি	ন	ধা	গে	ন	তি	ন	কে	ধি	ন
1	2	3	4	5	6	7	8	1	2	3	4	5	6	7	8
প্রিলুড: ম প ধ --															
											ধ	ধ	-	ধ	-
											ও	নী	-	লে	-
প	-	-	ধ	ধ	-	ধ	-	ধ	-	ধ	-	-	ধ	ধ	-
পর	-	-	ব	তন	-	কী	-	ধা	-	রা	-	-	আ	য়ী	-
প	-	-	ধ	ধ	-	ধ	-	ধ	-	ধ	-	-	ধ	প	-
টু	-	-	ড	নে	-	কি	-	না	-	রা	-	-	ব	ডি	-
ম	প	-	ম	গ	রে	-	-	-	-	রে	রে	-	গ	-	ম
দু	-	-	র	সে	-	-	-	-	-	স	ব	-	কো	-	স
প	ধ	ধ	-	-	প	-	ম	ম	-	-	-	গ	প	ম	গ
হা	-	রা	-	-	চা	-	হি	এ	-	-	-	-	-	-	-

রে - - রে | - গ - ম | প ধ ধ - | - প - ম
- - - কো | - ঈ - হ | মা - রা - | - চা - হি

ম - - - | - - - - | - -
এ - - - | - - - - |

ইন্টরলুড: ম পমগরে রেরেরেগ মমমপ ধ-প ধপমম গগগম পপমগম-
ল ল

সা' রে' গ' ম' প' ধ'------- প'ম' গ'রে' সা'ধ পম পম পম

ধ - | - সা' - সা'
ফু - | - ল - মে

রে' - - - | রে' - - - | - - রে' গ' | - রে' - সা'
জে - - - | সে - - - | - - ফু - | - ল - কী

রে' - রে' - | রে' - - - | - - রে' গ' | - রে' - -
খু - শ - | বু -- - - | - - দিল - | - মে - -

সা' - - - | ধ - - - | - - ধ প | ধ প - ম
হাই - - - | যুন - - - | - - তে - | - রা - ব

ধ প ধ - | ধ - - - | - - ধ ধ | - সা' - -
সে - - - | রা - - - | - - ধ র | - তী - -

রে' - - - | রে' - - - | - - রে' গ' | - রে' সা' -
সে - - - | অঙ্ - - - | - - ব র | - ত ক -

রে' - - - | রে' - - - | - - রে' গ' | - রে' সা' -
ফাই - - - | লা - - - | - - চা - | - হ ত -

সা' - - - | ধ - - - | - - ধ - | - প ম -
কী - - - | বা - - - | - - হো - | - কা - -

ধ - - - | ধ - - - | রে' - - সা' | ধ - - প
ঘ - - - | রা - - - | ও - - ও | ও - - ও

ম - - ধ | ধ - ধ - | প - - ধ | ধ - ধ -
ও - - ও | নী - লে - | পর - - ব | তন - কী -

ইন্টরলুড:

ম পমগরে রেরেরেগ মমমপ ধ--- প ধপমম গগগগম পপমগ ম--
ল ল
সা' রে' গ' ম' প' ধ'------ প'ম' গ'রে' সা'ধ পম পম পম (a)

ধ - | - সা' সা' -
সু - | - র জ -

রে' - - - | রে' - - - | - - রে' গ' | - রে' - সা'
প্পী - - - | ছে - - - | - - ঘু - | - মে - -

রে' - রে' - | রে' - - - | - - রে' গ' | - রে' - সা'
ধ - র - | তী - - - | - - সান - | - ঝ - কে

সা' - - - | ধ - - - | - - ধ প | ধ প - ম
প্পী - - - | ছে - - - | - - ঘু - | - মে - স

ধ - - - | ধ - - (a) | - - ধ ধ | - সা' - -
বে - - - | রা - - - | - - জি স | - না - -

রে' - - - | রে' - - - | - - রে' গ' | - রে' সা'
তে - - - | নে - - - | - - ই ন | - কো -

রে' - - - | রে' - - - | - - রে' গ' | - রে' সা'
বা - - - | ধা - - - | - - ভো - | - না -

সা' - - - | ধ - - - | - - ধ - | - প ম -
তা - - - | হাই - - - | - - তে - | - রা - -

ধ - - - | ধ - - - | রে' - - সা' | ধ - - প
মে - - - | রা - - - | ও - - ও | ও - - ও

ম - - ধ | ধ - ধ - | প - - ধ | ধ - ধ -
ও - - ও | নী - লে - | পর - - ব | তন - কী -

ধ	-	ধ	-	-	ধ	ধ	-	-	-	-	ধ	ধ	-	ধ	-
ধা	-	রা	-	-	আ	য়ী	-	ঢ়ু	-	-	ড	নে	-	কি	-
ধ	-	ধ	-	-	প	প	-	প	-	-	ম	গ	রে	-	-
না	-	রা	-	-	ব	ডি	-	দু	-	-	র	সে	-	-	-
-	-	রে	রে	-	গ	-	ম	প	ধ	ধ	-	-	প	-	ম
-	-	স	ব	-	কো	-	স	হা	-	রা	-	-	চা	-	হি
ম	-	-	-	গ	প	ম	গ	রে	-	-	রে	-	গ	-	ম
এ	-	-	-	-	-	-	-	-	-	-	কো	-	ঈ	-	হ
প	ধ	ধ	-	-	প	-	ম	ম	-	-	-	-	-	-	-
মা	-	রা	-	-	চা	-	হি	এ	-	-	-	-	-	-	-

৩৪. ও পুতরা খন্ডে খন্ডে পানী সে নাহানা

ফিল্ম: পতি পত্নী অর ভো (1974)	সংগীতকার: রবিন্দ্র জৈন
গীতকার: আনন্দ বকশিই	গায়ক: মহেন্দ্র কপূর, আশা
তাল: কহরবা	কোরড: গপনী গপসা' সা=F

ঠন্ডে ঠন্ডে পানী সে নহানা চাহীয়ে

গানা আয়ে যা না আয়ে গানা চাহিয়ে

ও পুতরা ঠন্ডে ঠন্ডে পানী সে নহানা

চাহীয়ে

গানা আয়ে যা না আয়ে গানা চাহিয়ে

বেটা বজাও তালী গাতে হেন হম কভ্ভালি

বজনে দো এক তারা, ছোড জরা ফভ্ভারা

যে বালটি উঠাও ঢোলক ইসে বনাও

বইঠে হো কয়া যে লেকর, যে ঘর হাই যা থিয়েটর

পিকচর নহীন হাই জানা বাহর নহীন হাই আনা

মম্মী কো ভী অন্দর বুলানা চাহিয়ে

তেরী মম্মী কো ভী অন্দর বুলানা চাহিয়ে

গানা আয়ে যা না আয়ে গানা চাহিয়ে

ধত্ত অরে গানা আয়ে যা না আয়ে গানা চাহিয়ে

তুম মেরী হথকডি হো তুম দূর ক্যন খডি হো

তুম ভী জরা নহা লো দো চার গীত গা লো

দামন হো ক্যান বচাতী অরে দুঃখ সুখ কে হম হেন সাথী

ছোড হতো অনাডি মেরী ভীগো ডি সাডি

তুম কইসে বেশরম হো বচ্চন সে কোই কম হো

মম্মী কো তো লড়নে কা বহানা চাহিয়ে

চুপ বে শায়তান

তেরী মম্মী কো তো লড়নে কা বহানা চাহিয়ে

গানা আয়ে যা না আয়ে গানা চাহিয়ে

এ........ও...... ও.....ও....... ও....................

লস্মী যে তান ছোড় তুবা হাই জান ছোড়

যে গীত হাই অধুরা করতে হাই কাম পুরা

অব শোর মত করো জী সুনতে হেন সব পড়সী

হে কহ ড পড়সিয়ন সে .... কয়া......

ঝাঁকে না খিড়কিয়ন সে

দরবাজা খটখটাযা লগতা হাই কোই আয়া

অরে কহ ড কে আ রহে হেন সাহব নহা রহে হেন

ও হো মম্মী কো তো ডাডি সে ছুড়ানা চাহিযে

অব তো মম্মী কো তো ডাডি সে ছুড়ানা চাহিযে

গানা আযে যা না আযে গানা চাহিযে

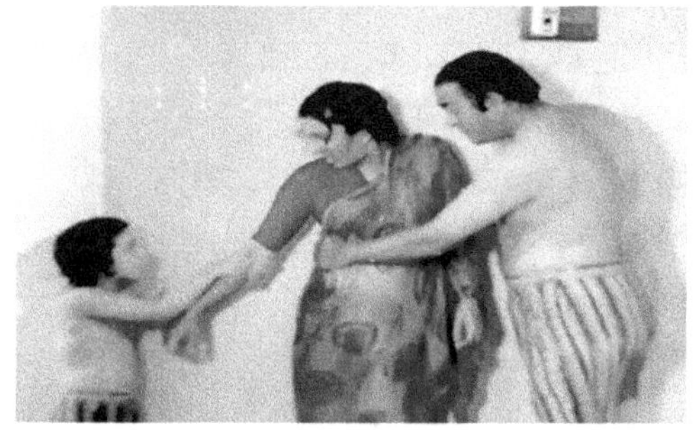

ও পুতরা খন্ডে খন্ডে পানী সে নাহানা

ধা	গে	ন	তি	ন	কে	ধি	ন	ধা	গে	ন	তি	ন	কে	ধি	ন
1	2	3	4	5	6	7	8	1	2	3	4	5	6	7	8

প্রিলুড:

সা--- সারেপসা'------

ও--- ও -----------

সা'রে' সা'সা' সা'সা' সা'প নীনীনী নীধধপ

ঠনডে ঠনডে পানী সে নহানা চাহিযে-

পধসা'- সা'রে' সা'সা' সা'সা' প নীনীনী নীধধপ

ও--- ঠনডে ঠনডে পানী সে নহানা চাহিযে-

গগ রেগ সা রে পম গগ রেগরেসা

গানা আযে যা না আযে গানা চাহিযে-

গগ রেগ সারে প প মম গগ রেগরেসা

অরে গানা আযে যা না আযে গানা চাহিযে-

											সা'	সা'	সা'	সা'	-
											ও	পু	ত	রা	-
-	-	সা'	রে'	-	সা'	সা'	-	সা'	-	সা'	-	সা'	প	-	নী
আ	-	ঠন	ডে	-	ঠন	ডে	-	পা	-	নী	-	সে	-	-	ন
নী	-	নী	-	-	নী	-	ধ	ধ	-	প	-	গ	-	গ	-
হা	-	না	-	-	চা	-	হি	এ	-	-	-	গা	-	না	-
রে	-	গ	-	সা	-	রে	-	প	-	-	-	ম	-	-	-
আ	-	যে	-	যা	-	না	-	আ	-	-	-	যে	-	-	-
গ	-	গ	-	রে	-	গ	-	রে	-	সা	-	-	-	গ	গ
গা	-	না	-	চা	-	হি	-	যে	-	-	-	-	-	অ	রে
রে	-	গ	-	সা	-	রে	-	প	-	প	-	ম	-	ম	-
গা	-	না	-	আ	-	যে	-	যা	-	না	-	আ	-	যে	-

গ - গ - | - রে - গ | রে - সা - | - - প সা
গা - না - | - চা - হি | যে - - - | - - - বু

ইন্টরলুড: নী ধ ধ প প ম সা প সা প গ ম প -2

ম - প - | ম ম - গ | গ - গ - | গ ম প -
বে - টা - | ব জা - ও | তা - লী - | - - - -

ম - প - | ম ম - গ | গ - গ - | নী ধ প -
গা - তে - | হেন হম - কব | বা - লী - | - - - -

প প ধ - | প নী - নী | ধ - ধ - | প - - -
ব জ নে - | দো এ - ক | তা - রা - | - - - -

প - ধ - | প নী - নী | ধ - ধ - | প - - -
ছো - ড় - | জ রা - ফব | বা - রা - | - - - -

নী - নী - | নী নী - নী | ধ - নী - | - - - -
যে - বা - | ল টে - উ | ঠ - ও - | - - - -

নী - সা' সা' | নী সা' - নী | ধ - প - | সা' - প -
ঢ - ল ক | ই সে - ব | না - ও - | - - - -

ম - প - | ম ম - গ | গ - গ - | প ম গ -
বই - ঠে - | হো কয়া - যে | লে - কর - | - - - -

ম - প - | ম ম - গ | গ - গ - | গ ম প -
যে - ঘর - | হাই যা - হাই | থিএ - টর - | - - - -

প - ধ - | প নী - নী | ধ - ধ প | সা' - সা' -
পি - চ র | ন হী - হাই | জা - না - | - - - -

প - ধ - | প নী - নী | ধ - ধ - | প - সা' -
বা - হ র | ন হী - হাই | আ - না - | - - ও -

- - সা' রে' | - সা' - সা' | সা' - - সা' | - - - সা'
- - মম্ মী | - কো - ভী | অঙ্ - - দ | র - - বু

নী	-	নী	-	-	ধ	-	ধ	ধ	-	প	-	প	ধ	ধ	সা'
লা	-	না	-	-	চা	-	হি	এ	-	-	-	তে	-	রী	-
-	-	সা'	রে'	-	সা'	-	সা'	সা'	-	-	সা'	-	-	-	সা'
-	-	ম্ম্	মী	-	কো	-	ভী	অঙ্	-	-	দ	র	-	-	বু
নী	-	নী	-	-	ধ	-	ধ	ধ	-	প	-	গ	-	গ	-
লা	-	না	-	-	চা	-	হি	এ	-	-	-	গা	-	না	-
রে	-	গ	-	সা	-	রে	-	প	-	-	-	ম	-	-	-
আ	-	যে	-	যা	-	না	-	আ	-	-	-	যে	-	-	-
গ	-	গ	-	রে	-	গ	-	রে	-	সা	-	-	-	গ	গ
গা	-	না	-	চা	-	হি	-	যে	-	-	-	-	-	অ	রে
রে	-	গ	-	সা	-	রে	-	প	-	প	-	ম	-	ম	-
গা	-	না	-	আ	-	যে	-	যা	-	না	-	আ	-	যে	-
গ	-	গ	-	-	রে	-	গ	রে	-	সা	-	-	-	-	-
গা	-	না	-	-	চা	-	হি	যে	-	-	-	-	-	-	-

ইন্টরলুড: সারেসারে--- সারেসারে--- সারেগরেগমগম
মপধনী পধনীসা'----

ম	-	প	-	ম	ম	-	গ	গ	-	গ	-	গ	ম	প	-
তুম	-	মে	-	রী	হ	থ	ক	ডি	-	হো	-	-	-	-	-
ম	-	প	-	ম	ম	-	গ	গ	-	গ	-	নী	ধ	প	-
তুম	-	দু	-	র	ক্যা	-	খ	ডি	-	হো	-	-	-	-	-
প	-	ধ	-	প	নী	-	নী	ধ	-	ধ	-	প	-	-	-
তুম	-	ভী	-	জ	রা	-	ন	হা	-	লো	-	-	-	-	-
প	-	ধ	-	প	নী	-	নী	ধ	-	ধ	-	প	-	-	-
দো	-	চা	-	র	গী	-	ত	গা	-	লো	-	-	-	-	-
নী	-	নী	-	নী	নী	-	নী	ধ	-	নী	-	-	-	নী	নী
দা	-	ম	ন	হো	ক্যা	-	ব	চা	-	তী	-	-	-	অ	রে

মহেন্দ্র কপুর কে 51 গীতন কী সরগম

নী	-	সা'	-	নী	সা'	-	নী	ধ	-	প	-	সা'	-	প	-
দু	খ	সু	খ	কে	হম	-	হাই	সা	-	থী	-	-	-	-	-
ম	-	প	-	ম	ম	-	গ	গ	-	গ	-	প	ম	গ	-
ছো	-	ড়	-	হ	ট	-	অ	না	-	ডি	-	-	-	-	-
ম	-	প	-	ম	ম	-	গ	গ	-	গ	-	গ	ম	প	-
মে	-	রী	-	ভি	গো	-	দী	সা	-	ডি	-	-	-	-	-
প	-	ধ	-	প	নী	-	নী	ধ	-	ধ	-	সা'	-	সা'	-
তুম	-	কি	ত	নে	বে	-	শ	র	ম	হো	-	-	-	-	-
প	-	ধ	-	প	নী	-	নী	ধ	-	ধ	-	প	-	সা'	-
ব	-	চ্ছো	-	সে	কো	-	ঈ	ক	ম	হো	-	-	-	-	-
-	-	সা'	রে'	-	সা'	-	সা'	সা'	-	সা'	-	সা'	-	-	সা'
-	-	মম্	মী	-	কো	-	তো	ল	ড়	নে	-	কা	-	-	ব
নী	-	নী	-	-	ধ	-	ধ	ধ	-	প	-	-	-	-	-
হা	-	না	-	-	চা	-	হি	এ	-	-	-	-	-	-	-
-	-	সা'	রে'	-	সা'	-	সা'	সা'	-	সা'	-	সা'	-	-	সা'
-	-	মম্	মী	-	কো	-	তো	ল	ড়	নে	-	কা	-	-	ব
নী	-	নী	-	-	ধ	-	ধ	ধ	-	প	-	গ	-	গ	-
হা	-	না	-	-	চা	-	হি	এ	-	-	-	গা	-	না	-
রে	-	গ	-	সা	-	রে	-	প	-	-	-	ম	-	-	-
আ	-	যে	-	যা	-	না	-	আ	-	-	-	যে	-	-	-
গ	-	গ	-	রে	-	গ	-	রে	-	সা	-	-	-	গ	গ
গা	-	না	-	চা	-	হি	-	যে	-	-	-	-	-	অ	রে
রে	-	গ	-	সা	-	রে	-	প	-	প	-	ম	-	ম	-
গা	-	না	-	আ	-	যে	-	যা	-	না	-	আ	-	যে	-

| গ | - | গ | - | - | রে | - | গ | রে | - | সা | - | - | - | - | - |
| গা | - | না | - | - | চো | - | হি | যে | - | - | - | - | - | - | - |

রেরেরেরেসা পপপপম গমপমপধ পধগ'------সা'----
ঐ------- ও------- ও------- ও---------ও---

| ম | - | প | - | ম | ম | - | গ | গ | - | গ | - | গ | ম | প | - |
| লম্ | - | বী | - | যে | তা | - | ন | ছো | - | ড় | - | - | - | - | - |

| ম | - | প | - | ম | ম | - | গ | গ | - | গ | - | নী | ধ | প | - |
| তাউ | - | বা | - | হাই | জা | - | ন | ছো | - | ড় | - | - | - | - | - |

| প | - | ধ | - | প | নী | - | নী | ধ | - | ধ | - | প | - | - | - |
| যে | - | গী | - | ত | হাই | - | অ | ধু | - | রা | - | - | - | - | - |

| প | - | ধ | - | প | নী | - | নী | ধ | - | ধ | - | প | - | - | - |
| ক | র | তে | - | হেন | কা | - | ম | পু | - | রা | - | - | - | - | - |

| নী | - | নী | - | নী | নী | - | নী | ধ | - | নী | - | - | - | - | - |
| অ | ব | শো | - | র | ম | ত | ক | রো | - | জী | - | - | - | - | - |

| নী | - | সা' | - | নী | সা' | - | নী | ধ | - | প | - | সা' | - | প | - |
| সু | ন | তে | - | হেন | স | ব | প | ড় | - | সী | - | - | - | - | - |

| ম | প | প | - | ম | ম | - | গ | গ | - | গ | - | - | পধ | ধ | - |
| ক | হ | দো | - | প | ড় | - | সি | যন | - | সে | - | - | কয়া | - | - |

| ম | প | প | - | ম | ম | - | গ | গ | - | গ | - | গ | ম | প | - |
| ঝাঁ | - | কেন্ | - | ন | খি | ড় | কি | যন | - | সে | - | - | - | - | - |

| প | প | ধ | - | প | নী | - | নী | ধ | - | ধ | - | সা' | - | সা' | |
| দ | র | বা | - | জা | খ | ট | খ | টা | - | যা | - | - | - | - | - |

| প | প | ধ | - | প | নী | - | নী | ধ | - | ধ | - | - | - | - | - |
| ল | গ | তা | - | হাই | কো | - | ঙ্গি | আ | - | যা | - | - | - | - | - |

মহেন্দ্র কপুর কে 51গীতন কী সরগম

নী	-	নী	-	নী	নী	-	নী	ধ	-	নী	-	-	-	-	-
ক	হ	দো	-	কি	আ	-	র	হে	-	হেন	-	-	-	-	-
নী	-	সা'	-	নী	সা'	-	নী	ধ	-	প	-	ধ	-	প	-
সা	-	হ	ব	ন	হা	-	র	হে	-	হেন	-	ও	-	হো	-
-	-	সা'	রে'	-	সা'	-	সা'	সা'	-	সা'	-	সা'	-	-	সা'
-	-	মম্	মী	-	কো	-	তো	ডউ	-	ডী	-	সে	-	-	ছু
নী	-	নী	-	-	ধ	-	ধ	ধ	-	প	-	সা'	-	সা'	-
ড়া	-	না	-	-	চা	-	হি	এ	-	-	-	অ	ব	তো	-
-	-	সা'	রে'	-	সা'	-	সা'	সা'	-	সা'	-	সা'	-	-	সা'
-	-	মম্	-	-	মী	-	কো	ডাই	-	ডি	-	সে	-	-	ছু
নী	-	নী	-	-	ধ	-	ধ	ধ	-	প	-	গ	-	গ	-
ড়া	-	না	-	-	চা	-	হি	এ	-	-	-	গা	-	না	-
রে	-	গ	-	সা	-	রে	-	প	-	-	-	ম	-	-	-
আ	-	যে	-	যা	-	না	-	আ	-	-	-	যে	-	-	-
গ	-	গ	-	রে	-	গ	-	রে	-	সা	-	-	-	গ	গ
গা	-	না	-	চা	-	হি	-	যে	-	-	-	-	-	অ	রে
রে	-	গ	-	সা	-	রে	-	প	-	প	-	ম	-	ম	-
গা	-	না	-	আ	-	যে	-	যা	-	না	-	আ	-	যে	-
গ	-	গ	-	-	রে	-	গ	রে	-	সা	-	-	-	-	-
গা	-	না	-	-	চা	-	হি	যে	-	-	-	-	-	-	-

39. ও সংকের মেরে কব হন্গে দর্শ ন তেরে

ফিল্ম: বৈরাগ (1976)	সংগীতকার: কল্যানজী আনন্দজী
গীতকার: আনন্দ বকশিই	গায়ক: মহেন্দ্র কপূর
তাল: কহরবা	কোরড: সা গ ধ গ প নী সা=F#

জীভন পথ পর শাম সবেরে ছায়ে হেন ঘনঘোর অন্ধেরে
ও শন্কর মেরে কব হন্গে দর্শ ন তেরে

মেন মুরখ তু অনতরযামী, মেন সেভক তু অন্তরযামী
কহে মুঝসে নাতা তোডা মন ছোডা মন্দির ভী ছোডা
কিতনী দূর-2 লগাযে তুনে জা কৈলাশ পে ডেরে

তেরে দ্বার পে জোত জগাতে যুগ বিইতে তেরে গুন গাতে
না মানগু মেন হীরে মোতী মানগু বস থোডিই সী জ্যোতি
খালী হাথ ন জাউন্গা মেন -2 দাতা দ্বার সে তেরে

ও সংকের মেরে কব হন্গে দর্শ ন তেরে

ধা	গে	ন	তি	ন	কে	ধি	ন	ধা	গে	ন	তি	ন	কে	ধি	ন
1	2	3	4	5	6	7	8	1	2	3	4	5	6	7	8

প্রিলুড:

সা'---- রে' সা' গ' ----
রে' ---- সা' ---- নী ধ রে'----
সা' নী ধ সা' ----

সা'-সা'সা' রে'সা' সা'—ধ
জী-বন   পথ পর---,

ধসা'গ' সা'ধপ গপ ধ   ধগপধমে গরেগরেসা
শা-ম   সবেরে ছাএ হেন ঘনঘো-র অনধে-রে-

ধ্-প্-মে প ধ্ প্-মে-গ মে প-- গ রে সা
আ--------- আ----------- ময়ুসিক

ময়ুসিক: গগ গ –গ গ রে –রে রে .ধ –গ –রে সা -2
ফ্লুট: গ মে- মেধ- মেধ- মেগ গমেধ- মেগ- রেগ-
গগ গ –গ গ রে –রে রে .ধ –গ –রে সা
গগ গ গ গ রে রে রে ধ মে গ রে সা

সা সাসারে গগরেগগধ- পধমেগ রেগ রেসা রেগরেসা সাসা
ও শম্কর মেরে------------- কব হোগে দরশন তেরে

গ গগ গগ গগ গরে রেগগ রেসাগ
জী বন পথ পর, শাম সবেরে-------

গ গগ গগ গগ গরে রেগগ পপ প পপগধপ গরেগরেসা
জী বন পথ পর, শাম সবেরে ছাএ হেন ঘনঘো-র অনধে-রে-

সা সাসারে গগরেগগধ- পধমেগ রেগ রেসা রেগরেসা সাসা
ও শম্কর মেরে-------------- কব হোগে দরশন তেরে

ইন্টরলুড:
গগ গ গ গ রে রে রে .ধ গ রে সা
গগ গ গ গ রে রে রেধ মে গ রে গ মে ধ

সা' নীধধ ধ পগগধপ সা সারেগগ ধ মেগরেগ রেসাসা
মই মুরখ তু অঙ্তরযামী, মই সেবক তু মে-রা- স্বামী

মম মম ম মমেধ মগরেম মম মম মমম মেধ মগ
কাহে মুঝ সে নাতা তো-ড়া-, মন ছো ড়া, মন্দরি ভী- ছোড়া

সা'সা'সা' সা'------নীধসা'
কিতনী দুর

সা'সা'সা' সা' সা'সা'নীরে'সা' ধপপ প পপপপ ধ গগগধ --- মেগরে
কিতনী দুর লগা-যে- তু-নে জা কইলাশ পে ডেরে----------

সা সাসারে গগরেগগধ- পধধমেগ রেগ রেসা রেগরেসা সাসা
ও শম্কর মেরে------------- কব হোগে দরশন তেরে

ইন্টরলুড: সিতার: সা রে ম ম ম ম ধ মে গ – রেগ- রে সা
সা রে ম ম ম ধ মে গধ মে গ রে গ মে ধ –

সা নী ধধ ধ পগ গধপ সাসা সারেগ ধ-মেগ রেগ রেসাসা
তেরে দ্বার পে জোত জগাতে, যুগ বী-তে তে-রে- গুণ গা-তে

ম মম ম মমেধ মগরেম মম ম মম মেধ মগ
না মাগূ মেন হীরে- মোতী--, মাগূ বস থোড়ী সী- জোতি

সা'সা' সা'সা' সা' সা'রে'গ'রে' সা'
খালী হাথ না জাউম-গা মেন

বীন: সাগগ সারেরে .নীসাসা .নীসাসা x 3
সা'নীধপমগরেসা রে-গ-মে-ধ-

সা'সা' সা'সা' সা' সা'নীরে'সা'ধ প পপ পপ প গগধ- মেগরেসা
খালী হাথ না জা-উম-গা মেন দাতা দ্বার সে তেরে--এ------

সা সাসারে গগরেগগধ- পধধমেগ রেগ রেসা রেগরেসা সাসা
ও শম্কর মেরে------------- কব হোগে দরশন তেরে

ময়ুসিক: সা রে গ প ধ সা'- (রে'সা') x৪
সা' নী ধ প গগ রে সা ম

মম মম মমেধমেম গম
কব হোগে দর- শন তেরে

ধধ ধধ ধধ মেগ মে ধ
কব হোগে দর- শন তে রে

সা'সা' সা'সা' সা'রে'গ' রে'সা' নীসা'
কব হোগে দর- শন তে রে -2

ময়ুসিক:
রে'সা'নীধ নীধপম পমগরে গরেসা.ধ সা---- রে ---- সা -----

40.   পূরবা সুহানী আই রে

ফিল্ম: পুরব অর পশ্চিম (1970)	সংগীতকার: কল্যানজী আনন্দজী
গীতকার: ইন্দীবর	গায়ক: মহেন্দ্র কপূর
তাল: কহরবা দুগুন	কোরড: সাগধ গপনী সা=D#

কহী না অএসী সুবহ দেখী আ..... জিসে বালক কী মুস্কান

যা ফির দূর কহীন দিল মে আ... হাল্কি সী মুরলী কী তান

গুরুবানী গুরুদ্বারে মে তো মসজিদ সে উঠতী অজান

আত্মা অর পরমাত্মা মিলে জহ্যান যহী হাই বহ সথান

ধলী ধল বজানা তাল সে তাল মিলানা

ধলী ধলা ধলী ধলা ধলী ধল বজানা

তা তা খাইয়া তক তক খাইয়া তাল সে তাল মিলানা

পুরবা সুহানী আই রে পুরবা -2

রিতুওন কী রানী আই রে পুরবা

মেরে রুকে নহীন পান্ব নাচ উঠা সারা গান্ব

প্রীত পে জবানী ছায়ী রে পুরবা

পুরবা সুহানী আই রে পুরবা -2

মাউসম কা মুসাফির খড়া রস্তে মে

লা লা লা লালা লালা লা লা

ও মাউসম কা মুসাফির খড়া রস্তে মে

উসকে হাথন সব কুছ লুটা সস্তে মে

ছোটি সী উমরিয়া হাই লম্বী সী ডগরিয়া হাই

জীভন হাই পরছাই রে পুরবা

বিনোদ কুমার

হোএ ধলি ধল বজানা বজানা
হোএ তাল সে তাল মিলানা মিলানা

কর লে কর ভী লে পয়ার কী পূজা
লা লা লা লালা লালা লা লা
কর লে কর ভী লে পয়ার কী পূজা
পয়ার কে রং পে চধে না রং দুজা
চাহে কোই সপনা হাই মেরে লিয়ে অপনা হাই
বাত মেরী বন আই রে
পুরবা সুহানি আই রে পুরবা

হো মীরা সী দীবানী রে নাচে মস্তানি
মীরা সী দীবানী রে নাচে মস্তানি
হোঠোঁ পে হাই সরগম তো আন্‌খন মে পানী
ঘুন্‌ঘরু দীবানে ছএ রিশ্তে পুরানে ছএ
গীত মে কহানী গাই রে পুরবা
পুরবা সুহানি আই রে পুরবা

হোএ ধলী ঢোল বজানা বজানা
হোএ তাল সে তাল মিলানা মিলানা
ধলী ঢোল বজানা তাল সে তাল মিলানা-2
হো.........

পূরবা সুহানী আই রে

ধাধিন্	-তি	নক	ধিন	ধাধিন্	-তি	নক	ধিন	ধাধিন্	-তি	নক	ধিন	ধাধিন্	-তি	নক	ধিন
12	34	56	78	12	34	56	78	12	34	56	78	12	34	56	78
রেরে		গম	মগগ	রেরে	রে	গম	মগগ								
ঢলী		ঢল	বজাণা,	তাল	সে	তাল	মিলাণা								
রেরে		গম		রেরে		গম		রেরে		গম	মগগ				
ঢলী		ঢলা,		ঢলী		ঢলা,		ঢলী		ঢল	বজাণা				
রে	রে	গম		রে	রে	গম		রেরে	রে	গম	মগগ				
তা	তা	থেযা,		তক	তক	থেযা,		তাল	সে	তাল	মিলাণা				
সা	-গ	-	গ	গ	গ	গ	গ	প	ম	-	-	-	-	-	-
পুর	-বা	-	সু	হা	নী	আ	য়ী	রে	-	-	-	-	-	-	-
গ	গ	গ	-	-	-	-	-	সাসা	-গ	-	গ	গ	গ	গ	গ
পু	র	বা	-	-	-	-	-	ঋতু	-ওন	-	কী	রা	নী	আ	য়ী
প	ম	-	-					গ	গ	গ	-	-	-	নী	নী
রে	-	-	-					পু	র	বা	-	-	-	মে	রে
ধ	প	ধ	নী	নী	-	নী	-নী	ধ	প	ধ	নী	নী	-	-	-
রু	কে	ন	হী	.পা	-ব	না	-চ	উ	ঠ	সা	রা	গা	ব	-	-
ধ	-সা'	সা'	নী	ধ	প	গ	গ	প	ম	-	-				
প্রী	-ত	পে	জ	বা	নী	ছা	য়ী	রে	-	-	-				
গ	গ	গ	-					সা	-গ	-	গ	গ	গ	গ	গ
পু	র	বা	-					পুর	-বা	-	সু	হা	নী	আ	য়ী
প	ম	-	-					গ	গ	গ	-				
রে	-	-	-					পু	র	বা					

ইন্টরলুড: নী সা' রে'- নী সা' ধ নী প ধ ধ

পধনীধপ পধনীধপ রে গ--- পধনীধপ রে গ---

ধ -

ও -

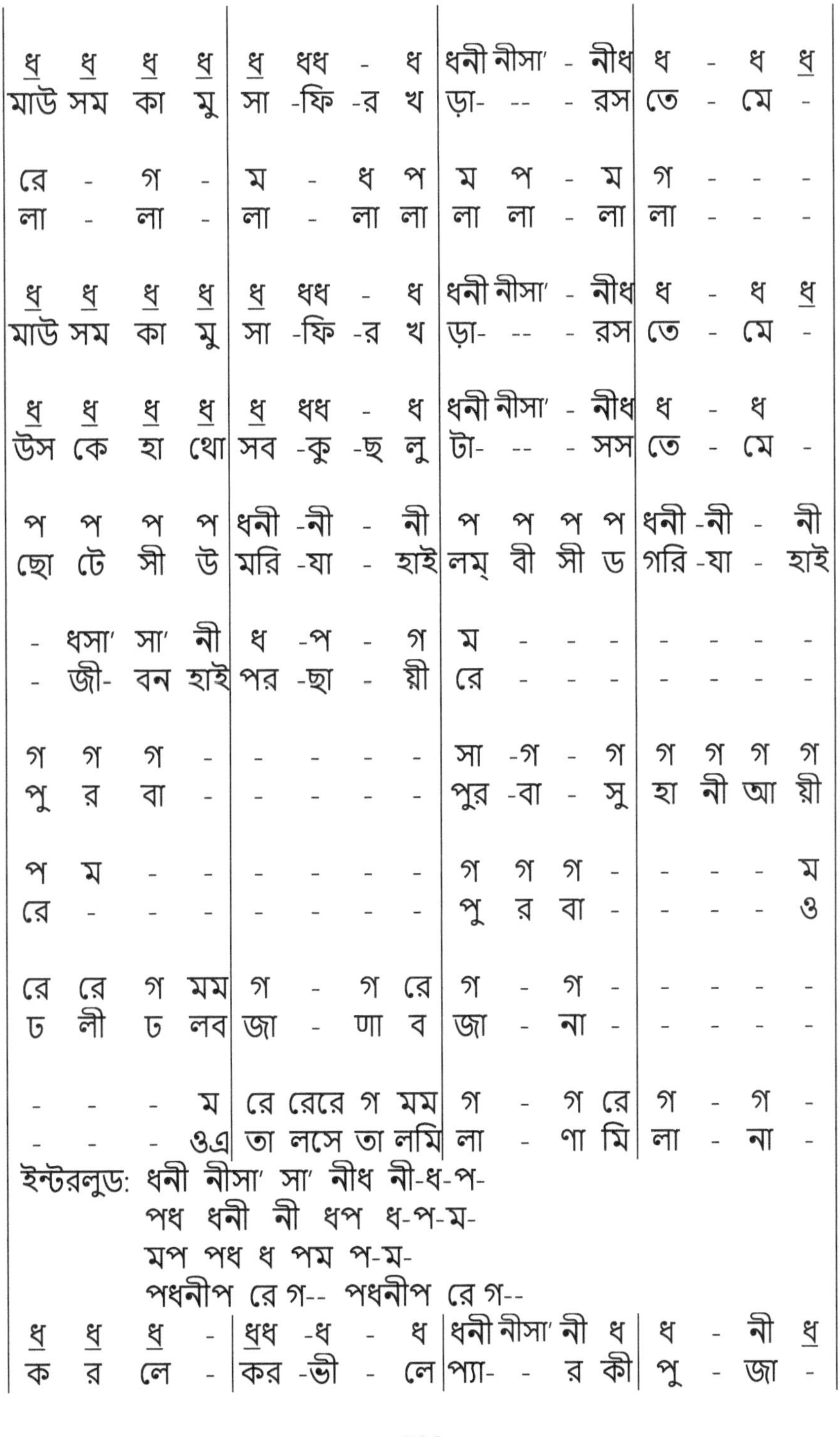

ধ	ধ	ধ	ধ	ধ	ধধ	-	ধ	ধনী	নীসা'	-	নীধ	ধ	-	ধ	ধ
মাউ	সম	কা	মু	সা	-ফি	-র	খ	ড়া-	--	-	রস	তে	-	মে	-
রে	-	গ	-	ম	-	ধ	প	ম	প	-	ম	গ	-	-	-
লা	-	লা	-	লা	-	লা	লা	লা	লা	-	লা	লা	-	-	-
ধ	ধ	ধ	ধ	ধ	ধধ	-	ধ	ধনী	নীসা'	-	নীধ	ধ	-	ধ	ধ
মাউ	সম	কা	মু	সা	-ফি	-র	খ	ড়া-	--	-	রস	তে	-	মে	-
ধ	ধ	ধ	ধ	ধ	ধধ	-	ধ	ধনী	নীসা'	-	নীধ	ধ	-	ধ	ধ
উস	কে	হা	থো	সব	-কু	-ছ	লু	টা-	--	-	সস	তে	-	মে	-
প	প	প	প	ধনী	-নী	-	নী	প	প	প	প	ধনী	-নী	-	নী
ছো	টে	সী	উ	মরি	-যা	-	হাই	লম্	বী	সী	ড	গরি	-যা	-	হাই
-	ধসা'	সা'	নী	ধ	-প	-	গ	ম	-	-	-	-	-	-	-
-	জী-	বন	হাই	পর	-ছা	-	য়ী	রে	-	-	-	-	-	-	-
গ	গ	গ	-	-	-	-	-	সা	-গ	-	গ	গ	গ	গ	গ
পু	র	বা	-	-	-	-	-	পুর	-বা	-	সু	হা	নী	আ	য়ী
প	ম	-	-	-	-	-	-	গ	গ	গ	-	-	-	-	ম
রে	-	-	-	-	-	-	-	পু	র	বা	-	-	-	-	ও
রে	রে	গ	মম	গ	-	গ	রে	গ	-	গ	-	-	-	-	-
ঢ	লী	ঢ	লব	জা	-	ণা	ব	জা	-	না	-	-	-	-	-
-	-	-	ম	রে	রেরে	গ	মম	গ	-	গ	রে	গ	-	গ	-
-	-	-	ওএ	তা	লসে	তা	লমি	লা	-	ণা	মি	লা	-	না	-

ইন্টরলুড: ধনী নীসা' সা' নীধ নী-ধ-প-
পধ ধনী নী ধপ ধ-প-ম-
মপ পধ ধ পম প-ম-
পধনীপ রে গ-- পধনীপ রে গ--

ধ	ধ	ধ	-	ধধ	-ধ	-	ধ	ধনী	নীসা'	নী	ধ	ধ	-	নী	ধ
ক	র	লে	-	কর	-ভী	-	লে	প্যা-	-	র	কী	পু	-	জা	-

| রে | - | গ | - | ম | - | ধ | প | ম | প | - | ম | গ | - | - | - |
| লা | - | লা | - | লা | - | লা | লা | লা | লা | - | লা | লা | - | - | - |

| ধ | ধ | ধ | - | ধধ | -ধ | - | ধ | ধনী | নীসা' | নী | ধ | ধ | - | নী | ধ |
| ক | র | লে | - | কর | -ভী | - | লে | প্যা- | - | র | কী | পু | - | জা | - |

| ধ | - | ধ | ধ | ধধ | -ধ | - | ধ | ধনী | নীসা'-নী | | ধ | ধ | - | ধ | - |
| প্যা | - | র | কে | রংগ | -পে | - | চ | ঢে- | না- -রং | | -গ | দু | - | জা | - |

| প | প | প | প | ধনী | -নী | - | নী | প | প | প | প | ধনী | -নী | - | নী |
| চা | হে | কো | ঈ | সপ | -না | - | হাই | মে | রে | লি | যে | অপ | -না | - | হাই |

| ধ | ধ | সা'সা' | নী | ধ | -প | - | প | প | ধ | - | - | ধ | নী | সা' | ধ |
| - | বা | তমে | রী | বন | -আ | - | য়ী | রে | - | - | - | - | - | - | - |

| ম | প | ম | গ | - | - | - | - | সা | -গ | - | গ | গ | গ | গ | গ |
| এ | - | - | - | - | - | - | - | পুর | -বা | - | সু | হা | নী | আ | য়ী |

| প | ম | - | - | - | - | - | - | গ | গ | গ | - | - | - | - | - |
| রে | - | - | - | - | - | - | - | পু | র | বা | - | - | - | - | - |

ইন্টরলুড: নী সা' রে'- নী সা' ধ নী প ধ ধ
পধনীধপ পধনীধপ রে গ--- পধনীধপ রে গ---

| | | | | | | | | | | | | ধ | - |
| | | | | | | | | | | | | ও | - |

| ধ | ধ | ধ | ধ | ধধ | ধ | - | ধ | ধনী | নীসা'-নী | | ধ | ধ | - | ধ | ধ |
| মী | রা | সী | দী | বা- | -নী | - | রে | না- | চে- -ম | | -স | তা | - | নী | - |

| ধ | ধ | ধ | ধ | ধধ | -ধ | - | ধ | ধনী | নীসা'-নী | | ধ | ধ | - | নী | ধ |
| হো | টোন | পে | হাই | সর | -গ | -ম | তো | আঁ- | -- খন | | -মে | পা | - | নী | - |

| পপ | -প | - | প | ধ | নী | নী | নী | প | -প | - | প | ধ | নী | নী | নী |
| ঘুনঘ | -রু | - | দী | বা | নে | হৃ | এ | রিশ | -তে | - | পু | রা | নে | হৃ | এ |

-	ধ	সা'সা'	-নী	ধ	প	গ	গ	ম	-	-	-	-	-	-	-
-	গী	তমে	-ক	হা	নী	গা	য়ী	রে	-	-	-	-	-	-	-
গ	গ	গ	-	-	-	-	-	সা	-গ	-	গ	গ	গ	গ	গ
পু	র	বা	-	-	-	-	-	পুর	-বা	-	সু	হা	নী	আ	য়ী
-	প	ম	-	-	-	-	-	গ	গ	গ	-	-	-	-	ম
-	রে	-	-	-	-	-	-	পু	র	বা	-	-	-	-	ও
রে	রে	গ	মম	গ	-	গ	রে	গ	-	গ	-	-	-	-	-
ঢ	লী	ঢ	লব	জা	-	ণা	ব	জা	-	না	-	-	-	-	-
-	-	-	ম	রে	রেরে	গ	মম	গ	-	গ	রে	গ	-	গ	-
-	-	-	ওএ	তা	লসে	তা	লমি	লা	-	ণা	মি	লা	-	না	-

গমপসা'--------নীনীসা'---নীপমপগ-
ও...........................

ইন্টরলুড: ধনী নীসা' সা' নীধ নী-ধ-প-
পধ ধনী নী ধপ ধ-প-ম-
মপ পধ ধ পম প-ম-
পধনীপ রেগ-- পধনীপ রেগ—

পধনীসা'গ'-------------- রে'গ'—রে' সা'----- নীসা'নী প- মপ—ম—
গ--
ও.......................

41. রাম চন্দ্র কহ গয়ে সিয়া সে

ফিল্ম: গোপী (1970)	সংগীতকার: কল্যানজী আনন্দজী
গীতকার: রাজেন্দ্র কৃষন	গায়ক: মহেন্দ্র কপূর
তাল: ভজনী, কহরবা দুগুন	কোরড: সাগপ সা=E

হে জী রে -3
হে রামচন্দ্র কহ গয়ে সিয়া সে আইসা কলযুগ আয়েগা
হন্স চুগেগা দানা দুনকা কৌআ মোতী খাযেগা
হে জী রে -2

ধরম ভী হোগা করম ভী হোগা পরন্তু শরম নহীন হোগী
বাত বাত মে মাত পিতা কো বেটা আঁখ দিখাযেগা
হে রামচন্দ্র কহ গয়ে সিয়া সে

রাজা অউর প্রজা ডনো মে হোগী নিসদিন খেচাতানী খেচাতানী
কদম কদম পর করেঙ্গে দোনো অপনি অপনি মনমানী মনমানী
হে জিসকে হাথ মে হোগী লাঠি -2 ভিনস বাহী লে জাযেগা
হন্স চুগেগা দানা দুনকা কৌআ মোতী খাযেগা
হে রামচন্দ্র কহ গয়ে সিয়া সে

সুনো সিয়া কলযুগ মে কালা ধন অর কালে মন হন্গে-2
চোর উচক্কে নগর সেঠ অর প্রভু ভক্ত নির্ধ ন হন্গে
হে জো হোগা লোভী অর ভোগী-2 ভো জোগী কহলাযেগা
হন্স চুগেগা দানা দুনকা কৌআ মোতী খাযেগা
হে রামচন্দ্র কহ গয়ে সিয়া সে

মন্দির সুনা সুনা হোগা ভরী রহেন্গী মধুশালা হ্যান মধুশালা
পিতা কে সং সং ভরী সভা মে নাচেঙ্গী ঘর কী বালা -2
কাযসা কন্যাদান পিতা হী কন্যা কা ধন খাযেগা
হন্স চুগেগা দানা দুনকা কৌআ মোতী খাযেগা
হে রামচন্দ্র কহ গয়ে সিয়া সে

হে জীরে -2
হে মুরখ কী প্রীত বুরী জুএ কী জীত বুরী
বুরে সং বৈঠ চেন ভাগে হী ভাগে-2
হে কাজল কী কোঠরী মে কাসসো হী জতন কারো
কাজল কা দাগ ভাই লাগে হী লাগে রে ভাই -2
হে জী রে -2

হে কিতনা জতী হো কোই কিতনা সতী হো কোই
কামিনী কে সং কাম জাগে হী জাগে -2
হে সুনো কহে গোপী রাম জিসকা হাই রাম খাম
উসকা তো ফন্দ গলে লাগে হী লাগে রে ভাই -2
হে জী রে -2

রাম চন্দ্র কহ গয়ে সিয়া সে

ধিন্	-	ন	ধিন্	-	ধি	ন	ন	ধিন্	-	ন	তিন্	-	তি	ন	ন
1	2	3	4	5	6	7	8	1	2	3	4	5	6	7	8
সা'	সা'	সা'			ধ	নী	ধ		নী	ধ	প				
হে	জী	রে			হে	জী	রে		হে	জী	রে				
														সা'	-
														হে	-
সা'	-	সা'	সা'	-	সা'	সা'	সা'	সা'	নী	-	ধ	ধ	-	প	-
রা	-	ম	চন্	-	দ্র	ক	হ	গ	যে	-	সি	যা	-	সে	-
নী	-	নী	-	নী	ধ	ধ	প	প	-	ম	-	গ	-	রে	সা
ঐ	-	সা	-	ক	ল	যু	গ	আ	-	যে	-	গা	-	-	-

তাল বদলেন্

								ধধা	-ধা	-ধ	ধা-	ধধা	-ধা	-ধ	ধা-
ধা-	কতি	না-	ঘেনা	ধা-	কতি	না-	ঘেনা	ধা-	কতি	না-	ঘেনা	ধা-	কতি	না-	ঘেনা
12	34	56	78	12	34	56	78	12	34	56	78	12	34	56	78

-	সা	রে	রে	রে	গ	ম	প	ম	-	ম	গ	রে	গ	রে	সা
-	হন্	স	চু	গে	-	গা	-	দো	-	না	-	দু	ন	কা	-

-	প	-	ম	গ	-	রে	-	সা	-	সা	-	সা	-
-	কউ	-	আ	মো	-	তী	-	খা	-	যে	-	গা	-

রে' রে' রে' -----গ়' রে' গ়'--- সা' সা' সা'
হে জী রে------------- হে জী রে

ফ্লুট: সা'—গ়'--- রে' সা' <u>নী</u> ধ প সা'

আগে তাল উপর কী তরহ বদল বদল কর বজাএঁ.

সা'	সা'	সা'	সা'	সা'	-	সা'	-	সা'	<u>নী</u>	<u>নী</u>	<u>নী</u>	ধ	-	প	-
ধ	র	ম	ভী	হো	-	গা	-	ক	র	ম	ভী	হো	-	গা	-

-	প	<u>নী</u>	<u>নী</u>	<u>নী</u>	ধ	ধ	প	প	-	ম	-	গ	-	রে	সা
-	প	রং	তু	শ	র	ম	ন	হী	-	হো	-	গী	-	-	-

-	সা	রে	রে	-	গ	ম	প	ম	-	ম	গ	রে	গ	রে	সা
-	বা	ত	বা	-	ত	মে	-	মা	-	ত	পি	তা	-	কো	-

-	প	-	ম	গ	-	রে	রে	সা	-	সা	-	সা	-	সা'	-
-	বে	-	টা	আঁ	-	খ	দি	খা	-	যে	-	গা	-	হে	-

সা'	-	সা'	সা'	-	সা'	রে'	গ়'	রে'	রে'	-	সা'	সা'	-	সা'
রা	-	ম	চন্	-	দ্র	ক	হ	গ	যে	-	সি	যা	-	সে

ফ্লুট: গপধধ<u>নী</u>ধ--- মগরেসা.<u>নী</u> .<u>নী</u>গ—রে-সা .<u>নী</u>.<u>নী</u>সা---

প	-	প	-	প	-	ধ	<u>নী</u>	ধ	-	ধ	-	ধ	-	ধ
রা	-	জা	-	অউ	-	র	প্র	জা	-	দো	-	নো	-	মে

-	প	-	প	প	প	ধ	<u>নী</u>	ধ	-	ধ	-	ধ	-	ধ
-	হো	-	গী	নি	স্দি	কদি	ন	খে	-	চা	-	তা	-	<u>নী</u>

-	-	-	-	-	-	<u>নী</u>	সা'	<u>নী</u>	-	ধ	-	প	-	প	-
-	-	-	-	-	-	-	খে	-	চা	-	তা	-	<u>নী</u>	-

ফ্লুট: সা'---- <u>নী</u> <u>নী</u> সা' প--

বিনোদ কুমার

প	প	প	প	প	প	ধ	নী	ধ	ধ	-	ধ	ধ	-	ধ	প
ক	দ	ম	ক	দ	ম	প	র	ক	রে'	-	গে	দো	-	নো	-
-	প	প	প	প	প	ধ	নী	ধ	ধ	ধ	-	ধ	-	-	-
-	অ	প	নী	অ	প	নী	-	ম	ন	মা	-	নী	-	-	-
-	-	-	-	-	-	নী	সা'	নী	নী	ধ	প	প	-	নী	-
-	-	-	-	-	-	-	-	ম	ন	মা	-	নী	-	হে	-
-	নী	নী	নী	নী	-	নী	ধ	-	সা'	-	সা'	সা'	-	সা'	-
-	জি	স	কে	হা	-	থ	মে	-	হো	-	গী	লা	-	ঠি	-
-	-	-	-	-	-	-	-	-	-	-	-	রে'	সা'	-	-
-	-	-	-	-	-	-	-	-	-	-	-	-	-	-	-
-	নী	নী	নী	নী	-	নী	ধ	-	সা'	-	সা'	সা'	-	সা'	-
-	জি	স	কে	হা	-	থ	মে	-	হো	-	গী	লা	-	ঠি	-
-	সা'	-সা'	সা'	নী	-	ধ	-	প	-	ম	-	গ	-	রে	সা
-	ভেন	-স	ব	হী	-	লে	-	জা	-	যে	-	গা	-	-	-
-	সা	রে	রে	রে	গ	ম	প	ম	-	ম	গ	রে	গ	রে	সা
-	হন্	স	চু	গে	-	গা	-	দা	-	না	-	দু	ন	কা	-
-	প	-	ম	গ	-	রে	-	সা	-	সা	-	সা	-	সা'	-
-	কউ	-	আ	মো	-	তী	-	খা	-	যে	-	গা	-	হে	-
সা'	-	সা'	সা'	-	সা'	রে'	গ'	রে'	রে'	-	সা'	সা'	-	সা'	-
রা	-	ম	চন্	-	দ্র	ক	হ	গ	যে	-	সি	যা	-	সে	-

ফ্লুট: গপধনীধ--- মগরেসা.নী .নীগ—রে-সা .নী.নীসা---

প	প	-	প	প	-	ধ	নী	ধ	ধ	ধ	-	ধ	-	ধ	প
সু	নো	-	সি	যা	-	ক	ল	জু	গ	মে	-	কা	-	লা	-
-	প	প	প	প	প	ধ	নী	ধ	ধ	ধ	-	ধ	-	-	-
-	ধন	অউ	র	কা	-	লে	-	ম	ন	হো	-	গে	-	-	-

-	-	-	-	-	নী	-	সা'	নী	নী	ধ	-	প	-	-	-
-	-	-	-	-	কা	-	লে	ম	ন	হো	-	গে	-	-	-

ফ্লুট: সা'----নী নী সা'--

প	-	প	প	প	প	ধ	নী	ধ	ধ	ধ	ধ	-	ধ	ধ	প
চো	-	র	উ	চ	ক	কে	-	ন	গ	র	সে	-	ঠ	অউ	র

-	প	প	প	-	প	ধ	নী	ধ	ধ	ধ	ধ
-	প্র	ভু	ভ	-	ঙ্কু	নি	র	ধ	ন	হো	-	গে

-	-	-	-	-	-	নী	সা'	নী	নী	ধ	প	প	-	নী	-
-	-	-	-	-	-	নি	র	ধ	ন	হো	-	গে	-	হে	-

-	নী	-	নী	নী	-	নী	ধ	সা'	-	সা'	সা'	সা'	-	সা'
-	জো	-	হো	গা	-	লো	-	ভী	-	অউ	র	ভো	-	গী	-

-	সা'	-	সা'	নী	-	ধ	ধ	প	-	ম	-	গ	-	রে	সা
-	ভো	-	জো	গী	-	ক	হ	লা	-	যে	-	গা	-	-	-

-	সা	রে	রে	রে	গ	ম	প
-	হন্	স	চু	গে	-	গা	-

ফ্লুট: গপধনীধ--- মগরেসা.নী .নীগ—রে-সা .নী.নীসা---

প	-	প	প	প	-	ধ	নী	ধ	-	ধ	-	ধ	-	ধ	প
ম	ন	-	দি	র	সু	-	না	-	সু	-	না	-	হো	-	গা	-

-	প	প	প	প	-	ধ	নী	ধ	ধ	ধ	ধ
-	ভ	রী	র	হেন্	-	গী	-	ম	ধু	শা	-	লা

-	-	-	-	-	-	নী	সা'	নী	নী	ধ	প
-	-	-	-	-	-	ম	ধু	শা	-	লা

প	প	-	প	প	প	ধ	নী	ধ	ধ	-	ধ	ধ	-	ধ	প
পি	তা	-	কে	সন্	গ	সন্	গ	ভ	রী	-	স	ভা	-	মে	-

-	প	-	প	প	-	ধ	নী	ধ	ধ	-	ধ	-	-	-
-	না	-	চে	গী	-	ঘ	র	কী	ন	বো	-	লা	-	-	-

| | | | নী | সা' | নী | – | ধ | – | প | – | – | – |
| | | | – | – | ঘ | র | কী | – | বা | – | ল | া | – | – | – |

ফ্লুট: প গ'---- রে' গ' সা'--- নী ধ প

| নী | নী | – | নী | নী | – | নী | ধ | – | সা' | -সা' | সা' | সা' | – | সা' |
| হে | কই | – | সা | ক্ক | – | যা | – | – | দা | -ন | পি | তা | – | হী | – |

| – | সা' | – | নী | নী | – | ধ | ধ | ধ | প | – | ম | – | গ | – | রে | সা |
| – | ক্ক | – | যা | কা | – | ধ | ন | খা | – | যে | – | গা | – | – | – |

| – | সা | রে | রে | রে | গ | ম | প |
| – | হন্ | স | চু | গে | – | গা | – |

রে' রে' রে' ------ গ' রে' ম'   রে' সা সা'
হে জী রে-------------   হে জী রে

শহনাই:
সা' প'------- ম'-গ' প'-ম' ম'-গ' প'-গ'ম'
গ'-রে' ম'-গ' গ'-রে' ম'-গরে' সা'----

সা'
হে

| সা' | -সা' | -সা' | নী | সা' | -সা' | সা' | নী | সা' | সা' | – | নী | সা' | -সা' | সা' | নী |
| মু | -র | -খ | কী | প্রী | -ত | বু | রী | জু | এ | – | কী | জী | -ত | বু | রী |

| সা' | সা' | সা' | নী | সা' | -সা' | সা' | -সা' | সা' | সা' | সা' | সা' | নী | ধ | – | – |
| বু | রে | সন্ | গ | বই | -ঠ | চাই | -ন | ভা | গে | হী | ভা | গে | – | – | – |

| সা' | সা' | সা' | সা' | নী | ধ | – | রে' | রে' | রে' | রে' | নী | সা' | সা' | সা' | নী |
| ভা | গে | হী | ভা | গে | – | – | হে | কা | জ | ল | কী | কো | ঠ | রী | মে |

| নী | নী | নী | ধ | নী | সা' | নী | ধ | প | প | – | প | ধ | -প | ধ | প |
| কই | সো | হী | জ | ত | ন | ক | রো | কা | জল | – | কা | দা | -গ | ভা | ঈ |

| প | প | প | প | প | ধ | নী | সা' | নী | সা' | – | নী | সা' | নী | ধ | প |
| লা | গে | হী | লা | গে | রে | ভা | ঈ | কা | জল | – | কা | দা | -গ | ভা | ঈ |

| প | প | প | প | প | – | – | নী | -ধ | প |
| | | | | | | | | | |

লা গে হী লা | গে - - - | |

রে' রে' রে' -----গ' রে' গ'   সা' সা' সা'
হে জী রে------------   হে জী রে

মিয়ুসিক: শহনাই:
সা' প'------- ম'-গ' প'-ম' ম'-গ' প'-গ'ম'
গ'-রে' ম'-গ' গ'-রে' ম'-গ'রে' সা'----

সা'
হে

সা'	সা'	-	নী	সা'	সা'	সা'	সা'	সা'	সা'	-	নী	সা'	সা'	সা'	সা'
কিত	না	-	জ	তী	হো	কো	ঈ	কিত	না	-	স	তী	হো	কো	ঈ

সা'	সা'	সা'	সা'	সা'	সা'	সা'	সা'	সা'	সা'	সা'	সা'	নী	ধ	-	রে'
কা	-ম	নী	কে	সন্	গ	কা	-ম	জা	গে	হী	জা	গে	-	-	হে

রে'	রে'	রে'	নী	সা'	সা'	সা'	-নী	নী	নী	-	ধ	নী	-সা'	নী	-ধ
সু	নো	ক	হে	গো	পী	রা	-ম	জিস	কা	-	হাই	রা	-ম	খা	-ম

প	প	-	প	ধ	-প	ধ	ধ	প	প	প	প	প	ধ	সা'	সা'
উস	কা	-	তো	ফন্	-দ	গ	লে	লা	গে	হী	লা	গে	রে	ভা	ঈ

সা'	সা'	-	নী	সা'	-নী	ধ	প	প	প	প	প	প
উস	কা	-	তো	ফন্	-দ	গ	লে	লা	গে	হী	লা	গে

রে' রে' রে'---------- ম' গ' ম'------- গ'-রে' ম'-গ' গ'-রে' ম'-গ'
গ'-রে' ম'-গ' গ' রে' সা'--
হে জী রে   হে জী রে

৪2. তুম অগর সাথ দেনে কা বাদা করো

ফিল্ম: হমরাজ (1967)	সংগীতকার: রভি শর্মা
গীতকার: সাহির লুধিয়ানবি	গায়ক: মহেন্দ্র কপূর
তাল: কহরবা	কোরড: পসা'গ' সাগপ সা=C

তুম অগর সাথ দেনে কা বাদা করো
মেন যুন হী মস্ত নগ্মে লুটাতা রহুন

তুম মুঝে দেখ কর মুস্কুরাটি রহো
মাই তুম্হে দেখ কর গীত গাতা রহুন

কিতনে জলভে ফিজাওন মে বীখরে মগর
মেইন অব তক কিসী কো পুকারা নহীন
তুমকো দেখা তো নজরেন যে কহনে লগী
হমকো চেহরে সে হটনা গবারা নহীন
রাম অগর মেরী নজরণ মে আতী রহ
মেন হর এক শয় সে নগমে চুরাতা রহুন
তুম অগর সাথ দেনে কা বাদা করো
মেন যুন হী মস্ত নগ্মে লুটাতা রহুন

মেইন খবাভন মে বরসন তরাসা জীসে
তুম বাহী সংমরমর কী তাস্ভীর হো
তুম না সমঝ তুমহারা মুকদ্দর হুন মেন
মেন সমঝতা হুন তুম মেরী তকদীর হো
তুম অগর মুঝকো অপনা সমঝনে লগো
মেন বহারণ কী মহফিল সজাতা রহুন
তুম অগর সাথ দেনে কা বাদা করো
মেন যুন হী মস্ত নগ্মে লুটাতা রহুন

মেন একেলা বহুট দের চলতা রহা
অব সফর জিন্দগানী কা কটতা নহীন
জব তলক কোই রঙ্গী সহারা ন হো

ভাক্ত কাফির জবানী কা কটতা নহীন
তুম অগর হম কদম বনকে চলতি রহো
মেন জমীন পে সিতারে বিছাতা রহুন
তুম অগর সাথ দেনে কা বাদা করো
মেন য়ুন হী মস্ত নগ্মে লুটাতা রহুন

ভাক্ত কাফির জবানী কা কটতা নহীন
তুম অগর হম কদম বনকে চলতি রহো
মেন জমীন পে সিতারে বিছাতা রহুন
তুম অগর সাথ দেনে কা বাদা করো
মেন য়ুন হী মস্ত নগ্মে লুটাতা রহুন

তুম অগর সাথ দেনে কা বাদা করো

ধা	গে	ন	তি	ন	কে	ধি	ন	ধা	গে	ন	তি	ন	কে	ধি	ন
1	2	3	4	5	6	7	8	1	2	3	4	5	6	7	8

প্রিলুড:

ফ্লুট: রে'গ'-------- প' ধ' প' গ' --------প'
গ' প' গ' রে' -------- সা'রে' সা'রে' রে' সা রে' গ' ---- রে' সা'
রে' সা' ------ রে' সা' ------ রে' সা'---

সিতার: গ' রে' সা ধ ধ ম প ম –
রে ম প ধ – সা' ধ প ---

সিন্থে: গ' ---- প' ----- গ' রে' সা' ধ রে' সা' ---

বায়লিন: প' ---- গ' ধ' প' ----- গ' ধ' প' ---
গ' রে' সা' --- ধ প ম প ---

সন্তুর: ম প   ধ----প ধ----প ধ---
রে' সা' ধ প----ম প----ম প---
সা' রে'   গ'----রে' গ'----রে' গ'---
প' গ' সা' রে'----সা' রে'----সা' রে'---

ফ্লুট + সিন্থে: ম প   ধ----প ধ ----- প ধ---
রে' সা' ধ প----ম প----ম প---

ধা	গে	ন	তি	ন	কে	ধি	ন	ধা	গে	ন	তি	ন	কে	ধি	ন
1	2	3	4	5	6	7	8	1	2	3	4	5	6	7	8
													প	-	ম
													তুম	-	অ
ম	প	-	-	-	ধ	-	প	প	-	-	-	প	-	প	-
গর	-	-	-	-	সা	-	থ	দে	-	-	-	নে	-	কা	-
-	-	-	ধ	-	ম	-	প	ধ	-	-	-	-	প	-	প
-	-	-	বা	-	দা	-	ক	রো	-	-	-	-	মেন	-	যুন
সা'	-	-	রে'	-	-	রে'	-	সা'	-	সা'	-	ধ	-	প	-
হী	-	-	ম	-	স	ত	-	ন	-	গ	-	মে	-	-	-
-	-	ধ	ধ	-	ধ	-	প	প	-	-	-	-	ধ	-	ম
-	-	লু	টা	-	তা	-	র	হুন	-	-	-	-	তুম	-	মু

মহেন্দ্র কপুর কে 51গীতন কী সরগম

ম	প	-	-	-	ধ	-	প	প	-	-	-	-	প	-	ধ
ঝে	-	-	-	-	দে	-	খ	কর	-	-	-	-	মু	স	কু
ম	প	ম	-	-	ম	-	প	ধ	-	-	-	-	প	-	প
রা	-	-	-	-	তী	-	র	হো	-	-	-	-	মেন	-	তুম
সা'	-	-	রে'	-	-	রে'	-	সা'	-	-	ধ	-	-	প	-
হেন্	-	-	দে	-	-	খ	-	কর	-	-	গী	-	-	ত	-
ধ	নী	ধ	-	-	প	-	প	প	-	-	-	সা'	-	রে'	-
গা	-	-	-	-	তা	-	র	হুন	-	-	-	আ	-	-	-
গ'	-	-	প'	গ'	-	-	প'	গ'	-	প'	-	গ'	-	সা'	-
আ	-	-	-	-	-	-	-	-	-	-	-	-	-	-	-
রে'	-	-	-	রে'	-	-	-	রে'	-	-	-	প	-	ধ	-
আ	-	-	-	-	-	-	-	-	-	-	-	-	-	-	-
সা'	-	-	-	-	-	-	-	-	-	রে'	সা'	ধ	প	ধ	ম
আ	-	-	-	-	-	-	-	-	-	-	-	-	-	-	-
প	-	-	-	-	-	-	-	-	-	-	-	-	-	-	-
আ	-	-	-	-	-	-	-	-	-	-	-	-	-	-	-
												গ'	-	গ'	-
												কি	ত	নে	-
গ'	-	-	গ'	-	-	কপ'	-	গ'	কী	-	গ'	-	-	গ'	-
জল	-	-	বে	-	-	ফি	-	জা	-	-	ওন	-	-	মে	-
ম'	গ'	-	রে'	-	-	সা'	-	রে'	-	-	-	-	রে'	-	সা'
বি	খ	-	রে	-	-	ম	-	গর	-	-	-	-	মেন	-	নে

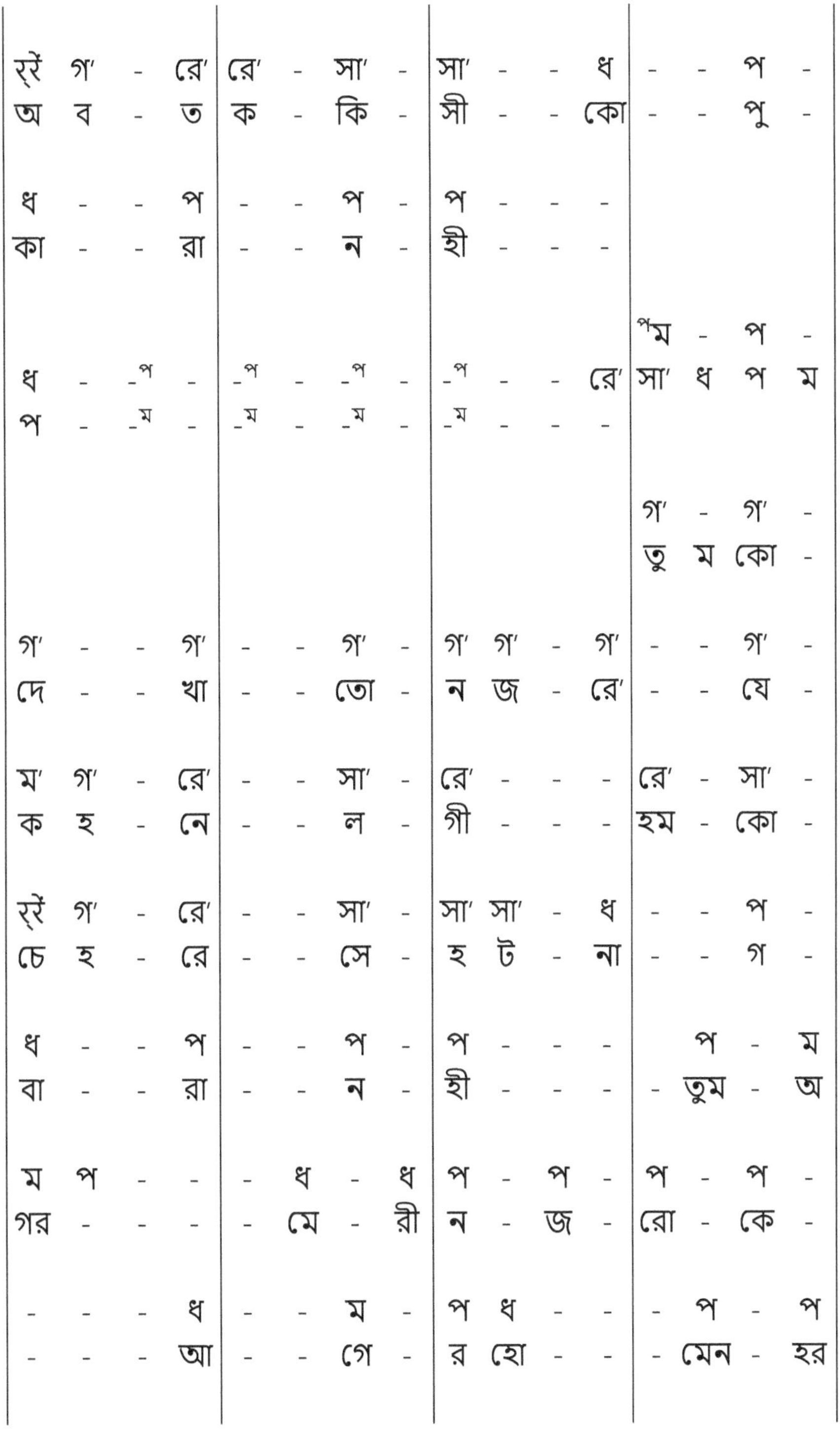

র্রং	গ়্	-	রে়্	রে়্	-	সা়্	-	সা়্	-	ধ	-	-	প	-
অ	ব	-	ত	ক	-	কি	-	সী	-	কো	-	-	পু	-
ধ	-	-	প	-	-	প	-	প	-	-				
কা	-	-	রা	-	-	ন	-	হী	-	-				
ধ	-	-্প	-	-্প	-	-্প	-	-্প	-	রে়্	সা়্্ঁম	ধ	প	ম
প	-	-্ম	-	-্ম	-	-্ম	-	-্ম	-	-	গ়্	-	গ়্	-
											তু	ম	কো	-
গ়্	-	-	গ়্	-	-	গ়্	-	গ়্	গ়্	-	গ়্	-	-	গ়্	-
দে	-	-	খা	-	-	তো	-	ন	জ	-	রে়্	-	-	যে	-
ম়্	গ়্	-	রে়্	-	-	সা়্	-	রে়্	-	-	-	রে়্	-	সা়্
ক	হ	-	নে	-	-	ল	-	গী	-	-	-	হম	-	কো
র্রং	গ়্	-	রে়্	-	-	সা়্	-	সা়্	সা়্	-	ধ	-	-	প
চে	হ	-	রে	-	-	সে	-	হ	ট	-	না	-	-	গ
ধ	-	-	প	-	-	প	-	প	-	-	-	প	-	ম
বা	-	-	রা	-	-	ন	-	হী	-	-	- তুম	-	অ
ম	প	-	-	-	ধ	-	ধ	প	-	প	-	প	-	প
গর	-	-	-	মে	-	রী	ন	-	জ	-	রো	-	কে
-	-	-	ধ	-	-	ম	-	প	ধ	-	-	-	প	-	প
-	-	-	আ	-	-	গে	-	র	হো	-	-	- মেন	-	হর

সা়	সা়	-	রে়	-	-	রে়	-	সা়	-	সা়	-	ধ	-	প	-
ই	ক	-	শয়	-	-	সে	-	ন	-	জ	-	রে়	-	-	-
-	-	ধ	ধ	-	ধ	-	প	প	-	-	-	-	প	-	ম
-	-	চু	রা	-	তা	-	র	হুন	-	-	-	-	তুম	-	অ
ম	প	-	-	-	ধ	-	প	প	-	-	-	প	-	প	-
গর	-	-	-	-	সা	-	থ	দে	-	-	-	নে	-	কা	-
-	-	-	ধ	-	ম	-	প	ধ	-	-	-	-	প	-	প
-	-	-	বা	-	দা	-	ক	রো	-	-	-	-	মেন	-	যুন
সা়	-	-	রে়	-	-	রে়	-	সা়	-	সা়	-	ধ	-	প	-
হী	-	-	ম	-	স	ত	-	ন	-	গ	-	মে	-	-	-
-	-	ধ	ধ	-	ধ	-	প	প	-	-	-	-	প	-	ম
-	-	লু	টা	-	তা	-	র	হুন	-	-	-	-	তুম	-	মু
ম	প	-	-	-	ধ	-	প	প	-	-	-	-	প	-	ধ
ঝে	-	-	-	-	দে	-	খ	কর	-	-	-	-	মু	স	কু
ম	প	ম	-	-	ম	-	প	ধ	-	-	-	-	প	-	প
রা	-	-	-	-	তী	-	র	হো	-	-	-	-	মেন	-	তুম
সা়	-	-	রে়	-	-	রে়	-	সা়	-	-	ধ	-	-	প	-
হেন্	-	-	দে	-	-	খ	-	কর	-	-	গী	-	-	ত	-
ধ	নী	ধ	-	-	প	-	প	প	-	-	-				
গা	-	-	-	-	তা	-	র	হুন	-	-	-				

বাকী উপর কী তরহ বজাএঁ.

43. তুমহারা চাহনে বালা খুদা কী দুনিয়া মে

ফিল্ম: কহীন দিন কহীন রাত (1968)	সংগীতকার: ও. পী. নয়য়্যার
গীতকার: এস. এচ. বিহারী	গায়ক: মহেন্দ্র কপূর, আশা
তাল: দাদরা	কোরড: মধ্যসা' সা=C#

তুমহারা চাহনে বালা খুদা কী দুনিয়া মে
মেরে সিভা ভী কোই অর হো খুদা ন করে

যে বাত কইসে গবারা করেগা দিল মেরা
তুমহারা জিক্র কিসী অর কী জুবান পে হো
তুম্হারে হুসন কী তারীফ আইনা ভী করে
তো মেন তুম্হারী কসম হাই কে তোড় দুন উসকো
তুম্হারে পয়ার উম্হারী অদা কা দীবানা
মেরে সিভা ভী কোই অর হো খুদা ন করে

ভো দিন ন আয়ে কে মুঝ সে কভী জুদা হোকর
কিসী কা পয়ার দোবারা কহীন তলাশ করো
ঝুকা কে সর কো কিসী অজনবী কে শানো পর
তুম অপনে গম কা সহারা কহীন তলাশ করো
করীব দিল কে তুম্হারে কিসী ভী হালত মে
মেরে সিভা ভী কোই অর হো খুদা ন করে

আশা:
তুম্হারে দিল কো কভী মুঝসে কোই ঠেস লগে
মুঝে যকীন হাই আইসা কভী নহীন হোগা
মুঝে বফাওন পে অপনী বডা ভরোসা হাই
তুম্হারা পয়ার হী দে জায়ে না কহীন ধখা
দুআ যে হাই কে তুমহারা খুদা কী দুনিয়া মে
মেরে সিভা ভী কোই অর হো খুদা ন করে

তুমহারা চাহনে বালা খুদা কী দুনিয়া মে

ধ্রী 1	ধ্রী 2	না 3	না 4	ধ্রী 5	না 6	ধ্রী 1	ধ্রী 2	না 3	না 4	ধ্রী 5	না 6
								ধ তুম	ধ হা	প -	গ রা
ম চা	- -	ম হ	ধ নে	ধ বা	প -	ম লা	- -	প খু	ম দা	গ -	ম কী
নী দু	ধ নি	সা' যা	- -	সা' মে	- -	- -	- -	ম' মে	ম' রে	- -	ম' সি
গ বা	- -	রে' ভী	সা' কো	সা' ঈ	রে' -	নী অউ	- -	ধ র	নী হো	সা' -	সা' খু
ধ দা	- -	প ন	ম ক	ম রে	- -						

ইন্টারলুড: সা গ় ম প ধ ---- প নী—ধ নী
ম প ধ নী সা' –নী গ়'-রে' সা'—
নী সা' গ়' ম' ধ প' ম' প' ম' গ়'—রে'
গ়'—রে'সা'ধ রে'—গ়' রে' ধনীসা'—

ধ্রী 1	ধ্রী 2	না 3	না 4	ধ্রী 5	না 6	ধ্রী 1	ধ্রী 2	না 3	না 4	ধ্রী 5	না 6
								সা' যে	নী বা	ধ -	নী ত
সা'রে' কই-	গ়' -	গ়' সে	গ়' গ	গ়' বা	রে' -	গ়' রা	- -	গ়' ক	সা' রে	- -	গ়' গা
গ়' দি	ম' ল	ম' মে	- -	ম' রা	- -	- -	- -	ম' তুম	গ়' হা	- -	গ়' রা
রে' জি	রে' ক	রে' র	গ়' কি	সা' সী	নী -	রে' অউ	- -	গ়' র	সা' কী	ধ -	নী জু
রে' বা	- -	সা' ন	সা' পে	সা' হো	- -	- -	- -	- -	- -	- -	- -

ইন্টরলুড: ফ্লুট: ম প পসা'নী ধ-- প ধ মপনী
ধ নী সা'রে'গ'—রে' নী সা' ধনীসা'---

| | | | | | | | | | সা' | নী | ধ | নী |
| | | | | | | | | | তুম | হা | - | রে |

| সা'রে' | গ' | গ' | গ' | গ' | রে' | গ' | - | গ' | সা' | - | গ' |
| হৃ- | - | ম্ম | কী | তা | - | রী | - | ফ | আ | - | ঈ |

| গ' | ম' | ম' | ম' | ম' | - | - | - | ম' | ম' | গ' | গ' |
| না | - | ভী | ক | রে | - | - | - | তো | মেন | - | তুম |

| রে' | - | রে' | গ' | সা' | নী | রে' | গ' | রে' | সা' | ধ | নী |
| হা | - | রী | ক | স | ম | হাই | - | কি | তো | - | ড় |

| রে' | - | সা' | সা' | সা' | - | - | - | ধ | ধ | প | গ |
| দু | - | উ | স | কো | - | - | - | তুম | হা | - | রে |

| ম | - | ম | ধ | ধ | প | ম | - | প | ম | গ | ম |
| প্যা | - | র | তুম | হা | - | রী | - | অ | দা | - | কা |

| নী | ধ | সা' | - | সা' | - | - | - | ম' | ম' | - | ম' |
| দী | - | বা | - | না | - | - | - | মে | রে | - | সি |

| গ' | - | রে' | সা' | সা' | রে' | নী | - | ধ | নী | সা' | সা' |
| বা | - | ভী | কো | ঈ | - | অউ | - | র | হো | - | খু |

| ধ | - | প | ম | ম | - | - | - | | | | |
| দা | - | ন | ক | রে | - | - | - | | | | |

ইন্টরলুড: সিতার: সা গ ম প ধ – ধধধধ প ধ ম প নী – নীনীনীনী
ধ নী গ' গ' রে' – রে'রে'রে'রে' ম' ম' গ' গ' নী—সা'সা'সা'সা'
ধ নী সা' গ' ম'—ম' ম গ' রে' নী ধ নী সা'—নীনীনীনী
প ধ ম প নী নী – নীনীনীনী নী রে' গ' ম' গ'- সা'সা'সা'সা'-

| | | | | | | | | | সা' | নী | ধ | নী |
| | | | | | | | | | ভো | দি | ন | ন |

সা'রে'	গ'	গ'	গ'	গ'	রে'	গ'	-	গ'	সা'	-	গ'
আ	-	যে	কে	মু	ঝ	সে	-	ক	ভী	-	জু
গ'	ম'	ম'	-	ম'	-	-	-	ম'	ম'	গ'	গ'
দা	-	হো	-	ক	র	-	-	কি	সী	-	কা
রে'	-	রে'	গ'	সা'	নী	রে'	-	গ'	সা'	ধ	নী
প্যা	-	র	দো	বা	-	রা	-	ক	হী	-	ত
রে'	-	সা'	সা'	সা'	-	-	-	-			
লা	-	শ	ক	রো	-	-	-	-			

ইন্টরলুড: ফ্লুট: ম প পসা'নী ধ-- প ধ মপনী
ধ নী সা'রে'গ'—রে' নী সা' ধনীসা'---

								সা'	নী	ধ	নী
								ঝু	কা	-	কে
সা'রে'	গ'	গ'	গ'	গ'	-	গ'	রে'	গ'	সা'	-	গ'
স-	র	কো	কি	সী	-	অ	জ	ন	বী	-	কে
গ'	ম'	ম'	-	ম'	-	-	-	ম'	গ'	গ'	গ'
শা	-	নো	-	প	র	-	-	তুম	অ	প	নে
রে'	-	গ'	রে'	সা'	নী	রে'	গ'	সা'	ধধ	-	নী
গম	-	কা	স	হা	-	রা	-	ক	হী	-	ত
রে'	-	সা'	সা'	সা'	-	-	-	-	ধধ	প	গ
লা	-	শ	ক	রো	-	-	-	-	রী	-	ব
ম	-	ম	ধধ	ধধ	প	ম	-	প	ম	গ'	ম
দিল	-	কে	তুম	হা	-	রে	-	কি	সী	-	ভী
নী	ধ	সা'	সা'	সা'	-	-	-	ম'	ম'	-	ম'
হা	-	ল	ত	মে	-	-	-	মে	রে	-	সি
গ'	-	রে'	সা'	সা'	রে'	নী	-	ধধ	নী	সা'	সা'
বা	-	ভী	কো	ঈ	-	অউ	-	র	হো	-	খু

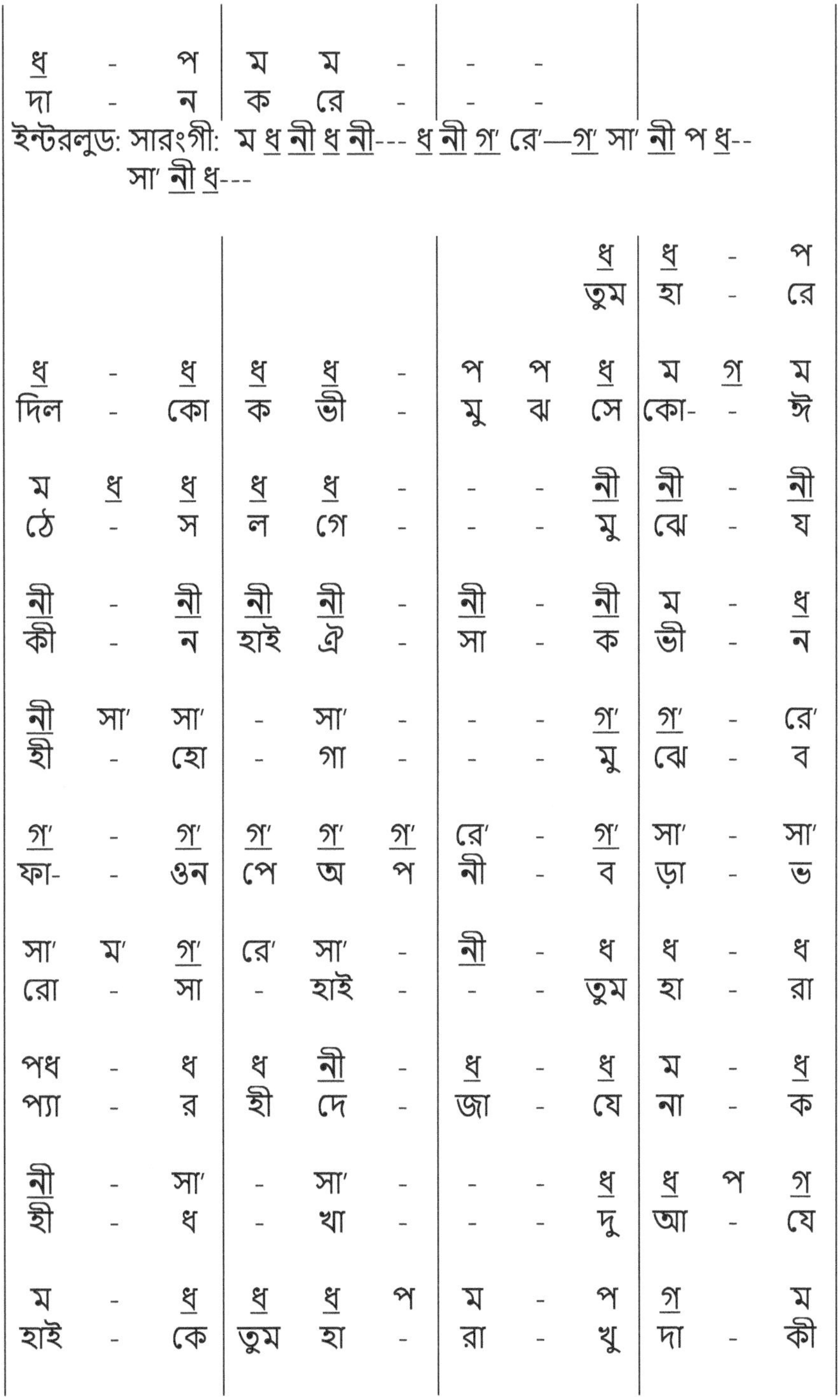

Swara: ধ - প | ম ম - | - -
Lyric: দা - ন | ক রে - | - -

ইন্টারলুড: সারংগী: ম ধ নী ধ নী--- ধ নী গ' রে'—গ' সা' নী প ধ--
সা' নী ধ---

Swara: | | | | | | | | ধ | ধ - প
Lyric: | | | | | | | | তুম | হা - রে

Swara: ধ - ধ | ধ ধ - | প প ধ | ম গ ম
Lyric: দিল - কো | ক ভী - | মু ঝ সে | কো- - ঈ

Swara: ম ধ ধ | ধ ধ - | - - নী | নী - নী
Lyric: ঠে - স | ল গে - | - - মু | ঝে - য

Swara: নী - নী | নী নী - | নী - নী | ম - ধ
Lyric: কী - ন | হাই ত্রি - | সা - ক | ভী - ন

Swara: নী সা' সা' | - সা' - | - - গ' | গ' - রে'
Lyric: হ্মী - হো | - গা - | - - মু | ঝে - ব

Swara: গ' - গ' | গ' গ' গ' | রে' - গ' | সা' - সা'
Lyric: ফা- - ওন | পে অ প | নী - ব | ড়া - ভ

Swara: সা' ম' গ' | রে' সা' - | নী - ধ | ধ - ধ
Lyric: রো - সা | - হাই - | - - তুম | হা - রা

Swara: পধ - ধ | ধ নী - | ধ - ধ | ম - ধ
Lyric: প্যা - র | হী দে - | জা - যে | না - ক

Swara: নী - সা' | - সা' - | - - ধ | ধ প গ
Lyric: হ্মী - ধ | - খ - | - - দু | আ - যে

Swara: ম - ধ | ধ ধ প | ম - প | গ - ম
Lyric: হাই - কে | তুম হা - | রা - খু | দা - কী

নী	ধ	সা'	-	সা'	-	-	-	ম'	ম'	-	ম'
দু	নি	যা	-	মে	-	-	-	মে	রে	-	সি
গ'	-	রে'	সা'	সা'	রে'	নী	-	ধ	নী	সা'	সা'
বা	-	ভী	কো	ঈ	-	অউ	-	র	হো	-	খু
ধ	-	প	ম	মপ	নী	নী	-				
দা	-	ন	ক	রে	-	-	-				

44. তু হুসন হাই মেন ইশক হূ

ফিল্ম: হমরাজ (1967)	সংগীতকার: রবি শর্ম
গীতকার: সাহির লুধিযানবি	গাযক: মহেন্দ্র কপূর
তাল: কহরবা	কোরড: মধসা' সা=C#

তু হুসন হাই মেন ইশক হূ তু মুঝমে হাই মেন তুঝমে হুন
মেন ইসসে আগে কয়া কহুন তু মুঝমে হাই মেন তুঝমে হুন

ও সোনীযে ও মেরে মহীবাল, আ জা ওযে আ জা

পার নদী কে মেরে যার কা ডেরা যার কা ডেরা ওযে যার কা ডেরা
তেরে হবালে রব্বা দিলবর মেরা দিলবর মেরা ওযে দিলবর মেরা
রাত বলা কী বধতা জাযে লহরণ কা ঘেরা
কসম খুদা কী আজ হাই মুশকিল মিলনা মেরা

খায়র করিন্ রব্বা রব্বা খায়র করিন্ রব্বা

সাথ জিযেন্গে সাথ মরেঙে যহী হাই ফসানা
তু হুসন হাই মেন ইশক হূ তু মুঝমে হাই মেন তুঝমে হুন
মেন ইসসে আগে কয়া কহুন তু মুঝমে হাই মেন তুঝমে হুন

কহান সলীম কা রুতবা কহান অনারকলী
যে এসী শাখ এ তমান্না হাই জো কভী ন ফলী

ন বুঝ সকেগী বুঝানে সে অহলে দুনিযা কে

বিনোদ কুমার

ভো শম্মা জো তেরী আন্‌খন মে মেরে দিল মে জলী

হুজুর এক ন এক দিন যে বাত আযেগী
কি তখতো তাজ ভলে হেন কি এক কনীজ ভলী
মেন তখত ও তাজ কো ঠুকরা কে তুঝকো লে লুঙ্গা
কি তখত ও তাজ সে তেরী গলী কী খাক ভলী

সাথ জিযেনগে সাথ মরেনগে যহী হাই ফসানা
তু হুসন হাই মেন ইশক হু তু মুঝমে হাই মেন তুঝমে হুন
মেন ইসসে আগে কয়া কহুন তু মুঝমে হাই মেন তুঝমে হুন

ফসীলে ইতনী উন্‌চি অর পহরা ইতনা সঙ্গী হাই
জিযালে রোমিযো তু কিস তরহ পহুনচা বগীচে মে
যে মেরী জুলিযট কে শোখ চেহরে কী শুআযেন হেন
কি আধী রাত কো সুরজ নিকল আযা দরীচে মে

মেরা কোই অজীজ ইস জা তুঝে পা লে তো ফির কয়া হো
যে সব বাটেন ভো ক্যন সোচে জিসে তেরী তমন্না হো
খুদা কে বাসতে এ রোমিযো ইস জিদ সে বাজ আ জা
কজা আনে সে পহলে মেরে পাস এ দিলনবাজ আ জা

তুঝে জিদ হাই তো পয়ারে মেন দীবানাবার আই
তু জব বাহন মে আই দিল কী দুনিয়া মে বহার আই
তু জব বাহন মে আই

সাথ জিযেনগে সাথ মরেনগে যহী হাই ফসানা
তু হুসন হাই মেন ইশক হু তু মুঝমে হাই মেন তুঝমে হুন
মেন ইসসে আগে কয়া কহুন তু মুঝমে হাই মেন তুঝমে হুন

তু হূসন হাই মেন ইশক হূ

ধা	গে	ন	তি	ন	কে	ধি	ন	ধা	গে	ন	তি	ন	কে	ধি	ন
1	2	3	4	5	6	7	8	1	2	3	4	5	6	7	8
														ম	-
														তু	-
-	ম	প	প	প	-	প	ম	ম	প	-	ধ	ধ	-	প	ম
-	হূ	স	ন	হাই	-	মেন	-	ই	-	শ	ক	হূন	-	তু	
ম	প	প	ধ	ধ	-	প	ম	ম	ম	ম	-	ম	-	সা'	
মু	ঝ	মে	-	হাই	-	মেন	-	তু	ঝ	মে	-	হূন	-	মেন	
-	সা'	-	সা'	সা'	নী	সা'	রে'	সা'	-	-	নী	ধ	প	ম	
-	ই	স	সে	আ	-	গে	-	কয়া	-	-	ক	হূন	-	তু	
ম	প	প	ধ	ধ	-	প	ম	ম	ম	ম	-	ম	-		
মু	ঝ	মে	-	হাই	-	মেন	-	তু	ঝ	মে	-	হূন	-		

ম'ম'ম'সা' রে'রে'রে'সা' ম'ম'ম'সা' রে'রে'রে'সা' ম--

রে' রে'রে'সা' সা' ------ সা'রে'সা'ধ পধ পমম-
ও সোনিযে, ও---------------- মেরে মহিবাল

ধ প সা' প ম
আ জা ওয আ জা

ধা	গে	ন	তি	ন	কে	ধি	ন	ধা	গে	ন	তি	ন	কে	ধি	ন
	ধ	-	ধ	ধ	ধ	ধ	ধ	প	ধ	প	ম	ম	-	ম	-
	পা	-র	ন	দী	কে	মে	রে	যা	-	র	কা	ডে	-	রা	-
		প	-	-	প	-	প	প	-	প	-	সা'	-	-	-
		যা	-	-	র	-	কা	ডে	-	রা	-	ও	যে	-	-
		প	ধ	-	প	-	ম	ম	-	-	-	ম	-	-	-
		যা	-	-	র	-	কা	ডে	-	-	-	রা	-	-	-
-	ধ	ধ	ধ	ধ	ধ	ধ	ধ	প	ধ	প	ম	ম	-	ম	-
-	তে	রে	হ	বা	লে	র	ব্বা	দি	ল	ব	র	মে	-	রা	-

	1	2	3	4	5	6	7	8	9	10	11	12	13	14	15	16
স্বর	-	-	প	প	-	প	-	প	প	-	প	-	সা'	-	-	-
সাহিত্য	-	-	দি	ল	-	ব	-	র	মে	-	রা	-	ও	যে	-	-

	1	2	3	4	5	6	7	8	9	10	11	12	13	14	15	16
স্বর	-	-	প	ধ	-	প	-	ম	ম	-	-	-	ম	-	-	-
সাহিত্য	-	-	দি	ল	-	ব	-	র	মে	-	-	-	রা	-	-	-

	1	2	3	4	5	6	7	8	9	10	11	12	13	14	15	16
স্বর	সা'	-	সা'	সা'	সা'	-	সা'	-	সা'	-	সা'	-	রে'	-	গ'	-
সাহিত্য	রা	-	ত	ব	লা	-	কী	-	ব	ঢ	তা	-	জা	-	যে	-

	1	2	3	4	5	6	7	8	9	10	11	12	13	14	15	16
স্বর	-	-	রে'	গ'	-	রে'	-	সা'	সা'	-	-	-	ধ	-	-	-
সাহিত্য	-	-	ল	হ	-	রো	-	কা	ঘ	-	-	-	রা	-	-	-

	1	2	3	4	5	6	7	8	9	10	11	12	13	14	15	16
স্বর	সা'	সা'	-	সা'	সা'	-	সা'	-	সা'	-	সা'	সা'	রে'	-	গ'	-
সাহিত্য	ক	স	ম	খু	দা	-	কী	-	আ	-	জ	হাই	মু	শ	কি	ল

	1	2	3	4	5	6	7	8	9	10	11	12	13	14	15	16
স্বর	-	-	রে'	গ'	-	রে'	সা'	-	সা'	-	-	-	সা'	-	-	-
সাহিত্য	-	-	মি	ল	-	না	-	-	মে	-	-	-	রা	-	-	-

	1	2	3	4	5	6	7	8	9	10	11	12	13	14	15	16
স্বর	ম	-	ম	ম	ম	ম	মে	ধ	ধ	-	মে	ম	ম	-	গ	-
সাহিত্য	খই	-র	ক	রী	র	ব্বা	র	ব্বা	খই	-র	ক	রী	র	-	ব্বা	-

ম'-------- মে-------- ম'--------- রে'সা'রে'সা'নী   ধমেম
আ--------আ-------   আ---------আ-------   আ---

ধ-------- নীসা'ধ- নীরে'সা'
হুন----------------------

	1	2	3	4	5	6	7	8	9	10	11	12	13	14	15	16
স্বর	সা'	-	সা'	সা'	সা'	-	সা'	নী	নী	সা'	সা'	গ'	রে'	-	সা'	-
সাহিত্য	সা	-	থ	জি	যেন	-	গে	-	সা	-	থ	ম	রে'	-	গে	-

	1	2	3	4	5	6	7	8	9	10	11	12	13	14	15	16
স্বর	-	-	সা'	রে'-	-	সা'	-	নী	নী	-	নী	ধ	প	-	ম	-
সাহিত্য	-	-	য	হী	-	হাই	-	ফ	সা	-	না	-	ও	যে	তু	-

	1	2	3	4	5	6
স্বর	-	ম	প	প	প	-
সাহিত্য	-	হৃ	স	ন	হাই	-

ইন্টরলুড: সা'সা'সা'নী সা'রে'রে'সা' নীসা'সা'নী ধ—
ধনীনীধ নীসা'সা'নী ধনীধমে ম—

Panel 1

রে' / ল্লী	– / –	– / –	রে' / ম
নী / না	– / –	ধ / –	– / –
ম / শ	– / –	ম / খে	– / –
ধ / ভী	প / –	ধ / –	ম / ন
রে' / কে	– / –	রে' / গী	– / –
ধ / দু	– / –	ধ / নি	– / –
ম / জো	– / –	– / –	ম / তে
ধ / দিল	– / –	– / –	ম / মে
সা' / এ	– / –	রে' / –	– / মে

Panel 2

রে' / কা	– / –	– / –	– / –
নী / র	সা' / ক	নী / ল্লী	– / –
– / –	ম / ত	ম / ম্	প / –
– / –	ম / ফ	ম / লী	– / –
রে' / বু	রে' / ঝা	– / –	– / –
নী / য	সা' / –	সা' / কে	– / –
ম / রী	– / –	ম / আঁ	প / –
– / –	ম / জ	ম / লী	– / –
সা' / ক	সা' / ন	সা' / ই	সা' / ক

Panel 3

সা' / রু	সা' / ত	সা' / বা	রে' / –
– / –	– / –	– / –	– / –
প / না	প / –	– / –	ধ / হাই
ধ / হা	প / যে	ধ / –	– / –
সা' / নে	– / –	সা' / সে	নী / –
নী / –	– / –	– / –	– / –
প / খন	– / –	ধ / মে	– / –
ধ / হা	– / যে	– / –	– / –
– / –	– / –	রে' / দি	রে' / ন

Panel 4

সা' / ক	সা' / হ্যান	– / –	সা' / স
সা' / ক	নী / হ্যান	– / –	নী / অ
ম / যে	গ / ঐ	– / –	রে / সী
– / –	নী / জো	– / –	নী / ক
সা' / ন	সা' / বু	সা' / ঝ	সা' / স
– / –	নী / অ	নী / হ	নী / লে
ম / ভো	গ / শম্	– / –	রে / ম
– / –	নী / মে	নী / রে	– / –
সা' / হৃ	নী / জু	– / –	ধ / র
রে' / যে	রে' / বা	– / –	রে' / ত

সা′	-	নী	ধ	সা′	-	নী	-	-	-	-	-	গ′	গ′	-	রে′
আ	-	-	-	যে	-	গী	-	-	-	-	-	কি	ত	খ	তো
গ′	-	-	-	গ′	গ′	গ′	রে′	-	-	গ′	-	ম′	গ′	রে′	রে′
ত	-	-	-	জ	ভ	লে	-	-	-	হেন	-	কি	ই	ক	ক
রে′	-	গ′	-	রে′	সা′	সা′	-	(সা′	রে′	রে′	গ′)	সা′	সা′	-	সা′
নী	-	-	-	জ	ভ	লী	-	to repeat				মেন	ত	খ	তো
রে′	-	-	রে′	রে′	-	-	-	সা′	সা′	রে′	-	সা′	নী	নী	নী
ত	-	-	জ	কো	-	-	-	ঠু	ক	রা	-	কে	তু	ঝ	কো
নী	-	ধ	-	নী	সা′	নী	-	ধ	-	-	-	ম	গ	-	রে
লে	-	-	-	লুণ	-	গা	-	রী	-	-	-	কি	ত	খ	তো
ম	-	-	ম	ম	-	ম	প	ধধ	-	-	-	ধ	নী	-	নী
তা	-	-	জ	সে	-	তে	-	রী	-	-	-	গ	লী	-	কি
ধধ	-	-	-	মে	ম	ম	-	ধধ	-	-	-				
খ	-	-	-	ক	ভ	লী	-	হা	য	-	-				
ধ	-	-	-	-	-	নী	সা′	ধ	-	নী	রে′	সা′	-	-	-
ও	-	-	-	-	-	ফ	-	সা	-	না	-	-	-	-	-
সা′	-	সা′	সা′	সা′	-	সা′	নী	নী	সা′	সা′	গ′	রে′	-	সা′	-
সা	-	থ	জি	যেন	-	গে	-	সা	-	থ	ম	রে′	-	গে	-
-	-	সা′	রে′	-	সা′	-	নী	নী	-	নী	ধ	প	-	ম	-
-	-	য	হী	-	হাই	-	ফ	সা	-	না	-	ও	যে	তু	-
-	ম	প	প	প	-	-									
-	হৃ	স	ন	হাই	-	-									

ইন্টারলুড: সা′গ′ম′—সা′রে′--- নীসা′---- প নীধ পধ মপ ম—

| ধা | ধী | না | ধা | তুন্ | না | ধা | ধী | না | ধা | তুন্ | না |
1	2	3	4	5	6	1	2	3	4	5	6
								সা’ ফ	সা’ সী	নী লেন্	-
সা’ ই	সা’ ত	সা’ নী	সা’ ঊম	সা’ চী	-	রে’ অউ	-	সা’ র	নী পহ	নী রা	-
নী ই	সা’ ত	নী না	ধ সন্	প গী	ম -	ধ হাই	-	ম জি	গ যা	গ লে	-
ম রো	-	ম মি	ম যো	-	ম তু	প কিস	-	প ত	নী রহা	-	নী প’হৃ
ধ চা	-	ধ ব	প গী	প চে	ম -	ম মে	-	সা’ যে	সা’ মে	নী রী	-
সা’ জু	-	সা’ লি	সা’ যট	সা’ কে	-	রে’ শো	-	সা’ খ	নী চেহ	নী রে	-
সা’ কী	-	নী শু	ধ আ	প যেন	ম -	ধ হেন	-	ম কি	গ আ	গ ধী	-
ম রা	-	ম ত	ম কো	-	ম সু	প র	প জ	প নি	পনী কল	নী আ	-
ধ যা	-	ধ দ	প রী	প চে	ম -	ম মে	-	ধ মে	ধ রা	ধ কো	-
নী ঈ	ধ -	ধ অ	ধ জী	ধ জ,ই	ধ স	নী জা	ধ -	ধ তু	ধ ঝে	-	ধ পা
নী লে	-	ধ তো	ধসা’ ফির	নী কয়া	-	ধ হো	-	ম যে	গ সব	গ বা	-

ম তে	- -	ম ভো	ম ক্যা	ম সো	- -	প চে	- -	প জি	প সে	- -	নী তে
ধ রী	- -	ধ ত	প মন	প না	ম -	ম হো	- -	সা' খু	সা' দা	নী কে	- -
সা' বা	- -	সা' স	সা' তে	- -	সা' ঞ	সা'রে' রো-	গ' -	গ' মি	গ' যো	গ' -	গ' ইস
রে' জি	রে' দ	রে' সে	গ' বা	- -জ	রে' আ	সা' জা	- -	সা' ক	সা' জা	সা' আ	- -
রে' নে	- -	সা' সে	নী পহ	নী লে	- -	সা' মে	- -	নী রে	ধ পা	- -স	প ঞ
প দিল	- -	প ন	ধ বা	- -জ	প আ	ম জা	- -				

ধা	গে	ন	তি	ন	কে	ধি	ন	ধা	গে	ন	তি	ন	কে	ধি	ন
1	2	3	4	5	6	7	8	1	2	3	4	5	6	7	8
								-	-	-	ম তু	গ ঝে	-	গ জি	গ দ
ম হাই	- -	ম তো	- -	ম প্যা	- -	ম রে	- -	- -	ধ দে	- -	ধ খ	ধ মেন	- -	ধ দী	- -
মে বা	ধ -	ধ না	- -	মে বা	- -র	ম আ	- -	মে য়ী	- -	- -	ম তু	গ জ	গ ব	গ বা	- -
ম হো	- -	ম মে	- -	ম আ	- -	ম য়ী	- -	- -	গ দি	- ল	গ কী	ম দু	ধ নি	ধ যা	- -
ধমে মে	- -	- -	মে ব	মে হা	- -র	ম আ	- -	মে য়ী	- -	- -	ম তু	গ জ	ধ ব	ধ বা	- -

মহেন্দ্র কপুর কে 51গীতন কী সরগম

মে	-	মে	-	ম	-	ম	-	-	-	-	-	-	-	-	-
হো	-	মে	-	আ	-	য়ী	-	-	-	-	-	-	-	-	-
ধ	-	-	-	-	-	নী	সা'	ধ	-	নী	রে'	সা'	-	-	-
ও	-	-	-	-	-	-	-	-	-	-	-	-	-	-	-
সা'	-	সা'	সা'	সা'	-	সা'	নী	নী	সা'	সা'	গ'	রে'	-	সা'	-
সা	-	থ	জি	যেন	-	গে	-	সা	-	থ	ম	রে'	-	গে	-
-	-	সা'	রে'	-	সা'	-	নী	নী	-	নী	ধ	প	-	ম	-
-	-	য	হী	-	হাই	-	ফ	সা	-	না	-	ও	যে	তু	-
-	ম	প	প	প	-	-									
-	হৃ	স	ন	হাই	-	-									

45. তেরে পয়ার কা আসরা চাহতা হুন

ফিল্ম: ধুল কা ফুল (1958)	সংগীতকার: এন. দত্তা
গীতকার: সাহির লুধিয়ানবি	গায়ক: মহেন্দ্র কপূর, লতা
তাল: কহরবা	কোরড: সাগপ রেমেধ সা=C#

তেরে পয়ার কা আসরা চাহতা হুন
বফা কর রহা হু বফা চাহতা হুন

হসীনো সে অহদে বফা চাহতেহো
বড়ে নাসমঝ হো যে কয়া চাহতে হো

তেরে নরম বালোন মে তারে সজা কে
তেরে শখ কদমো মে কলিয়ান বিছা কে
মোহোববত কা ছোটা সা মন্দির বনা কে
তুঝে রাত দিন পুজনা চাহতা হুন
বফা কর রহা হু বফা চাহতা হুন

জরা সোচ লো দিল লগানে সে পহলে
কি খোনা ভী পড়তা হাই পানে সে পহলে
ইজাজত তো লে লো জমানে সে পহলে
কি তুম হুসন কো পুজনা চাহতে হো
বড়ে নাসমঝ হো যে কয়া চাহতে হো

কহান তক জিয়েন তেরী উলফত কে মারে
গুজরতী নহীন জিনদগী বিন সহারে
বহুত হো চুকে দুর রহকর ইশারে
তুঝে পাস সে দেখনা চাহতা হুন
বফা কর রহা হু বফা চাহতা হুন

মোহোবত কী দুশমন হাই সারী খুদাই
মোহোবত কী তকদীর মে হাই জুদাই
জো সুনতে নহীন হাই দিলো কী দুহাই

উন্হী সে মুঝে মানগনা চাহতে হো
বডে নাসমঝ হো যে কয়া চাহতে হো

দুপতটে কে কোনে কো মুন্হ মে দবা কে
জরা দেখ লো ইস তরফ মুসকুরা কে
মুঝী সে মুঝে ছীন লো পাস আ কে
কি মেন মাউত সে খেলনা চাহতা হুন
বফা কর রহা হু বফা চাহতা হুন

গলত সারে ডাবে গলত সারী কসমে
নিভেনগী যহান কইসে উলফত কী রসমে
যহান জিন্দগী হাই রিভাজোন কে বস মে
রিভাজন কো তুম তোড়না চাহতে হো
বডে নাসমঝ হো যে কয়া চাহতে হো

রিবাজোন কী পরবাহ না রসমো কা ডর হাই
তেরী আঁখ কে ফায়সলে পে নজর হাই
বলা সে অগর রাস্তা পুরখতর হাই
মেন ইস হাথ কো থামনা চাহতা হুন
বফা কর রহা হু বফা চাহতা হুন

তেরে পয়ার কা আসরা চাহতা হুন

ধা	গে	ন	তি	ন	কে	ধি	ন	ধা	গে	ন	তি	ন	কে	ধি	ন
1	2	3	4	5	6	7	8	1	2	3	4	5	6	7	8

```
সারে মেমে প  পপপধ মেমেপ-মে  ধ
তেরে প্যার কা  আসরা চাহতা--  হুন

সারে   মেমে পমেগমেপ  পপ পধসা'নীধ  পমেপ-মে  ধ
তেরে প্যার   কা-----   আস রা----   চাহতা--  হুন

সা'সা' সা' সা'নীসা' নীধ ধনী ধপপ  মেরেগসা
বফা কর রহা-  হুন--  বফা চাহতা হুন-----
```

ধা	গে	ন	তি	ন	কে	ধি	ন	ধা	গে	ন	তি	ন	কে	ধি	ন
1	2	3	4	5	6	7	8	1	2	3	4	5	6	7	8
								সা	রে			-	মে	-	মে
								তে	রে			-	প্যা	-	র
প	-	-	-	-	প	-	প	প	-	ধ	-	-	প	-	মে
কা	-	-	-	-	আ	-	স	রা	-	-	-	-	চা	-	হ
মে	প	-	ধ	ধ	-	-	-	-	-	সা'	সা'	-	সা'	-	সা'
তা	-	-	-	হুন	-	-	-	-	-	ব	ফা	-	ক	র	র
নী	-	নী	সা'	নী	-	ধ	-	-	-	ধ	নী	-	নী	-	ধ
হা	-	-	-	হুন	-	-	-	-	-	ব	ফা.	-	চা	-	হ
প	-	-	-	মে	রে	গ	-	সা	-	সা	রে	-	মে	-	মে
তা	-	-	-	হুন	-	-	-	-	-	হ	সী	-	নো	-	সে
প	-	প	-	প	-	-	-	-	-	প	ধ	-	প	-	মে
অ	-	হ	-	দে	-	-	-	-	-	ব	ফা	-	চা	-	হ
মে	প	-	ধ	ধ	-	-	-	-	-	সা'	সা'	-	সা'	-	সা'
তে	-	-	-	হো	-	-	-	-	-	ব	ড়ে	-	না	-	স
নী	-	সা'	-	নী	-	ধ	-	-	-	ধ	নী	-	নী	-	ধ
ম	-	ঝ	-	হো	-	-	-	-	-	যে	কয়া	-	চো	-	হ

মহেন্দ্র কপুর কে 51 গীতন কী সরগম

প	-	-	-	মে	রে	গ	-	সা	-	সা	রে	-	মে	-	মে
তে	-	-	-	হো	-	-	-	-	-	ব	ড়ে	-	না	-	স
প	-	প	-	প	-	-	-	-	-	-	-				
ম	-	ঝ	-	হো	-	-	-	-	-	-	-				

ইন্টরলুড: রে- নী- ধ প ধ প মে গ-- ধ প মে রে-- নী ধ প – মে প--

										ধ	ধ	-	সা'	-	সা'
										তে	রে	-	ন	র	ম
রে'	-	-	-	রে'	-	রে'	-	-	-	ধ	ধ	-	প	-	মে
বা	-	-	-	লো	-	মে	-	-	-	তা	-	-	রে	-	স
প	মে	প	-	প	-	-	-	-	-	ধ	ধ	-	সা'	-	সা'
জা	-	-	-	কে	-	-	-	-	-	তে	রে	-	শো	-	খ
গ'	-	গ'	-	রে'	-	রে'	-	-	-	ধ	ধ	-	প	-	মে
ক	-	দ	-	মো	-	মে	-	-	-	ক	লি	-	য়ান	-	বি
প	মে	প	-	প	-	-	-	-	-	সা'	সা'	-	সা'	-	সা'
ছা	-	-	-	কে	-	-	-	-	-	মো	হো	-	ব্ব	ত	কা
নী	ধ	-	নী	নী	-	নী	ধ	-	-	নী	-	-	ধ	-	প
ছো	-	-	-	টা	-	সা	-	-	-	ম'	-	-	দি	র	ব
মে	প	-	মে	প	-	প	ধ	সা'	-	সা'	সা'	-	সা'	-	সা'
না	-	-	-	কে	-	-	-	-	-	মো	হো	-	ব্ব	ত	কা
নী	ধ	-	নী	নী	-	নী	ধ	-	-	নী	-	-	ধ	-	প
ছো	-	-	-	টা	-	সা	-	-	-	মন	-	-	দি	র	ব
মে	প	-	মে	রে	রে	গ	-	সা	-	সা	রে	-	মে	-	মে
না	-	-	-	কে	-	-	-	-	-	তু	ঝে	-	রা	-	ত
প	-	-	-	-	-	-	-	সা	-	সা	রে	-	মে	-	মে
দিন	-	-	-	-	-	-	-	-	-	তু	ঝে	-	রা	-	ত

প	-	-	-	-	প	-	প	প	-	ধ	-	-	প	-	মে
দিন	-	-	-	-	পু	-	জ	না	-	-	-	-	চা	-	হ
মে	প	-	ধ	ধ	-	-	-	-	-	সা'	সা'	-	সা'	-	সা'
তা	-	-	-	হুন	-	-	-	-	-	ব	ফ়	-	ক	র	র
নী	-	নী	সা'	নী	-	ধ	-	-	-	ধ	নী	-	নী	-	ধ
হা	-	-	-	হুন	-	-	-	-	-	ব	ফ়	-	চা	-	হ
প	-	-	-	মে	রে	গ	-	সা	-	সা	রে	-	মে	-	মে
তা	-	-	-	হুন	-	-	-	-	-	তে	রে	-	প্যা	-	র
প	মে	ধ	প	প	-										
কা	-	-	-	-	-										

ইন্টারলুড: নী ধ প- নী সা' রে'—সা' নী সা'- নী ধ-
ধ নী সা' – নী ধ নী- মেপ-

										ধ	ধ	-	সা'	-	সা'
										জ	রা	-	সো	-	চ
রে'	-	-	-	-	রে'	-	রে'	সা'	-	-	ধ	-	-	মে	-
লো	-	-	-	-	দি	ল	ল	গা	-	-	নে	-	-	সে	-
প	-	প	-	প	-	-	-	-	-	ধ	ধ	-	সা'	-	সা'
প	-	হ	-	লে	-	-	-	-	-	কি	খো	-	না	-	ভী
গ'	-	গ'	-	রে'	-	রে'	-	-	-	ধ	-	-	প	-	মে
প	-	ড়	-	তা	-	হাই	-	-	-	পা	-	-	নে	-	সে
প	-	প	-	প	-	-	-	-	-	সা'	সা'	-	সা'	-	সা'
প	-	হ	-	লে	-	-	-	-	-	ই	জা	-	জ	ত	তো
নী	ধ	-	নী	নী	-	ধ	-	-	-	ধ	নী	-	ধ	-	প
লে	-	-	-	লো	-	-	-	-	-	জ	মা	-	নে	-	সে
মে	-	প	-	প	-	প	ধ	সা'	-	সা'	সা'	-	সা'	-	সা'
প	-	হ	-	লে	-	-	-	ই	-	জা	-	-	জ	ত	তো

M1				M2				M3				M4			
নী	ধ	-	নী	নী	-	ধ	-	-	-	ধ	নী	-	ধ	-	প
লে	-	-	-	লো	-	-	-	-	-	জ	মা	-	নে	-	সে
প	-	প	-	মে	রে	গ	-	সা	-	সা	রে	-	মে	-	মে
প	-	হ	-	লে	-	-	-	-	-	কি	তু	ম	হৃ	স	ন
প	-	-	-	-	-	-	-	-	-	সা	রে	-	মে	-	মে
কো	-	-	-	-	-	-	-	-	-	কি	তু	ম	হৃ	স	ন
প	-	-	-	-	প	-	প	প	-	ধ	-	-	প	-	মে
কো	-	-	-	-	পু	-	জ	না	-	-	-	-	চা	-	হ
প	-	ধ	-	ধ	-	-	-	-	-	সা'	সা'	-	সা'	-	সা'
তে	-	-	-	হো	-	-	-	-	-	ব	ড়ে	-	না	-	স
নী	-	সা'	-	নী	-	ধ	-	-	-	ধ	নী	-	নী	-	ধ
ম	-	ঝ	-	হো	-	-	-	-	-	যে	কয়া	-	চা	-	হ
প	-	-	-	মে	রে	গ	-	সা	-	সা	রে	-	মে	-	মে
তে	-	-	-	হো	-	-	-	-	-	ব	ড়ে	-	না	-	স
প	-	প	-	প	-	-	-								
ম	-	ঝ	-	হো	-	-	-								

বাকী অঙ্তরে উপর কী তরহ বজাএঁ,
আখিরী অঙ্তরা ইস প্রকার হাই...
ইন্টরলুড: রে'-গ'—রে' নী ধ নী – ধ নী রে' ম' গ' রে' গ' মে- প'-

M1				M2				M3				M4			
								-	-	সা'	রে'	-	মে	-	মে
								-	-	রি	বা	-	জো	-	কী
প'	-	প'	-	প'	-	মেপ'	-	-	-	ম'	ম'	-	গ'	-	রে'
প	-	র	-	বা	হ	না-	-	-	-	র	স	-	মো	-	কা
রে'	-	গ'	-	রে'	গ'	ম'	-	-	-	গ'	ম'	-	গ'	-	রে'
ড	-	র	-	হাই	-	-	-	-	-	তে	রী	-	আঁ	-	খ

বিনোদ কুমার

সা'	–	–	–	–	সা'	–	ধ	সা'	রে'	গ'	–	রে'	গ'	ম'	ম'
কে	–	–	–	–	ফাই	–	স	লে	–	–	–	পে	–	–	ন
গ'	–	গ'	–	গ'	–	রে'	–	সা'	–	নী	নী	–	নী	–	নী
জ	–	র	–	হাই	–	–	–	–	–	ব	লা	–	সে	–	অ
সা'	নী	সা'	–	–	ধ	–	ধ	ম	–	–	–	ধ	–	–	ধ
গর	–	–	–	–	রা	–	স	তা	–	–	–	পু	র	–	খ
প	–	প	–	প	–	প	ধ	নী	–	নী	নী	–	নী	–	নী
ত	–	র	–	হাই	–	–	–	–	–	ব	লা	–	সে	–	অ
সা'	–	–	–	–	ধ	–	ধ	ম	–	–	–	ধ	–	–	ধ
গর	–	–	–	–	রা	–	স	তা	–	–	–	পু	র	–	খ
প	–	প	–	মে	রে	গ	–	সা	–	সা	রে	–	মে	–	মে
ত	–	র	–	হাই	–	–	–	–	–	মেন	ই	স	হা	–	থ
প	–	–	–	–	–	–	–	–	–	সা	রে	–	মে	–	মে
কো	–	–	–	–	–	–	–	–	–	মেন	ই	স	হা	–	থ
প	–	–	–	–	প	–	প	প	–	ধ	–	–	প	–	মে
কো	–	–	–	–	থা	–	ম	না	–	–	–	–	চা	–	হ
প	–	ধ	–	ধ	–	–	–	–	–	সা'	সা'	–	সা'	–	সা'
তা	–	–	–	হুন	–	–	–	–	–	ব	ফ়া	–	ক	র	র
নী	–	নী	সা'	নী	–	ধ	–	–	–	ধ	নী	–	নী	–	ধ
হা	–	–	–	হুন	–	–	–	–	–	ব	ফ়া	–	চা	–	হ
প	–	–	–	মে	রে	গ	–	সা	–	সা	রে	–	মে	–	মে
তা	–	–	–	হুন	–	–	–	–	–	তে	রে	–	প্যা	–	র
প	–	–	–	–											
কো	–	–	–	–											

46. তেরে পয়ার কী তমন্না

ফিল্ম: তবাযফ (1985)	সংগীতকার: রবি শর্ম
গীতকার: হসন কমাল	গায়ক: মহেন্দ্র কপূর
তাল: কহরবা	কোরড: সা<u>গ</u>প প<u>নী</u>রে' সা=C#

তেরে পয়ার কী তমন্না গম এ জিন্দগী কে সায়ে
বডি তেজ আঁধিযান হেন যে চিরাগ বুঝ ন জায়ে

হাই অজীভ ডাসতান কুছ যে হমারী ডাসতান ভী
কভী তুম সমঝ ন পায়ে কভী হম সুনা ন পায়ে
ন ফিজ্ঞান হাই অপনে বস মে ন নজর মে হাই কিনারা
কহীন মেরে দিল কী কস্তি ন ভনবর মে ডুব জায়ে

কোই হল তু হী বতা দে মেরে দিল কী কশমকশ কা
তুঝে ভুলনা ভী চাহুন তেরী যাদ হী সতায়ে

তেরে পয়ার কী তমন্না

ধা	গে	ন	তি	ন	কে	ধি	ন	ধা	গে	ন	তি	ন	কে	ধি	ন
1	2	3	4	5	6	7	8	1	2	3	4	5	6	7	8
প্রিলুড: গ়' রে' সা়															
														সা	<u>গ</u>
														তে	রে
প	-	-	-	ম	<u>গ</u>	ম	<u>গ</u>	রে	-	সা	-	-	-	সা	<u>গ</u>
প্যা	-	-	-	র	কী	-	ত	ম	-	ন্না	-	-	-	গ	মে
প	-	-	-	ম	গ	ম	<u>গ</u>	রে	-	সা	-	-	-	প	প
জিন্	-	-	-	দ	গী়	-	কে	সা	-	যে	-	-	-	ব	ডি
রে'	-	-	-	রে'	<u>গ</u>'	-	রে'	সা'	-	সা'	-	-	-	<u>নী</u>	সা'
তে	-	-	-	জ	আঁ	-	ধি	যান	-	হেন	-	-	-	যে	চি

ধ	-	-	-	ধ	ধ	নী	ধ	প	-	প	-	ম গ
র	-	-	-	গ	ডু	ঝ	ন	জা	-	যে	-	-

ইন্টরলুড: সা' প ---- ধপধপ সা' প----

গ' রে'----- গ' রে' গ' রে' ম' সা' রে' ধ প---

সা' রে' সা' নী সা' নী ধ নী ধ প-

প ধ
হাই অ

সা'	-	-	-	সা' রে'	-	সা'	সা'	-	সা' সা'	-	- প প
জী	-	-	-	ব দা	-	স	তান	-	কু ছ	-	- যে হ

গ' ম	-	-	-	রে' রে'	-	সা'	সা'	-	সা' রে'	ধ প	সা' সা'
মা	-	-	-	রী দা	-	স	তান	-	হাই for repeat		ক ভী

নী তুম	-	-	-	নী নী নী নী		ধ	-	ধ	-	-	ধ ধ ভীধ
				স ম ঝ ন		পা	-	যে	-	-	ক

সা' হম	-	-	-	ধ ধ ধ নী ধ		প	-	প	-	ম গ	
				সু না - ন		পা	-	যে	-		

ইন্টরলুড: প ---- নী সা' ধ --- নী সা' ধ -- রে' সা' নী ধ প

পধনীসা'রে'গ'ম'প' প'-------

ম'--- গ' ম' গ' রে' সা' নী রে' সা' নী ধ প---

প ধ
ন ধ ফ
প ন

সা' জা	-	-	-	সা' রে'	-	সা'	সা'	-	সা' সা'	-	- প প ন
				হাই অ প নে		ব	স মে	-		-	- ন

গ' জর	-	-	-	রে' রে'	-	সা'	সা'	-	সা' রে'	ধ প	সা' সা'
				মে হাই	-	কি	না	-	রা	-	ক হী

নী মে	-	-	-	নী নী নী নী		ধ	ধ	-	ধ	-	ন ধ ধ ভধ
				রে দিল - কী		ক	শ	টে	-	-	ন ভন্

সা' বর	-	-	-	ধ ধ নী		ধ	প	-	প	-	ম গ
				মে ডু - ব		জা	-	যে	-		

47.   তেরে সংগ পয়ার মেন নাহীন ছোড়না

ফিল্ম: নাগিন (1976)	সংগীতকার: লক্ষ্মীকান্ত প্যারেলাল
গীতকার: বরমা মলিক	গায়ক: মহেন্দ্র কপূর
তাল: কহরবা	কোরড: পনীরে' গপনী সা=C#

ও, ও, ও, ও

তেরে স্নাগ পয়ার মাই নহীন তোডনা

ও, তেরে স্নাগ পয়ার মাই নহীন তোডনা

চাহে হেরে পীছে জগ পডে ছোড়না

ও, তেরে স্নাগ পয়ার মাই নহীন তোডনা

তোড় দুঙ্গা জমানে কে বন্ধন সভী

তেরী বাহোন কা বন্ধন ন তোড়ুন-2

ছোড় দে সাথ চাহে মেরী জিন্দগী

ফির ভী মাই না তেরা সাথ ছোড়ুন-2

দুনিয়া কী দীবারণ কো হাই তোড়না হো হো হো

তেরে স্নাগ পয়ার মাই নহীন তোডনা

চাহে হেরে পীছে জগ পডে ছোড়না

ও, তেরে স্নাগ পয়ার মাই নহীন তোডনা

তেরে সান্সন কী আবাজ বন বন কে মেন

তেরে হোটন কী নরমী চুরা লুন-2

রেরে রুখসারণ কী রেশমি আগসে

চাহতা হুন মেন দিল কো জলা লুন-2

কহীন জোড় কে যে নাতা নহীন তোড়না ও ও ও

তেরে স্নাগ পয়ার মাই নহীন তোডনা

চাহে হেরে পীছে জগ পডে ছোড়না

ও, তেরে স্নাগ পয়ার মাই নহীন তোডনা

বিনোদ কুমার

তেরে সংগ পয়ার মেন নাহীন ছোড়না

ধা	গে	ন	তি	ন	কে	ধি	ন	ধা	গে	ন	তি	ন	কে	ধি	ন
1	2	3	4	5	6	7	8	1	2	3	4	5	6	7	8
ধ—নী গপধপ															
আ---- আ------															
রে'	নী	নী	নী	রে'	নী	ধ	প								
ও	ও	ও	ও	ও	ও	ও	ও								
রে'	নী	নী	নী	রে'	নী	ধ	প								
ও	ও	ও	ও	ও	ও	ও	ও								
		রে'	নী	-	নী	-	নী	নী	-	-	নী	নী	-	-	-
		তে	রে	-	সন্	-	গ	প্যা	-	-	র	মেন	-	-	-
-	-	ধ	নী	-	ধ	-	প	প	-	-	-	-	-	রে'	-
-	-	ন	হী	-	তো	-	ড়	না	-	-	-	-	-	ও	-
নী	-	রে'	নী	রে'	নী	-	নী	নী	-	-	নী	নী	-	-	-
ও	-	তে	রে	-	সন্	-	গ	প্যা	-	-	র	মেন	-	-	-
-	-	ধ	নী	-	ধ	-	প	প	-	-	-	-	-	-	-
-	-	ন	হী	-	তো	-	ড়	না	-	-	-	-	-	-	-
-	-	প	প	-	প	-	ধ	গ	-	গ	-	প	-	প	-
-	-	চা	হে	-	তে	-	রে	পী	-	ছে	-	জ	-	গ	-
-	-	নী	রে'	-	গ'	-	গ'	রে'	-	-	-	নী	-	-	-
-	-	প	ড়ে	-	ছো	-	ড়	না	-	-	-	ও	-	-	-
নী	-	-	-	নী	-	-	-	-	-						
ও	-	-	-	ও	-	-	-	-	-						

ইন্টরলুড: রে' নী নী গ ম - - - রে' নী নী গ ম - - -
নী নী নী ---- গ' রে' রে' সা'----
রে' নী নী গ ম - - - রে' নী নী গ ম - - -
প ধ নী প ধ নী

মহেন্দ্র কপুর কে 51গীতন কী সরগম

নী	রে'	-	নী
দু	-	-	গা
গ	প	-	ধ
বন্	-	-	-
গ	প	-	গ
বা	-	-	হো
নী	নী	-	প
তো	-	-	ড়ু
ম'	-	-	গ'
দে	-	-	সা
নী	-	-	প
রী	-	-	জিন্
ম	-	-	গ
মেন	-	-	না
নী	নী	-	প
ছো	-	-	ড়ু
ধ	প	-	নী
ছো	-	-	ড়ু
প	-	গ	-
দী	-	বা	-
রে'	-	-	-
না	-	-	-

রে'	-	নী	-
-	-	জ	-
-	প	-	গ
-	ধন	-	স
প	-	প	-
-	-	কা	-
নী	-	-	-
-	-	-	-
-	-	রে'	-
-	-	থ	-
-	-	ম	-
-	-	দ	-
রে	-	রে'	-
-	-	তে	-
নী	-	রে'	-
-	-	তে	-
ধ	-	-	-
-	-	-	-
গ	প	প	-
রো	-	কো	-
নী	-	-	-
হো	-	-	-

প	ধ	-	প
মা	-	-	নে
গ	রে	-	-
ভী	-	-	-
রে'	গ'	-	রে'
বন্	-	-	ধন
-	-	-	-
-	-	-	-
গ'	-	রে'	নী
চা	-	-	হে
গ	-	-	-
গী	-	-	-
রে'	গ'	-	রে'
রা	-	-	সা
রে'	-	-	গ'
রা	-	-	সা
-	-	প	প
-	-	দু	নি
-	নী	রে'	-
-	হাই	-	-
নী	-	-	-
হো	-	-	-

-	রে'	-	রে'
-	তো	-	ড়
ধ	-	প	-
-	-	কে	-
-	রে	-	রে
-	তে	-	রী
গ'	-	নী	-
-	-	না	-
-	নী	-	রে'
-	ছো	-	ড়
-	-	প	-
-	-	মে	-
-	গ	-	গ
-	ফির	-	ভী
-	-	নী	-
-	-	থ	-
রে'	-	নী	-
-	-	থ	-
প	-	ধ	-
যা	-	কী	-
-	গ'	-	গ'
-	তো	-	ড়
নী	-	-	-
হো	-	-	-

-	-	রে'	নী	রে'	নী	-	নী	নী	রে	-	নী	রে	-	-	নী
-	-	তে	রে	-	সন্	-	গ	প্যা	-	রে	মেন	-	-	জ
-	-	ধ	নী	-	ধ	-	প	প	-	-	-	-	-	-
-	-	ন	হী	-	তো	-	ড়	না	-	-	-	-	-	-

ইন্টরলুড: রে' নী নী গ ম - - - রে' নী নী গ ম - - -
নী নী নী - - - - গ' রে' রে' সা' - - - -
রে' নী নী গ ম - - - রে' নী নী গ ম - - -
প ধ নী প ধ নী

											রে'	-	রে'
											তে	-	রে
নী	রে'	-	নী	রে'	-	নী	-	প	ধ	-	প	ধ	-	প	-
সা'	-	-	সো	-	-	কী	-	আ	-	-	বা	-	-	জ
গ	প	-	ধ	-	প	-	গ	গ	রে	-	-	-	-	রে	রে
বন	-	-	-	-	বন	-	কে	মেন	-	-	-	-	-	তে	রে
গ	প	-	গ	প	-	প	-	রে'	গ'	-	রে'	গ'	-	নী	-
হো	-	-	টোন	-	-	কী	-	ন	র	-	মী	-	-	চু	-
নী	নী	-	প	নী	-	-	-	-	-	-	-	নী	-	রে'
রা	-	-	লুণ	-	-	-	-	-	-	-	তে	-	রে
ম'	ম'	-	গ'	-	-	রে'	-	রে'	-	-	-	প	-	প
রু	খ	-	সা	-	-	রো	-	কী	-	-	রে	-	শ
ধ	-	-	প	-	-	ম	-	গ	-	-	-	গ	-	গ
মী	-	-	আ	-	-	গ	-	সে	-	-	-	চা	-	হ
ম	-	-	গ	রে	-	রে'	-	রে'	গ'	-	রে'	গ'	-	নী
তা	-	-	হুন	-	-	মেন	-	কুদিল	-	কো	-	-	জ	-
নী	নী	-	প	নী	-	-	-	রে'	রে'	-	গ'	রে'	-	-	নী
লা	-	-	লুণ	-	সন	-	-	দিল	-	কো	-	-	-	জ

নী	-	-	প	ধ	-	-	-	-	-	প	প	-	প	-	ধ
লা	-	-	লুণ	-	-	-	-	-	-	ক	হী	-	জো	-	ড়
প	-	গ	-	গ	প	প	-	-	-	নী	রে'	-	গ'	-	গ'
কে	-	যে	-	না	-	তা	-	-	-	ন	হী	-	তো	-	ড়
রে'	-	-	-	নী	-	-	-	নী	-	-	-	নী	-	-	-
না	-	-	-	হো	-	-	-	হো	-	-	-	হো	-	-	-
-	রে'	নী	রে'	নী	-	নী		নী	-	-	নী	নী	-	-	-
-	তে	রে	-	সন্	-	গ		প্যা	-	-	র	মেন	-	-	-
-	-	ধ	নী	-	ধ	-	প	প	-	-	-	-	-	-	-
-	-	ন	হী	-	তো	-	ড়	না	-	-	-	-	-	-	-

48. উসকো নাহীন দেখা হামনে কভী

ফিল্ম: দাদী মা (1966)	সংগীতকার: রুশন
গীতকার: মজরুহ সুলতানপুরি	গায়ক: মহেন্দ্র কপূর, মন্না ডে
তাল: কহরবা	কোরড: রেমধ ‘মধসা’ সা=C#

উসকো নহীন দেখা হমনে কভী পর ইসকি জরুরত কয়া হোগী

এ মা এ মা তেরী সুরত সে অলগ ভগবান কী সুরত কয়া হোগী-2

উসকো নহীন দেখা হমনে কভী

ইনসান তো কয়া দেবতা ভী আঁচল মে পলে তের

হাই স্বর্গ   ইসী দুনিয়া মে কদমো কে তলে তের

মমতা হী লুটায়ে জিসকে নয়ন হো-2

অএসী কোই মুরত কয়া হোগী

এ মা এ মা তেরী সুরত সে অলগ ভগবান কী সুরত কয়া হোগী-2

উসকো নহীন দেখা হমনে কভী

ক্যন ধূপ জলায়ে দুখন কী ক্যন গম কী ঘটা বরসে

যে হাথ দুআওন বালে রহতে হেন সদা সর পে

তু হাই তো অন্ধেরে পথ মে হমে

সুরজ কী জরুরত কয়া হোগী কয়া হোগী

এ মা এ মা তেরী সুরত সে অলগ ভগবান কী সুরত কয়া হোগী-2

উসকো নহীন দেখা হমনে কভী

কহতে হেন তেরী সান মে জো কোই উন্চে বোল নহীন

ভগবান কে পাস ভী মাতা তেরে পয়ার কা মোল নহীন

হম তো যহী জানে তুঝসে বডি হো-2

এ মা এ মা তেরী সুরত সে অলগ ভগবান কী সুরত কয়া হোগী-2

উসকো নহীন দেখা হমনে কভী

উসকো নাহীন দেখা হামনে কভী

ধা 1	গে 2	ন 3	তি 4	ন 5	কে 6	ধি 7	ন 8	ধা 1	গে 2	ন 3	তি 4	ন 5	কে 6	ধি 7	ন 8
														ধ	ধ
														উ	স
প	-	নী	ধ	ম	-	ম	রে	-	ধ	ধ	ধ	ধ	-	ধ	নী
কো	-	ন	হী	দে	-	খা	-	-	হম	নে	ক	ভী	-	প	র
সা'	সা'	সা'	সা'	নী	সা'	নী	সা'	-	সা'	-	নী	ধ	-	ধ	-
ই	স	কী	জ	রু	-	র	ত	-	কয়া	-	হো	গী	-	ঐ	-
প	সা'	-	-	-	-	ধ	সা'	রে'গ'	ম'	-	গ'	রে'	-	সা'	-
ম্যা	-	-	-	-	-	ঐ	-	ম্যা-	-	-	তে	রী	-	সু	-
নী	সা'	নী	রে'	সা'	সা'	সা'	সা'	ধ	নী	-রে'	সা'	প	-	ম	ম
র	ত	সে	অ	ল	গ	ভ	গ	বা	-	-ন	কী	সু	-	র	ত
-	ধ	প	নী	ধ	-	প	ম	-	ধ	-	ধ	ধ	-	ধ	ধ
-	কয়া	-	হো	গী	-	-	-	-	কয়া	-	হো	গী	-	উ	স
প	-	নী	ধ	ম	-	ম	রে	-	ধ	ধ	ধ	ধ	-		
কো	-	ন	হী	দে	-	খা	-	-	হম	নে	ক	ভী	-		
														ম	ধ
														ই	ন
সা'	-	-সা'	সা'	সা'	-ধ	-	প	ধ	-	সা'	-	-	-	ধ	সা'
সা	-	-ন	তো	কয়া-	দে	-	ব	ত	-	ভী	-	-	-	আঁ	-
সা'	রে'	রে'	রে'	রে'	-	ধ	সা'	সা'রে'	গ'	-	-	-	-	গ'	-
চ	ল	মে	প	লে	-	তে	-	রে-	-	-	-	-	-	হাই	-
গ'	-	রে'	সা'	রে'	-	সা'	নী	রে'	-	সা'	-	-	-	ধ	নী
স্ব	র	গ	ই	সী	-	দু	নি	যা	-	মে	-	-	-	কি	দ

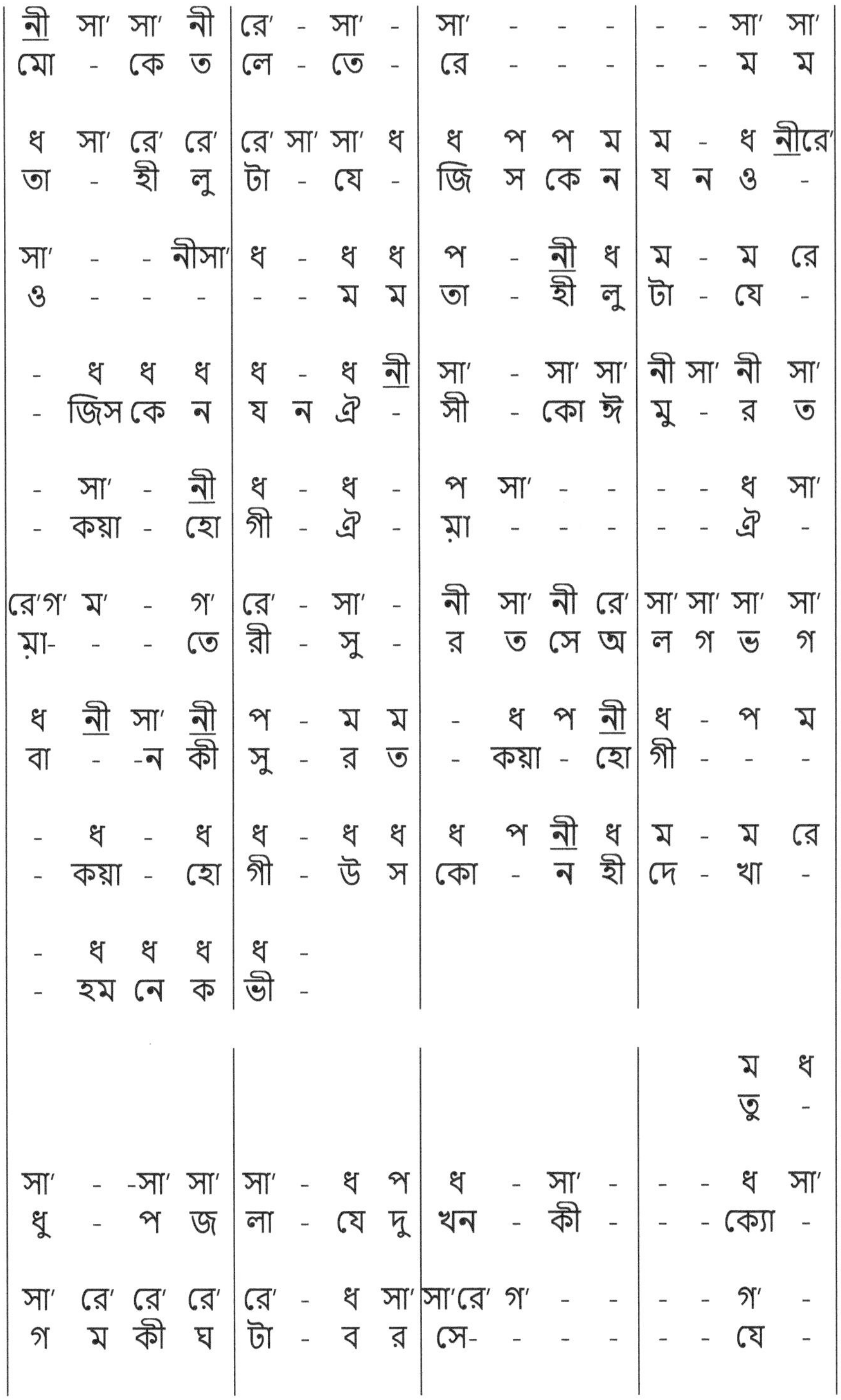

বিনোদ কুমার

	১	২	৩	৪	৫	৬	৭	৮	৯	১০	১১	১২	১৩	১৪	১৫	১৬
স্বর	নী	সা'	সা'	নী	রে'	-	সা'	-	সা'	-	-	-	-	-	সা'	সা'
বাণী	মো	-	কে	ত	লে	-	তে	-	রে	-	-	-	-	-	ম	ম
স্বর	ধ	সা'	রে'	রে'	রে'	সা'	সা'	ধ	ধ	প	প	ম	ম	-	ধ	নীরে'
বাণী	তা	-	হী	লু	টা	-	যে	-	জি	স	কে	ন	য	ন	ও	-
স্বর	সা'	-	-	নীসা'	ধ	-	ধ	ধ	প	-	নীধ	-	ম	-	ম	রে
বাণী	ও	-	-	-	-	-	ম	ম	ত	-	হীলু	-	টা	-	যে	-
স্বর	-	ধ	ধ	ধ	ধ	-	ধ	নী	সা'	-	সা'	সা'	নী	সা'	নী	সা'
বাণী	-	জিস	কে	ন	য	ন	ঐ	-	সী	-	কো	ঈ	মু	-	র	ত
স্বর	-	সা'	-	নী	ধ	ধ	ধ	-	প	সা'	-	-	-	-	ধ	সা'
বাণী	-	কয়া	-	হো	গী	-	ঐ	-	ম়া	-	-	-	-	-	ঐ	-
স্বর	রে'গ'	ম'	-	গ'	রে'	-	সা'	-	নী	সা'	নী	রে'	সা'	সা'	সা'	সা'
বাণী	ম়া-	-	-	তে	রী	-	সু	-	র	ত	সে	অ	ল	গ	ভ	গ
স্বর	ধ	নী	সা'	নী	প	-	ম	ম	-	ধ	প	নীধ	ধ	-	প	ম
বাণী	বা	-	ন	কী	সু	-	র	ত	-	কয়া	-	হোগী	-	-	খ	ম
স্বর	-	ধ	-	ধ	ধ	-	ধ	ধ	ধ	প	নী	ধ	ম	-	ম	রে
বাণী	-	কয়া	-	হো	গী	-	উ	স	কো	-	ন	হী	দে	-	খা	-
স্বর	-	ধ	ধ	ধ	ধ	ধ										
বাণী	-	হম	নে	ক	ভী	-										
স্বর													ম	ধ		
বাণী													তু	-		
স্বর	সা'	-	-সা'	সা'	সা'	-	ধ	প	ধ	-	সা'	-	-	-	ধ	সা'
বাণী	ধু	-	প	জ	লা	-	যে	দু	খন	-	কী	-	-	-	ক্যা	-
স্বর	সা'	রে'	রে'	রে'	রে'	-	ধ	সা'	সা'রে'	গ'	-	-	-	-	গ'	-
বাণী	গ	ম	কী	ঘ	টা	-	ব	র	সে-	-	-	-	-	-	যে	-

গ'	-	রে'	সা'	রে'	-	সা'	নী	রে'	-	সা'	-	-	-	ধ	নী
হা	-	থ	দু	আ	-	ওন	-	বা	-	লে	-	-	-	র	হ
সা'	-	সা'	নী	রে'	-	সা'	সা'	সা'	-	-	-	-	-	সা'	ধ
তে	-	হেন	স	দা	-	স	র	পে	-	-	-	-	-	তু	-
ধ	সা'	রে'	রে'	রে'	সা'	সা'	ধ	ধ	প	প	ম	ম	-	ধ	নীরে'
হাই	-	তো	অঙ্	ধে	-	রে	-	প	থ	মে	হ	মে	-	ও	-
সা'	-	-	নীসা'	ধ	-	ধ	-	প	-	নী	ধ	ম	-	ম	রে
ও	-	-	-	-	-	তু	-	হাই	-	তো	অঙ্	ধে	-	রে	
-	ধ	ধ	ধ	ধ	-	ধ	নী	সা'	সা'	সা'	সা'	নী	সা'	নী	সা'
-	পথ	মে	হ	মে	-	সু	-	র	জ	কী	জ	রু	-	র	ত
-	সা'	-	নী	ধ	-	ধ	-	প	সা'	-	-	-	-	ধ	সা'
-	কয়া	-	হো	গী	-	ঐ	-	ম্য়	-	-	-	-	-	ঐ	-
														ম	ধ
														ক	হ
সা'	-সা'	-	সা'	সা'	-ধ	-	প	ধ	-	সা'	-	-	-	ধ	সা'
তে	-হেন	-	তে	রী	-শা	-	ন	মে	-	জো	-	-	-	কো	ঈ
সা'	রে'	রে'	-	রে'	-	ধ	সা'	সা'রে'	গ'	-	-	-	-	গ'	গ'
উ	-	চে	-	বো	-	ল	ন	হী-	-	-	-	-	-	ভ	গ
রে'	গ'	রে'	সা'	রে'	-	সা'	নী	রে'	-	সা'	-	-	-	ধ	নী
বা	-	ন	কে	পা	-	স	ভী	মা	-	তা	-	-	-	তে	রে
নী	সা'	সা'	সা'	রে'	-	সা'	সা'	সা'	-	-	-	-	-	সা'	ধ
প্যা	-	র	কা	মো	-	লল	ন	হী	-	-	-	-	-	হ	ম
ধ	সা'	রে'	রে'	রে'	সা'	সা'	ধ	ধ	প	প	ম	ম	-	ধ	নীরে'
তো	-	য	হী	জা	-	নে	-	তু	ঝ	সে	ব	ডি	-	ও	-

সা'	-	-	নীসা'	ধ	-	ধ	ধ	প	-	নী	ধ	ম	-	ম	রে
ও	-	-	-	-	-	হ	ম	তো	-	য	হী	জা	-	নে	-
-	ধ	ধ	ধ	ধ	-	ধ	নী	সা'	-	সা'	সা'	নী	সা'	নী	সা'
-	তুঝ	সে	ব	ডি	-	সন্	-	সা	-	র	কী	দাউ	-	ল	ত
-	সা'	-	নী	ধ	-	ধ	-	প	সা'	-	-	-	-	ধ	সা'
-	কয়া	-	হো	গী	-	ঐ	-	ম.	-	-	-	-	-	ঐ	-
রে'গ'	ম'	-	গ'	রে'	-	সা'	-	নী	সা'	নী	রে'	সা'	সা'	সা'	সা
ম.-	-	-	তে	রী	-	সু	-	র	ত	সে	অ	ল	গ	ভ	গ
ধ	নী	-রে'	সা'	প	-	ম	ম	-	ধ	প	নী	ধ	-	প	ম
বা	-	-ন	কী	সু	-	র	ত	-	কয়া	-	হো	গী	-	-	-
-	ধ	-	ধ	ধ	-	ধ	ধ	প	-	নী	ধ	ম	-	ম	রে
-	কয়া	-	হো	গী	-	উ	স	কো	-	ন	হী	দে	-	খা	-
-	ধ	ধ	ধ	ধ	-										
-	হম	নে	ক	ভী	-										

49. য়হান বহান জহান তহান

ফিল্ম: জয় সনতোশি মা (1975)	সংগীতকার: সী. অর্জুন
গীতকার: কবি প্রদীপ	গায়ক: মহেন্দ্র কপূর
তাল: কহরবা	কোরড: সামধ পন্নীরে'
	সা=C#

ইহান বাহান জহান তহান মত পুছো কহান কহান হাই সন্তোষী মা

অপনি সন্তোষী মা অপনি সন্তোষী মা

জল মে ভী থল মে ভী চল মে অচল মে ভী অতল বিতল মে ভী মা

অপনি সন্তোষী মা অপনি সন্তোষী মা

বডি অনোখী চমতকারিনি যে অপনী মাই

রাই কো পরবত কর সকতী পরবত কো রাই

দ্বার খুলা দরবার খুলা হাই আও বহন ভাই

ইস কে দর পর কভী দযা কী কমী নহীন আই

পল মে নিহাল করে দুঃখ কা নিকাল করে তুরত কমাল করে মা

অপনি সন্তোষী মা অপনি সন্তোষী মা

ইস অম্বা মে জগদম্বা মে গজব কী হাই শক্তি

চিন্তা মে ডুবে হুএ লোগো কর লো ইসকি ভক্তি

অপনা জীভন সুন্প দো ইস কো পা লো রে মুক্তি

সুখ সম্পতি কী দাতা যে মা কয়া নহীন কর সকতী

বিগডি বনানে বালী দুখড় মিটানে বালী কষ্ট হটানে বালী মা

অপনি সন্তোষী মা অপনি সন্তোষী মা

গুরি সৃত গণপতি কী বেটি যে হাই বডি ভোলী

দেখ দেখ কর ইস কা মুখডা হর ইক দিশা ডলি

আও রে ভক্ত যে মাতা হাই সব কী হমজোলী

জো মান্‌গোগে তুম্‌হে মিলেগা ভর লো রে ঝোলী

উজ্জ্বভল উজ্জ্বভল নির্ম ল নির্ম ল সুন্দর সুন্দর মা

অপনি সন্তোষী মা অপনি সন্তোষী মা

বিনোদ কুমার

যহান বহান জহান তহান

ধা	গে	ন	তি	ন	কে	ধি	ন	ধা	গে	ন	তি	ন	কে	ধি	ন
1	2	3	4	5	6	7	8	1	2	3	4	5	6	7	8

প্রিলুড: সা-ম-প-ধ- ধনীধ প প ম- ধপম-
সা-ম-প-ধ- ধনীধ প প ম-
সা' সা' সা'রে'সা' নীসা'নী ধ-
সা'রে'সা' নী নী সা' নী
ধনীধ প প ধপ পধপ ম ম প ম
মসারেধ মসারেধ মসারেপ মম মম ম-

ধা	গে	ন	তি	ন	কে	ধি	ন	ধা	গে	ন	তি	ন	কে	ধি	ন
প	ধ	ধ	ধ	প	ধ	ধ	ধ	প	ধ	ধ	ধ	প	ধ	ধ	ধ
য	হ্যান	ব	হ্যান	জ	হ্যান	ত	হ্যান	ম	ত	পু	ছো	ক	হ্যান	ক	হ্যান
প	ধ	ধ	-	ধ	-	নী	ধ	প	-	-	-	গ	রে	গ	-
হাই	-	সন্	-	তো	-	শি	-	ম্যা	-	-	-	অ	প	নী	-
ম	-	-	-	প	-	প	-	ম	-	-	গ	রে	রে	গ	-
সন্	-	-	-	তো	-	শি	-	ম্যা	-	-	-	অ	প	নী	-
ম	-	-	-	প	-	প	-	ম	-	-	-	-	-	-	-
সন্	-	-	-	তো	-	শি	-	ম্যা	-	-	-	-	-	-	-
প	ধ	ধ	ধ	প	ধ	ধ	ধ	প	ধ	ধ	ধ	প	ধ	ধ	ধ
জ	ল	মে	ভী	থ	ল	মে	ভী	চ	ল	মে	অ	চ	ল	মে	ভী
প	ধ	ধ	ধ	ধ	ধ	নী	ধ	প	-	-	-	গ	রে	গ	-
অ	ত	ল	বি	ত	ল	মে	ভী	ম্যা	-	-	-	অ	প	নী	-
ম	-	-	-	প	-	প	-	ম	-	-	গ	রে	রে	গ	-
সন্	-	-	-	তো	-	শি	-	ম্যা	-	-	-	অ	প	নী	-
ম	-	-	-	প	-	প	-	ম	-	-	-	-	-	-	-
সন্	-	-	-	তো	-	শি	-	ম্যা	-	-	-	-	-	-	-

ইন্টরলুড: ম-প-ধ-প-----ধ-প-ম- প-রে
ম-প-ধ-প-ধ-প-ম-
মসারেধ মসারেধ মসারেপ মম মম ম-

ধ ব	ধ ডি	-	সা' অ	সা' নো	-	সা' খী	-	ধ চ	ধ ম	ধ ত	সা' কা	-	সা' রি	সা' নী	-
ধ যে	-	সা' অ	সা' প	সা' নী	রে' -	গ়' মা	-	রে' ঈ	-	-	-	-	-	-	-
প যে	-	প অ	প প	প নী	ধ -	নী মা	-	ধ ঈ	-	-	-	-	-	-	-2
ধ রা	-	সা' ঈ	-	সা' কো	-	সা' প	সা' র	ধ ব	সা' ত	সা' ক	সা' র	সা' স	সা' ক	সা' তী	-
ধ প	সা' র	সা' ব	সা' ত	সা' কো	রে' -	গ়' রা	-	রে' ঈ	-	-	-	-	-	-	-
প প	প র	প ব	প ত	প কো	ধ -	নী রা	-	ধ ঈ	-	-	-	-	-	-	-2
প দ্বা	নী -	নী র	নী খু	নী লা	-	নী দ	প র	প বা	নী -	নী র	নী খু	সা' লা	রে' -	রে' হাই	-
-	-	-	-	-	-	সা' -	-	গ়' আ	-	গ়' ও	রে' ব	রে' হ	সা' ন	নী ভা	রে' -
রে' ঈ	-	সা' -	-	-	-	-	-	ম' ই	ম' স	ম' কে	-	ম' দ	ম' র	রে' প	সা' র
সা' ক	রে' ভী	-	সা' দ	সা' যা	-	প কী	ধ -	নী ক	সা' মী	-	নী ন	ধ হী	-	প আ	-
ম য়ী	-	-	ধ দ	ধ যা	-	প কী	ধ -	নী ক	সা' মী	-	নী ন	ধ হী	-	প আ	-
ম য়ী	-	-	-	-	-	-	-	ধ প	ধ ল	ধ মে	ধ নি	প হা	ধ ল	ধ ক	ধ রে

ধ	ধ	ধ	প	-	প	ধ	-	ধ	ধ	ধ	ধ	প	ধ	ধ	ধ
-	-	-	-	-	-	-	-	দু	খ	কা	নি	কা	ল	ক	রে
ধ	ধ	ধ	প	-	প	ধ	-	ধ	ধ	ধ	ধ	প	ধ	ধ	ধ
-	-	-	-	-	-	-	-	প	ল	মে	নি	হা	ল	ক	রে
ধ	ধ	ধ	ধ	প	ধ	ধ	ধ	প	ধ	ধ	ধ	ধ	ধ	নী	ধ
দু	খ	কা	নি	কা	ল	ক	রে	তু	র	ত	ক	মা	ল	ক	রে
প	-	-	-	গ	রে	গ	-	ম	-	-	-	প	-	প	-
ম়া	-	-	-	অ	প	নী	-	সন্	-	-	-	তো	-	শি	-
ম	-	-	গ	রে	রে	গ	-	ম	-	-	-	প	-	প	-
ম়া	-	-	-	অ	প	নী	-	সন্	-	-	-	তো	-	শি	-
ম	-	-	-												
ম়া	-	-	-												

ইন্টরলুড: ধ প ধ সা' --- রে' সা' সা' ধ
ধ সা' রে'-সা' রে'-সা' সা'- ধ-
মসারেধ মসারেধ মসারেপ মম মম ম-

বাকী উপর কী তরহ বজাএঁ.

50. যে পহলে পয়ার কী খুশবু

ফিল্ম: বদলতে রিহ্তে (1978)	সংগীতকার: লক্ষ্মীকান্ত প্যারেলাল
গীতকার: আনন্দ বকশিই	গায়ক: মহেন্দ্র কপূর, লতা
তাল: কহরবা	কোরড: গপনী সা=.B

লতা:   মেরী সানসো কো জো মহকা রহী হাই

যে পহলে পয়ার কী খুশবু

তেরী সানসো সে শাযদ আ রহী হাই

শুরু যে সিলসিলা তো উসী দিন সে হুয়া থা-2

অচানক তুনে জিস দিন মুঝে যুন হী ছুআ থা-2

লহর জাগী জো উস পল তন বদন মে

ভো মন কো আজ ভী বহকা রহী হাই

যে পহলে পয়ার কী খুশবু

তেরী সানসো সে শাযদ আ রহী হাই

মহেন্দ্র: বহুত তরসা হাই যে দিল তেরে সপনে সজা কে-2

যে দিল কী বাত সুন লে মেরী বাহোন মে আ কে-2

জগা কর অনোখী প্যাস মন মে

যে মীঠি আগ জো দহকা রহী হাই

যে পহলে পয়ার কী খুশবু

তেরী সানসো সে শাযদ আ রহী হাই

লতা:   যে আন্‌খেইন বোলতী হেন জো হম না বোল পাযে

দবী ভো প্যাস মন কী নজর মে ঝিলমিলাযে

হোঠোঁ পে তেরী হলকী সী হনসি হাই

মেরী ধড়কন বহকতী জা রহী হাই

যে পহলে পয়ার কী খুশবু

তেরী সানসো সে শাযদ আ রহী হাই

বিনোদ কুমার

যে পহলে পয়ার কী খুশবু

ধা	গে	ন	তি	ন	কে	ধি	ন	ধা	গে	ন	তি	ন	কে	ধি	ন
1	2	3	4	5	6	7	8	1	2	3	4	5	6	7	8

প্রিলুড:

```
গমেধ   পপ  মেগ    রেগমেধ   নী ধ প -
আ----  আ-আ—       আআআআ  আ---

পধপমে  পপ   রে'- নীরে'   রে'   নীধরে'   নীনীধ  পপ  প
উঁ----  মেরী  সান-সো-    কো    জো---   মহকা   রহী  হাই

প  পধপমে   পনীনী  নী   ধরে'নী
যে  পহলে-  প্যার  কী   খুশবু

নীরে'  গ'গ'   গ'   রে'রে'রে'   রে'মেগ'মে   রে'নীধ  নীপ
তেরী   সানসো  সে   শাযদ        আ----       রহী-    হাই-

পপ    রে'- নীরে'   রে'   নীধরে'   নীনীধ  পপ  প
মেরী  সান-সো-     কো    জো---   মহকা   রহী  হাই
```

ধা	গে	ন	তি	ন	কে	ধি	ন	ধা	গে	ন	তি	ন	কে	ধি	ন
1	2	3	4	5	6	7	8	1	2	3	4	5	6	7	8
রে'	রে'	-	রে'	-	রে'	-	গ'	রে'	-	রে'	নী	-	-	-	-
শু	রু	-	যে	-	সি	-ল	সি	লা	-	তো	-	-	-	-	-
রে'	রে'	-	রে'	-	রে'	-	গ'	গ'	-	গ'	-	-	-	-	-
উ	সী	-	দি	ন	সে	-	হৃ	আ	-	থা	-	-	-	-	-
ধ	ধ	-	ধ	ধ	ধ	-	ধ	মে	ধ	-	গ	মে	গ	-	-
অ	চা	-	ন	ক	তু	-	নে	জি	স	-	-	দিন	-	-	-
গ	মে	নী	-	-	-	-	-	-	-	-	রে'	-	নী	-	ধ
মু	ঝে	যুন	-	-	-	-	-	-	-	-	-	-	হী	-	ছ
প	-	প	-	-	-	-	-	ধ	ধ	-	ধ	ধ	ধ	-	ধ
আ	-	থা	-	-	-	-	-	অ	চা	-	ন	ক	তু	-	নে
মে	ধ	-	গ	মে	গ	-	-	গ	মে	নী	-	-	ধ	-	প
জি	স	-	-	দিন	-	-	-	মু	ঝে	যুন	-	-	হী	-	ছ

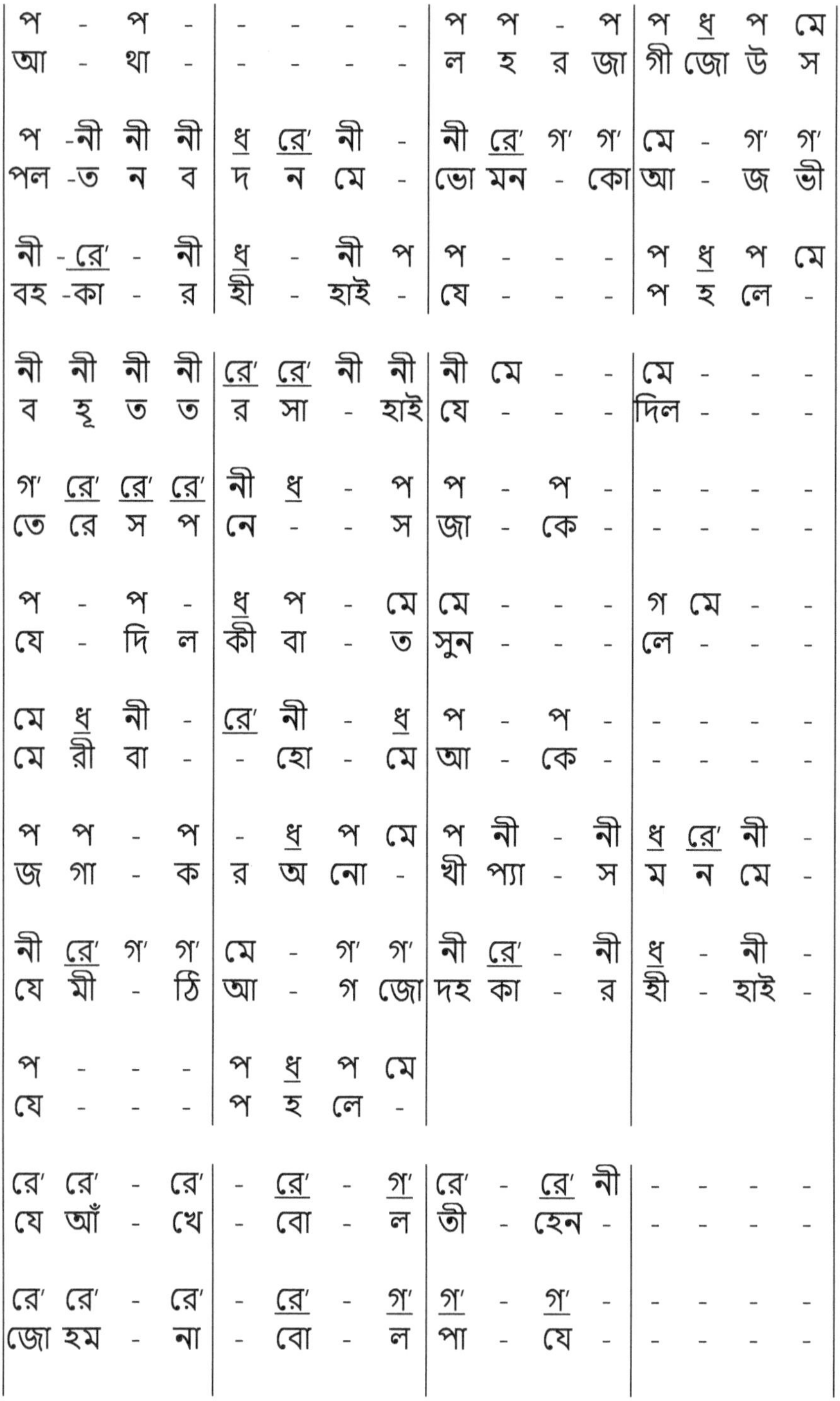

মহেন্দ্র কপুর কে 51গীতন কী সরগম

প	-	প	-	-	-	-	-	প	প	-	প	প	ধ	প	মে
আ	-	থা	-	-	-	-	-	ল	হ	র	জা	গী	জো	উ	স
প	-নী	নী	নী	ধ	রে'	নী	-	নী	রে'	গ'	গ'	মে	-	গ'	গ'
পল	-ত	ন	ব	দ	ন	মে	-	ভো	মন	-	কো	আ	-	জ	ভী
নী	-রে'	-	নী	ধ	-	নী	প	প	-	-	-	প	ধ	প	মে
বহ	-কা	-	র	হী	-	হাই	-	যে	-	-	-	প	হ	লে	-
নী	নী	নী	নী	রে'	রে'	নী	নী	নী	মে	-	-	মে	-	-	-
ব	হৃ	ত	ত	র	সা	-	হাই	যে	-	-	-	দিল	-	-	-
গ'	রে'	রে'	রে'	নী	ধ	-	প	প	-	প	-	-	-	-	-
তে	রে	স	প	নে	-	-	স	জা	-	কে	-	-	-	-	-
প	-	প	-	ধ	প	-	মে	মে	-	-	-	গ	মে	-	-
যে	-	দি	ল	কী	বা	-	ত	সুন	-	-	-	লে	-	-	-
মে	ধ	নী	-	রে'	নী	-	ধ	প	-	প	-	-	-	-	-
মে	রী	বা	-	-	হো	-	মে	আ	-	কে	-	-	-	-	-
প	প	-	প	-	ধ	প	মে	প	নী	-	নী	ধ	রে'	নী	-
জ	গা	-	ক	র	অ	নো	-	খী	প্যা	-	স	ম	ন	মে	-
নী	রে'	গ'	গ'	মে	-	গ'	গ'	নী	রে'	-	নী	ধ	-	নী	-
যে	মী	-	ঠি	আ	-	গ	জো	দহ	কা	-	র	হী	-	হাই	-
প	-	-	-	প	ধ	প	মে								
যে	-	-	-	প	হ	লে	-								
রে'	রে'	-	রে'	-	রে'	-	গ'	রে'	-	রে'	নী	-	-	-	-
যে	আঁ	-	খে	-	বো	-	ল	তী	-	হেন	-	-	-	-	-
রে'	রে'	-	রে'	-	রে'	-	গ'	গ'	-	গ'	-	-	-	-	-
জো	হম	-	না	-	বো	-	ল	পা	-	যে	-	-	-	-	-

ধ	ধ	-	ধ	-	ধ	-	ধ	মে	ধ	-	গ	মে	গ	-	-
দ	বী	-	ভো	-	প্যা	-	স	মন	-	-	-	কী	-	-	-
গ	মে	-	নী	-	-	-	-	-	-	-	রে'	-	নী	-	ধ
ন	জ	র	মে	-	-	-	-	-	-	-	-	-	ঝিল	-	মি
প	-	প	-	-	-	-	-	ধ	ধ	-	ধ	-	ধ	-	ধ
লা	-	যে	-	-	-	-	-	দ	বী	-	ভো	-	প্যা	-	স
মে	ধ	-	গ	মে	গ	-	-	গ	মে	-	নী	-	ধ	-	প
মন	-	-	-	কী	-	-	-	ন	জ	র	মে	-	ঝি	ল	মি
প	-	প	-	-	-	-	-	প	প	-	প	প	ধ	প	মে
লা	-	যে	-	-	-	-	-	হো	টোন	-	পে	তে	রী	হ	ল
প	নী	-	নী	ধ	রে'	নী	-	নী	রে'	গ'	গ'	গ'	রে'	মে	গ'
কী	সী	-	হন্	সী	-	হাই	-	মে	রী	ধ	ড়	কন	ব	হ	ক
রে'	গ'	-	রে'	নী	ধ	নী	প	প	-	-	-	প	ধ	প	মে
তী	জা	-	র	হী	-	হাই	-	যে	-	-	-	প	হ	লে	-

51. যে হবা যে ফিজা

ফিল্ম: গুমরাহ (1963)	সংগীতকার: রবি শর্ম
গীতকার: সাহির লুধিয়ানবি	গায়ক: মহেন্দ্র কপূর
তাল: দাদরা	কোরড: রেমধ মধসা' সা=D

যে হবা যে হবা যে হবা

যে ফিজা যে ফিজা যে ফিজা

হাই উদাস জএসে মেরা দিল মেরা দিল মেরা দিল

আ ভী জা, আ ভী জা, আ ভী জা,

আ কে অব তো চাঁদনী ভী জর্ড হো চলী

ধড়কনো কী নর্ম আঁচ সরদ হো চলী

ধল চলী হাই রাত আ কে মিল

আ ভী জা, আ ভী জা, আ ভী জা,

রাহ মে বিছী হুই হাই মেরী হর নজর

মাই তড়প রহা ছন অর তু হাই বেখবর

রুক রহী হাই সংস আকে মিল

আ ভী জা, আ ভী জা, আ ভী জা,

যে হবা যে ফিজা

ধিন্	-	ন	তা	-	ক	ধিন্	-	ন	তা	-	ক
1	2	3	4	5	6	1	2	3	4	5	6

```
ধ   সা'  রে'----  সা'রে'সা'  সা'রে'সা'  সা'রে'সা'    ধ সা' রে' ম' ধ'
হো  হো  হো        হো         হো         হো

ধ   সা'  রে'  ম'----  রে'ম'রে'সা'  ধপমধ    ধপমপরে
হো  হো  হো  হো       হো -------------

প   ম   সা   রে   প
হো  হো  হো   হো   হো

ম   রে   ম
হো  হো   হো
```

প্রিলুড: ধ সা' রে'--- সা' রে' ধ সা' রে' ---
ধ সা' রে' সা' প-ধ ম-প রে-ম সা----

1	2	3	4	5	6	1	2	3	4	5	6
									সা	-	সা
									যে	-	হ
রে	-	-	সা	-	সা	রে	-	-	সা	-	সা
বা	-	-	যে	-	হ	বা	-	-	যে	-	হ
রে	-	রে'	সা'	-	রে'	ধ	-	সা'	সা	-	সা
বা	-	-	-	-	-	-	-	-	যে	-	ফি
রে	-	-	সা	-	সা	রে	-	-	সা	-	সা
জা	-	-	যে	-	ফি	জা	-	-	যে	-	ফি
রে	-	ধ	প	-	ধ	ম	-	প	সা	-	-
জা	-	-	-	-	-	-	-	-	-	-	-
ম	-	প	ধ	-	সা'	ধ	-	প	ম	-	রে
হাই	-	উ	দা	-	স	জে	-	সে	মে	-	রা

প	-	-	ম	-	রে	প	-	-	ম	-	রে
দিল	-	-	মে	-	রা	দিল	-	-	মে	-	রা
প	-	-	-	-	-	-	-	-	সা	-	সা'
দিল	-	-	-	-	-	-	-	-	আ	-	ভী
রে	-	-	সা	-	সা'	রে	-	-	সা	-	সা'
জা	-	-	আ	-	ভী	জা	-	-	আ	-	ভী
রে	-	রে'	সা'	-	রে'	ধ	-	সা'	সা	-	-
জা	-	-	-	-	-	-	-	-	-	-	-

ইন্টরলুড: রে ম প ধ সা' রে' ম' প' ধ'----------------
প' ধ' প' ম' রে' ম' রে' সা' ধ-প
প –ধ ম- প –ধ ম- প –ধ ম-

ধ	-	ধ	সা'	-	সা'	রে'	-	রে'	রে'	-	রে'
আ	-	কে	অ	ব	তো	চাঁ	-	দ	নী	-	ভী
সা'	-	রে'	সা'	-	ধ	সা'	-	-	রে'	-	ধ
জ	র	দ	হো	-	চ	লী	-	-	হো	-	চ
সা'	-	-	রে'	-	ধ	সা'	-	-	সা'	-	ধ
লী	-	-	হো	-	চ	লী	-	-	-	-	-
রে'	-	সা'	ধ	-	সা'	প	-	ধ	সা	-	-
-	-	-	-	-	-	-	-	-	-	-	-
ধ	-	ধ	সা'	-	সা'	রে'	-	রে'	রে'	-	রে'
ধ	ড়	ক	নো	-	কী	ন	র	ম	আঁ	-	চ
সা'	-	রে'	সা'	-	ধ	সা'	-	-	রে'	-	ধ
স	র	দ	হো	-	চ	লী	-	-	হো	-	চ
সা'	-	-	রে'	-	ধ	সা'	-	-	-	-	-
লী	-	-	হো	-	চ	লী	-	-	-	-	-

সা'	-	সা'	রে'	-	সা'	ধ	-	ধ	প	-	ম
ঢ	ল	র	হী	-	হাই	রা	-	ত	আ	-	কে
ধ	-	-	প	-	ম	ধ	-	-	প	-	ম
মিল	-	-	আ	-	কে	মিল	-	-	আ	-	কে
ধ	-	ধ	প	-	ধ	ম	-	প	সা	-	সা'
মিল	-	-	-	-	-	-	-	-	আ	-	ভী
রে	-	-	সা	-	সা	রে	-	-	সা	-	সা'
জা	-	-	আ	-	ভী	জা	-	-	আ	-	ভী
রে	-	রে'	সা'	-	রে'	ধ	-	সা'	সা	-	-
জা	-	-	-	-	-	-	-	-	-	-	-

ইন্টরলুড: রে প ম – ম ধ প --- পপপ প-প- মমম ম-ম-
ধপম ধপম সা—

ধ	-	ধ	সা'	-	সা'	রে'	-	রে'	রে'	-	রে'
রা	-	হ	মে	-	বি	ছী	-	হৃ	ঈ	-	হাই
সা'	-	রে'	সা'	-	ধ	সা'	-	-	রে'	-	ধ
মে	-	রী	হ	র	ন	জ	র	-	হ	র	ন
সা'	-	-	রে'	-	ধ	সা'	-	-	সা'	-	ধ
জ	র	-	হ	র	ন	জ	র	-	-	-	-
রে'	-	সা'	ধ	-	প	ম	-	প	সা	-	-
-	-	-	-	-	-	-	-	-	-	-	-
ধ	-	ধ	সা'	-	সা'	রে'	-	রে'	রে'	-	রে'
মেন	-	ত	ড়	প	র	হা	-	হুন	অউ	-	র
সা'	-	রে'	সা'	-	ধ	সা'	-	-	রে'	-	ধ
তু	-	হাই	বে	-	খ	ব	র	-	বে	-	খ
সা'	-	-	রে'	-	ধ	সা'	-	-	-	-	-
ব	র	-	বে	-	খ	ব	র	-	-	-	-

সা'	-	সা'	রে'	-	সা'	ধ	-	ধ	প	-	ম
রু	ক	র	হী	-	হেন	সান	-	সে	আ	-	কে
ধ	-	-	প	-	ম	ধ	-	-	প	-	ম
মিল	-	-	আ	-	কে	মিল	-	-	আ	-	কে
ধ	-	রে'	সা'	-	রে'	ধ	-	সা'	সা	-	সা
মিল	-	-	-	-	-				আ	-	ভী
রে	-	-	সা	-	সা	রে	-	-	সা	-	সা
জা	-	-	আ	-	ভী	জা	-	-	আ	-	ভী
রে	-	রে'	সা'	-	রে'	ধ	-	সা'	সা	-	-
জা	-	-	-	-	-	-	-	-	-	-	-

ধ সা' রে'---- সা'রে'সা' সা'রে'সা' সা'রে'সা' ধ সা' রে' ম' ধ'
হো হো হো হো হো হো

ধ সা' রে' ম'---- রে'ম'রে'সা' ধ প ম ধ ধ প ম প রে
হো হো হো হো হো --------------

প ম সা রে প
হো হো হো হো হো

ম রে ম
হো হো হো

৫২. সরগম অথবা অলংকার অথবা পলতে

সা রে গ ম প ধ নী সা'
সা' নী ধ প ম গ রে সা

সাসা রেরে গগ মম পপ ধধ নীনী সা'সা'
সা'সা' নীনী ধধ পপ মম গগ রেরে সাসা

সাসাসা রেরেরে গগগ মমম পপপ ধধধ নীনীনী সা'সা'সা'
সা'সা'সা' নীনীনী ধধধ পপপ মমম গগগ রেরেরে সাসাসা

সারে রেগ গম মপ পধ ধনী নীসা'
সা'নী নীধ ধপ পম মগ গরে রেসা

সারেগ- রেগম- গমপ- মপধ পধনী- ধনীসা'-
সা'নীধ- নীধপ- ধপম- পমগ- মগরে- গরেসা-

সারেগম রেগমপ গমপধ মপধনী পধনীসা'
সা'নীধপ নীধপম ধপমগ পমগরে মগরেসা

সারেগমপ রেগমপধ গমপধনী মপধনীসা'
সা'নীধপম নীধপমগ ধপমগরে পমগরেসা

সাগ রেম গপ মধ পনী ধসা'
সা'ধ নীপ ধম পগ মরে গসা

সাম রেপ গধ মনী পসা'
সা'প নীম ধগ পরে মসা

সাপ রেধ গনী মসা'
সা'ম নীগ ধরে পসা

সাধ রেনী গসা'
সা'গ নীরে ধসা

সারেসারেগ– রেগরেগম– গমগমপ– মপমপধ– পধপধনী– ধনীধনীসা'–
সা'নীসা'নীধ– নীধনীধপ– ধপধপম– পমপমগ–মগমগরে– গরেগরেসা–

সারেগসারেসারেগ রেগমরেগরেগম গমপগমগমপ
মপধমপমপ পধনীপধপধ ধনীসা'ধনীধনীসা'

সা'নীধসা'নীসা'নীধ নীধপনীধনীধপ ধপমধপধপম
পমগপমপমগ মগমগমগরে গরেসাগরেগরেসা

সা
সা রে সা
সা রে গ রে সা
সা রে গ ম গ রে সা
সা রে গ ম প ম গ রে সা
সা রে গ ম প ধ প ম গ রে সা
সা রে গ ম প ধ নী ধ প ম গ রে সা
সা রে গ ম প ধ নী সা' সা' নী ধ প ম গ রে সা

সা'
সা' নী সা'
সা' নী ধ নী সা'
সা' নী ধ প ধ নী সা'
সা' নী ধ প ম প ধ নী সা'
সা' নী ধ প ম গ ম প ধ নী সা'
সা' নী ধ প ম গ রে গ ম প ধ নী সা'
সা' নী ধ প ম গ রে সা রে গ ম প ধ নী সা'

সা-সারেগ- রে-রেগম- গ-গমপ- ম-মপধ- প-পধনী- ধ-ধনীসা'-
সা'-সা'নীধ- নী-নীধপ- ধ-ধপম- প-পমগ- ম-মগরে- গ-গরেসা-

বিনোদ কুমার

রেসা গরে মগ পম ধপ নীধ সা'নী রে'সা'
নীসা' ধনী পধ মপ গম রেগ সারে .নীসা

সাগরে রেমগ গপম মধপ পনীধ ধসা'নী নীরে'সা'
সা'ধনী নীপধ ধমপ পগম মরেগ গসারে রে.নীসা

.প প .ধধ .নীনী সাসা' রেরে' গগ' মম'
ম'ম গ'গ রে'রে সা'সা নী.নী ধ.ধ প.প

ভাইরভ:
সা রে গ ম প ধ নী সা'
সা' নী ধ প ম গ রে সা

ভাইরভি:
সা রে গ ম প ধ নী সা'
সা' নী ধ প ম গ রে সা

আসাভরী:
সা রে গ ম প ধ নী সা'
সা' নী ধ প ম গ রে সা

মালকাউনস:
সা গ ম ধ নী সা'
সা' নী ধ ম গ সা

কল্যাণ:
সা রে গ মে প ধ নী সা'
সা' নী ধ প মে গ রে সা

53. বিনোদ কুমার কী অন্য বই

"মুকেশ কে 51 গীতন কি সরগম" ভাগ 1, 2,

"লতা কে 51 গীতন কী সরগম",

পুস্তকেন্ অচ্ছী লগে তো অউরো কো বতাএঁ. কোঈ সুঝাব হো তো মেল করে'.

Please tell whether my effort is worth and whether you want my other books to be translated in Bangla.

বিনোদ কুমার (vinod66vk@gmail.com)

Scan to Purchase from amazon.in
Scan to Purchase from flipkart.com